Das Buch

»Also gut, heute spreche ich. Ich heiße Hobbles Danayarri, und ich rede von unserem Ärger ... es ist ein riesengroßer Ärger. Hm, als dieser Captain Cook aus dem großen England kam und runter in den Sydneyer Hafen ... Tja, er ist derjenige, der in den Hafen von Sydney einfiel. Er hätte sie fragen sollen – einen von den Bossen von Sydney – von den Aborigines. Da waren doch Leute dort, da waren doch Aborigines. Er hätte zu denen gehen sollen und Hallo sagen ... Hätte fragen sollen, ob er da rein durfte, denn das ist das Land der Aborigines. Und der Captain Cook war nicht fair – hat nicht Guten Tag gesagt oder Hallo, wissen Sie.« *Terra nullius*, Niemandsland, nannten die Engländer den fünften Kontinent. Den Weg in die Traumzeit fanden sie nicht, die jahrtausendealte hochspirituelle Kultur der Ureinwohner nahmen sie nicht wahr. Für die Aborigines begannen fast zweihundert Jahre der Unterdrückung, des Vegetierens am Rande der australischen Gesellschaft. Erst 1967 wurde ihnen das Bürgerrecht zugestanden, und von den wirtschaftlichen und gesellschaftlichen Folgen der europäischen Invasion haben sie sich bis heute nicht erholt. Aber sie haben ihre Stimme wieder. Spätestens seit den sechziger Jahren melden sich immer mehr Aborigines auch in der Literatur zu Wort. In diesem Band werden 35 schwarzaustralische Autorinnen und Autoren, zum allergrößten Teil erstmals in deutscher Sprache, vorgestellt – eine einzigartige literarische Sammlung!

W0177634

Die Herausgeberin

Gabriele Yin ist Theaterwissenschaftlerin und Germanistin, mit einem Australier chinesischer Abstammung verheiratet und lebt in der Nähe von Perth, Westaustralien. Sie arbeitet als literarische Übersetzerin.

Der mit der Sonne kam
Erzählungen und Gedichte von Aborigines

Herausgegeben und ins Deutsche
übersetzt von Gabriele Yin

Deutscher
Taschenbuch
Verlag

Meinen Eltern

Originalausgabe
März 1995
© 1995 Deutscher Taschenbuch Verlag GmbH & Co. KG,
München
Alle Rechte vorbehalten
(Siehe auch Quellennachweise S. 231 ff.)
Umschlaggestaltung: Dieter Brumshagen
Umschlagbild: ›Jagdgeschichte‹ von Sambo Burra Burra
Satz: KCS GmbH, Buchholz/Hamburg
Druck und Bindung: C. H. Beck'sche Buchdruckerei,
Nördlingen
Printed in Germany · ISBN 3-423-11963-2

Inhalt

»Wir, die Aborigines, haben unsere Geschichte seit Tausenden von Jahren festgehalten. Unser Medium waren Stein, Haar, Holz und Höhlenwände. Glatte Felsoberflächen waren die Leinwand unserer Vorfahren.« (Jack Davis)

Schwarzaustralische Schriftsteller sehen sich, auch wenn sie vornehmlich auf englisch schreiben und sich an europäischen Genres orientieren, als zeitgenössischen Ausdruck der ältesten verbliebenen Kultur der Menschheit. Diese äußerte sich traditionell vor allem in der eher vergänglichen Kunst der zeremoniellen Darstellung in Lied, Tanz, Sandmosaik und Körperbemalung. Sie galt dem spirituellen Erleben wie dem täglichen Überleben und überlieferte ein Bild vom Entstehen der Welt, den Regeln des Zusammenlebens der Stämme und einer Beschreibung der Landschaft und Nahrungsressourcen. Das gewaltsame Eindringen der Europäer vor etwa zweihundert Jahren bedroht diese Überlieferung und hat sie bis an den Rand der Vernichtung gebracht, aber Aborigines von heute besinnen sich auf sie und versuchen, mit dauerhaften Medien wie Leinwand und bedrucktem Papier zu definieren, was Aboriginalität in der modernen Gesellschaft bedeutet. »Schriftsteller ... können uns einen Weg oder Wege vorzeichnen, an denen entlang wir reisen können, genau wie die Liedzyklen unserer Vorfahren uns die Lage der Wasserlöcher angezeigt haben.« (Mudrooroo)

Das Australien der Ureinwohner ist überzogen von einem Netz von *dreamings*, Geschichten aus der Traumzeit, jener mythischen Epoche, in der die Welt von einer Vielzahl von Vorfahren geschaffen wurde. Jede heutige

Erscheinungsform, ob Mensch, Tier, Pflanze oder Land-schaft, hat ihr eigenes *dreaming* und ihm zugeordnete Symbole und Rituale, mit denen die Wege jener Vorfah-ren nachgezeichnet werden und ihre spirituelle Kraft gefeiert und erneuert wird. Insofern existiert die Traum-zeit nicht nur in der Vorzeit, sondern stellt ein Konti-nuum aus Raum und Zeit dar, in dem die ursprüngliche Schaffenskraft sich wieder und wieder manifestiert, ein Konzept, das mit unserer westlichen linearen Zeitvor-stellung schwer nachvollziehbar ist. Dabei herrscht eine besondere Verantwortung des einzelnen, der Gruppe und des Stammes zu dem Land, in dessen *dreaming* man lebt.

Dieses Verhältnis zu ihrem Land qualifizierte die Aborigines nach Ansicht der Briten vor etwa zweihun-dert Jahren nicht als zivilisierte Besitzer des fünften Kon-tinents. Sie erklärten Australien zur *terra nullius,* zu unbewohntem Land. Für die mehreren hundert hier lebenden Stämme war das Verhalten der hellhäutigen Eindringlinge äußerst befremdend, hielten sie sich doch in keinster Weise an die von den Vorfahren vorgeschrie-benen komplexen Kommunikationsregeln, die galten, wenn man das Land eines anderen Stammes betrat. Es gab Widerstand, Strafexpeditionen, Sklavenhandel, Massa-ker — und auch wohlmeinende Bemühungen, den Wil-den die überlegene europäische Kultur zu vermitteln. Den Soldaten und Sträflingen folgten die Siedler und Mis-sionare. Mit dem Eingriff in den Lebensraum der Einhei-mischen wurde ihre auf einem ökologischen Gleichge-wicht basierende Nahrungsmittelkette unterbrochen; Krankheiten wie Pocken und Tuberkulose dezimierten die Stämme; sie sahen sich mehr und mehr gezwungen, in Reservate und Missionen, an den Rand riesiger Farmen und neuer Städte zu ziehen. Zeiten der Rassentrennung wechselten sich mit Zeiten der versuchten Integration ab; in der Konsequenz beides eine Politik der Enteignung und Entfremdung für die eingeborenen Völker, eine Politik, deren Folgen sich heute noch äußern, etwa in Alkoholismus, Kriminalität und Gesundheitsproblemen und in einem immer noch existierenden alltäglichen Rassismus.

Nach dem Zweiten Weltkrieg bahnten sich Veränderungen an. Sie wurden ausgelöst durch weltpolitische Entwicklungen wie die schwarze Bürgerrechtsbewegung in den USA und die Unabhängigkeit vieler afrikanischer Staaten, aber auch durch das wachsende Selbstbewußtsein der Aborigines und eine größere Sensibilität bei vielen Australiern europäischer Herkunft. Das führte 1967 zu einem Volksentscheid, bei dem eine überwältigende Mehrheit den Aborigines die Bürgerrechte in ihrem eigenen Land zuerkannte, und schließlich 1992 zu einem Beschluß des Obersten Gerichtshofes, in dem die *terra nullius*-Doktrin verworfen wurde — eine Entscheidung mit unabsehbaren Folgen in der Landrechtsfrage, an deren Ausführung noch gearbeitet wird und die zu den beherrschenden politischen Themen im heutigen Australien gehört.

Der erste Aborigine, der die Geschichten seines Volkes in Englisch festhielt, war David Unaipon, dessen Buch ›Native Legends‹ 1929 erschien. In den folgenden Jahrzehnten waren es vor allem Ethnologen, die sich für die alte australische Kultur interessierten und eine Vielzahl traditioneller Geschichten festhielten.

In den sechziger Jahren setzte Oodgeroo vom Stamm der Noonuccal eine entscheidende Entwicklung in der Literatur der Aborigines in Gang. Ihre Gedichte, die sich an der australischen Buschballade orientieren und in einer Mischung aus Bitterkeit und dem Wunsch nach Verständnis geschrieben sind, waren äußerst erfolgreich. Es folgten Gedichte von Jack Davis und die ersten Theaterstücke von Kevin Gilbert, Robert Merritt und Robert Bropho. Mudrooroo charakterisiert diese Schriftsteller der ersten Stunde, sich selbst inbegriffen, als »das Produkt der Integrationspolitik, die gegen die Integration revoltierten«. Prosaformen entwickelten sich, mit Ausnahme von Mudrooroos Erstlingsroman aus dem Jahr 1965, vor allem in den siebziger und achtziger Jahren: Legenden und Kurzgeschichten sowie zahlreiche Autobiographien und circa fünfzehn Romane.

»Eines unserer interessantesten Probleme in Australien ist, daß sich die Sprache, die wir verwenden, nicht aus einer langen Kulturgeschichte an eben diesem Ort entwickelt hat — wie es etwa für Italien oder England gilt. Wir hatten eine hochentwickelte Sprache und für alles eine Bezeichnung — und eine Realität vor uns, die nicht paßte«, sagt der australische Schriftsteller David Malouf, der englisch-libanesischer Abstammung ist. Kaum jemandem wird dieses Problem näher sein als den Aborigines, deren hier gewachsene Sprachen für die allgemeine Kommunikation nicht mehr praktikabel sind. Viele der traditionellen und autobiographischen Erzähler arbeiteten mit weißen Lektoren oder Koautoren zusammen, deren Eingriffe zuweilen recht drastisch ausfielen. Während einige Legenden, die in den siebziger Jahren festgehalten wurden, wie europäische Märchen aus einer exotischen Welt klingen, gibt es in den achtziger Jahren Versuche, den eigentlichen Stil so weit wie möglich beizubehalten; das gilt für autobiographische Berichte gleichermaßen wie für Erzählungen aus dem *Aboriginal English*, einer Sprache, die sich als Kommunikationsweg zwischen verschiedenen Stämmen und zwischen Schwarzen und Weißen besonders in ländlichen, traditionelleren Gegenden herausgebildet hat. Ferner werden Geschichten und Gedichte direkt aus aboriginischen Sprachen übersetzt und häufig zweisprachig veröffentlicht. Heute schreibt die überwiegende Mehrheit der Autoren auf englisch, wobei viele Worte und Ausdrücke aus Stammessprachen übernommen werden.

In der Lyrik orientierte man sich, wie erwähnt, zunächst an bewährten europäisch-australischen Formen, wenngleich die schwarze Stimme deutlich hervorklingt. Später verbinden sich modernere Rhythmen mit Stilmitteln der traditionellen Lieder wie etwa formalisierten Wiederholungen, auch Thematik und Symbolik nähren sich aus den eigenen Traditionen. Im Drama werden naturalistischen Szenen überlieferte Elemente wie zeremonielle Tänze und Klänge und mythisch-surrealistische Zwischenspiele entgegengesetzt. Die Mehrzahl der Romane widmet sich historischen Themen, der Aufarbeitung der weißen Herrschaft; auch hier gibt es Beispiele, in denen verschiedene Zeitebenen sich ergänzen. Lebensberichte sind von großer Bedeutung, Aborigines sind durch die Jahrtausende mündlicher Traditionen geübt im Erzählen und im Zuhören, und die Themen brennen unter den Nägeln.

Die Literatur der Aborigines ist keine »nationale« Literatur, in der eigenen Sprache für (zunächst) das eigene Volk geschrieben. Von vornherein spricht sie darüber hinaus andere Leser an, und das nicht nur aus ökonomischen Gründen. Zwar geht es darum, gefährdete Traditionen für die eigenen Nachkommen festzuhalten und zu erkunden, was Aboriginalität heute bedeutet, sich selber zu definieren, anstatt sich in Definitionen zu fügen, die Geschichte der letzten zweihundert Jahre aus eigener Perspektive zu schreiben, letztlich einen Weg zu finden zwischen dem nicht mehr möglichen Leben der Stammesvergangenheit und der spirituellen Fremde der modernen westlichen Welt. Aber in diesen Prozessen richten sich die Autorinnen und Autoren auch an die weißen Leser, mal als Zielscheibe für Wut und Anklage, mal mit der Bitte um Verständnis, mal mit der Hoffnung, eine neue australische Identität zu finden, die sich auf die einzige, hier gewachsene Kultur stützt. Die politischen Positionen gehen hier auseinander: Einige suchen ihren Platz in der modernen multikulturellen australischen Gesellschaft, andere halten es für verfrüht, die Vergangenheit und ihre Folgen beiseite zu schieben und zur Tagesordnung überzugehen. Allen gemeinsam ist die Feststellung: Wir haben überlebt. Die Kultur der Aborigines ist mindestens 50.000 Jahre alt, und ja, es gibt sie immer noch.

Die Anordnung der Texte folgt im wesentlichen chronologischen Gesichtspunkten: von der traditionellen Stammesvergangenheit, geschildert als Leben im Einklang mit Natur und Schöpfung, aber auch mit den Beschränkungen für den einzelnen, zu den ersten Kontakten mit den Weißen, geprägt von ungläubigem Unverständnis, dann feindseligen Reaktionen. Es folgt die Zeit des Zusammenlebens unter den Bedingungen der Stärkeren, der systematischen Zerstörung der kulturellen und familiären Strukturen, der Identität und schließlich die emanzipiertere Situation in jüngerer Zeit, in der die Aborigines immerhin gleichberechtigt genug sind, um Unrecht zu benennen. Es sind Erzählungen voller Wut und Resignation, Humor und Milde und voller Stolz. Die deutschen Leserinnen und Leser sind eingeladen, die alte australische Kultur in ihrer Krise zu begleiten, in ihrem Versuch zu überleben und dabei etwas von ihrem Zauber, von ihrer besonderen Beziehung zum Land, in die westliche Zivilisation hinüberzuretten – zugunsten beider Kulturen.

In der Traumzeit lag die ganze Erde im Schlaf. Nichts wuchs. Nichts bewegte sich. Alles war ruhig und still. Die Tiere, Vögel und Reptilien schliefen unter der Erdkruste.

Dann erwachte eines Tages die Regenbogenschlange aus ihrem Schlummer und drängte sich durch die Erdkruste, schob die Steine beiseite, die ihr im Weg lagen. Als sie hervorkam, schaute sie sich um und zog sodann durch das Land, ging in alle Richtungen. Sie wanderte überall hin, und wenn sie müde wurde, rollte sie sich zusammen und schlief. Auf der Erde hinterließ sie gewundene Spuren und den Abdruck ihres schlafenden Körpers. Nachdem sie die ganze Erde bereist hatte, kehrte sie dorthin zurück, wo sie zum Vorschein gekommen war, und rief die Frösche: »Kommt heraus!«

Die Frösche brauchten sehr lange, um aus der Erdkruste hervorzukommen, denn ihre Bäuche waren voller Wasser, ein Vorrat, den sie während ihres Schlafes angesammelt hatten. Die Regenbogenschlange kitzelte ihre Bäuche, und als die Frösche lachten, lief das Wasser über die ganze Erde und füllte dabei die Spuren von den Streifzügen der Regenbogenschlange – und so bildeten sich die Seen und Flüsse.

Daraufhin begann das Gras zu wachsen, und die Bäume sprossen hervor. Und so begann alles Leben auf der Erde.

Alle Tiere, Vögel und Reptilien wachten auf und folgten der Regenbogenschlange, der Mutter des Lebens, durchs Land. Sie waren glücklich auf der Erde, und ein jedes lebte und jagte mit seinem eigenen Stamm. Die Känguruh- und Emustämme lebten in den Ebenen. Die Reptilienstämme lebten unter den Felsen und Steinen, und die Vogelstämme flogen durch die Lüfte und lebten auf den Bäumen.

Die Regenbogenschlange machte Gesetze, denen alle gehorchen sollten, aber einige waren streitsüchtig und wurden zu Unruhestiftern. Die Regenbogenschlange schalt sie und sagte: »Diejenigen, die meine Gesetze einhalten, will ich belohnen. Ich werde ihnen die menschliche Form geben. Sie, ihre Kinder und ihre Kindeskinder sollen für immer über diese Erde streifen. Das soll ihr Land sein. Diejenigen aber, die mein Gesetz brechen, werde ich bestrafen. Sie sollen zu Stein werden, damit sie nie mehr über diese Erde ziehen können.«

So wurden die Gesetzesbrecher in Steine verwandelt, wurden zu Bergen und Hügeln und standen für alle Zeiten da und wachten über die Stämme, die zu ihren Füßen jagten.

Aber diejenigen, die die Gesetze einhielten, verwandelte die Regenbogenschlange in die menschliche Form, und sie gab einem jeden das Tier, den Vogel oder das Reptil, von dem sie stammten, zu seinem Totem. So kannten die Stämme sich durch ihr Totem: das Känguruh, den Emu, die Rautenschlange und viele, viele mehr. Und damit keiner hungern mußte, bestimmte sie, daß kein Mensch von seinem eigenen Totem essen dürfte, sondern nur von den anderen Totems. Auf diese Weise hatten alle zu essen.

So lebten die Stämme miteinander in dem Land, das ihnen von der Mutter des Lebens, der Regenbogenschlange, gegeben wurde; und sie wußten, daß das Land immer ihnen gehören würde und daß niemand es ihnen jemals nehmen sollte.

DAVID UNAIPON
Liebesgeschichte zweier Schwestern

Zwei Schwestern lebten in Poo-loo-we-wold, einer Land-
enge zwischen dem Alexandria- und dem Albertsee, am
unteren Lauf des Murray. Sie waren in allen Stammes-
bräuchen und auch in allen Formen der Buschmagie
wohl erzogen worden. Bei den Aborigines ist es Sitte, ihre
jungen Menschen nach einem besonders charakteristi-
schen Merkmal oder einer Eigenart zu benennen. Diesen
Mädchen hatte man keinen individuellen Namen gegeben, weil sie einander so ähnlich waren und so aneinander hingen, daß sie, obwohl ein geringer Altersunter-
schied bestand, wie ein einziges Mädchen waren. Daher
nannten die Ältesten sie Mar-rallang, was bedeutet: zwei
in einer.

Ebenso gab es einen trefflichen jungen Mann namens
Wy-young-gurrie. Wy-young-gurrie war ein Geschenk
des großen Führers Narrandarie. Vor Jahren, ungefähr zu
der Zeit, als die zwei Schwestern geboren wurden,
beklagte eine Witwe den Verlust ihres Mannes. Die
Witwe hatte ihr Haar mit weißem Lehm bestrichen und
große Wunden in ihren Körper geschnitten, um ihren tiefen Kummer auszudrücken. In ihrer Not rief sie den großen Geist Narrandarie an: »Ach, warum nahmst du nur
meinen Mann? Ach, warum habe ich keinen Sohn?« Narrandarie erhörte sie und legte einen kleinen Jungen in den
nahe gelegenen Busch. Als das Baby weinte, entdeckte die
Witwe es. Sie war entzückt. Sie nahm den Jungen und zog
ihn auf. Ihr Bruder half ihr, ihn zu erziehen, denn es ist
Stammessitte, daß ein Bruder an den Kindern seiner
Schwester stets großen Anteil nimmt.

Sie nannten den Jungen Wy-young-gurrie, was bedeutet: der zu den Sternen zurückkehrt, und weil der Junge
früher oder später zu den Sternen würde zurückkehren

müssen, wurde große Sorgfalt auf seine Buschmagie und seine Kenntnis der Vögel und Tiere verwandt.

Außerdem schickte der Onkel einen Boten mit folgender Nachricht zu allen Familien: »Wy-young-gurrie sollen keine Mädchen zur Ehe gegeben werden; weiter habe ich ein schmales Jagdgebiet am See für Wy-young-gurrie bereitgestellt, auf dem Wy-young-gurrie leben soll, und niemand darf dieses Gebiet betreten.« Die Familien des Stammes antworteten: »*Kutchle kutchle*« (was bedeutet: Wahr, wahr, es soll sein, wie du sagst).

Parr-barrarie, die Frühlingszeit, ist eine gute Zeit für die Ausbildung der jungen Menschen eines Stammes. Sie werden gelehrt, schnell und genau die verschiedenen Liebestöne der werbenden Vögel und die Paarungsriten der Tiere zu erkennen.

In einem Frühling, als die Natur rund um den See zu neuem Leben erwacht war, wurden die beiden Schwestern vom Geist der Jahreszeit erfaßt und verspürten einen starken Drang, den jungen Mann Wy-young-gurrie kennenzulernen. Daher versteckte sich eines Morgens die ältere Schwester in der Nähe von Wy-young-gurries Lager im Busch und ahmte den Schrei eines Emus nach. Sofort sprang Wy-young-gurrie auf, um den angeblichen Emu zu jagen. Als das Mädchen ihn sah, gab sie sich zu erkennen und bat Wy-young-gurrie, ihr bei der Suche nach ihrer verlorenen Schwester zu helfen. Natürlich war das nur ein Trick, um Wy-young-gurrie kennenzulernen und ihn zur Liebe zu verführen. Später wandte die jüngere Schwester den gleichen Trick an, indem sie den Liebesgesang eines Schwans von sich gab. Das alles führte dazu, daß Wy-young-gurrie die beiden Schwestern heiratete.

Als der Onkel hörte, daß Wy-young-gurrie verheiratet war, wurde er sehr zornig, und er ging zu Nebalee, dem großen Mann des Himmels, um ihn zu fragen, was er tun sollte. Nebalee antwortete: »Du wirst sie trennen müssen.« Daraufhin nahm der Onkel etwas Asche, wickelte sie in Papierrinde und legte sie in die Nähe von Wy-young-gurries Lager in der Annahme, daß das Feuer Wy-young-gurrie und die zwei Mädchen trennen würde.* In der Nacht brach die Asche in Flammen aus und setzte den Busch in Brand. Allmählich kreiste ein riesiges Buschfeuer das Lager ein. Als Wy-young-gurrie schließlich aufwachte, verlor er in der Gefahr und der Aufregung über die lodernden Flammen und den in den Augen beißenden Rauch nicht seine Geistesgegenwart. Er griff seine beiden Frauen und brachte sich mit ihnen, jede unter einem Arm, am See in Sicherheit. Um den Flammen zu entkommen, tauchte er immer wieder unter Wasser. Aber das Feuer begann, das trockene Schilf um den See herum abzubrennen. Da nahm Wy-young-gurrie seinen Speer, befestigte ein langes Schilfrohr daran und warf den Speer dann in die Himmel. Die Speerspitze verfing sich in den Himmeln, und an dem langen Schilf konnten Mar-rallang, die beiden Schwestern, in Sicherheit klettern und Wy-young-gurrie mit ihnen.

* Für die Aborigines symbolisiert Feuer Wahrheit und unumstößliches Gesetz.

Eddie Bennell
Kudgar

Vor langer Zeit wurde es für das Bibulmunvolk nach mehreren Jahren ohne Regen schwer zu überleben. Es gab nur wenig Wild, und es wurde auch immer schwieriger, die Beeren, Yamswurzeln und Kräuter zu finden, die in guten Jahren in Hülle und Fülle wuchsen und die ein wichtiger Teil ihrer Nahrung waren.

Den Stammesältesten wurde klar, daß, wenn sie die Lage nicht verändern konnten, der ganze Stamm verloren war.

Also versammelten sich die Weisen drei Tage lang zum Rat und besprachen sich; bald waren sie derselben, bald unterschiedlicher Meinung, bis sie schließlich übereinkamen, was unternommen werden sollte, um den Stamm zu retten. In der Dämmerung des dritten Tages befahlen die Ältesten ihren Leuten, den Jäger Kudgar vor sie zu bringen. Die zweifelten nicht an dem Befehl der Weisen und machten sich sofort auf die Suche nach Kudgar. Als sie ihn gefunden hatten, ersuchten sie ihn, ihnen zu folgen, denn die Weisen hätten befohlen, daß er sie im Rat treffen sollte. Kudgar, ein mächtiger und starker Krieger, war gleichzeitig ein bescheidener und gehorsamer Mann und zögerte daher nicht, dem Ersuchen der Leute nachzukommen.

Als Kudgar mit den Leuten zurückgekommen war, hob der Stammesälteste die Hand, um Ruhe zu gebieten, und befahl dann, daß man Kudgar mit dem Ältestenrat allein lassen solle. Die Leute wandten sich daraufhin um und gingen ohne Frage davon.

Nachdem sie gegangen waren, befahl der Stammesälteste Kudgar, sich zu setzen, und sobald dieser saß, begann er, ihm zu erklären, warum er gerufen worden war.

»Kudgar, du bist einer der mächtigsten und gehorsamsten Jäger des Stammes und weißt, daß die letzten Jahre schlecht für uns waren. Unsere Kinder und Alten leiden, weil, anders als in der Vergangenheit, du und die anderen Jäger uns nicht genug Nahrung bringen konntet. Die Wasserlöcher trocknen aus, und es gibt weniger Beeren und Yamswurzeln. Sogar Kräuter sind schwieriger zu finden. Wenn wir nicht jetzt etwas tun, wird unser ganzes Volk mit Sicherheit sterben.« Während der Häuptlingsälteste sprach, saß Kudgar da und hörte in völligem Schweigen zu; er wußte, daß man ihm am Ende sagen würde, was von ihm erwartet wurde. Schließlich erklärte der Stammesälteste, daß er, Kudgar, ausgewählt worden sei zu versuchen, das Volk zu retten. Er sollte in das Gebiet der Salzseen südöstlich des Lagerplatzes reisen und dort sieben Sonnenaufgänge lang bleiben. Und während er dort sei, sollte er, in der Hoffnung, die Gunst des Schöpfers, des Korrndon Marma-Mannes, zu erlangen, jede Nacht einen *corroboree* aufführen. Dann würde der gesamte Stamm von dem Leiden gerettet werden, das er so lange ertragen hätte. Der Stammesälteste schloß mit den Worten: »Wenn die Sonne am nächsten Tag halb aufgegangen ist, wirst du deine Reise beginnen.«

Und so brach Kudgar am folgenden Morgen in der Mitte des Sonnenaufgangs zu seiner langen Reise auf, begleitet von den Ermutigungen und Hoffnungen des gesamten Stammes. Als Kudgar sich in Richtung der rasch aufgehenden Sonne aufmachte, mischten sich Tränen der Trauer mit Freudentränen und strömten seine Wangen herab. Denn er wußte, daß das Schicksal und künftige Wohlergehen seines ganzen Volks davon abhing, ob es ihm gelänge, durch die Aufführung von Dankes-*corroborees* die Gunst des Korrndon Marma-Mannes für seinen Stamm zu erlangen.

Bei Sonnenaufgang des fünfzehnten Tages nach seinem Aufbruch kehrte Kudgar in das Lager seiner Stammesleute zurück. Sie erwarteten besorgt den Bericht von seiner langen und anstrengenden Reise, in der Hoffnung, daß er die Lösung ihrer Probleme bei sich trüge. Während Kudgar an den Leuten vorüberging, erwiderte er zwar die Begrüßungsrufe, indem er seine Hand zum traditionellen Gruß der Bibulmuns erhob, aber er blieb erst stehen, als er den Kreis der Ältesten erreicht hatte.

Nachdem der Stammesälteste ihn mit dem traditionellen Willkommen der Bibulmuns begrüßt hatte, befahl er ihm, sich zu setzen. Dann erhob der Älteste die Hand, um Schweigen zu gebieten, und bat Kudgar, ihnen alles, was sich während seiner Reise zugetragen hatte, zu erzählen.

Kudgar begann seine Geschichte, indem er den Weisen berichtete, wie er, während er dem Salzseenland entgegenzog, Tiere um sich herum sterben sah und wie sogar tote Vögel an den ausgetrockneten Wasserlöchern lagen. Das für gewöhnlich üppige und fruchtbare Land war mit Staub wie zugedeckt. Er sprach auch über seine Verunsicherung, zum Vertreter der mächtigen Bibulmunnation ausgewählt worden zu sein, um zur Geisterwelt zu reisen und mit dem Korrndon Marma-Mann in Verbindung zu treten. Tief in seinem Herzen wußte er, daß, wenn er versagte, die große Bibulmunnation binnen kurzer Zeit aufhören würde zu existieren. Kudgar erklärte dann, wie er die ganze letzte Nacht seiner Reise hindurch gewandert war, um in der Morgendämmerung an seinem Ziel anzukommen. Denn dann konnte er während des Tages schlafen und sich für die vielen *corroborees,* die er während seines Exils aufführen würde, ausruhen. Als Kudgar am späten Nachmittag aufstand, begann er, sich auf die verschiedenen *corroborees* vorzubereiten. Er beschloß, die fünf wichtigsten *corroborees* miteinander zu verbinden und sie zu tanzen, bis er völlig erschöpft war. Kudgar führte meist den Regenmacher-*corroboree* auf, dann den Fruchtbarkeitstanz. Nach einer Weile kombinierte er diese beiden Tänze mit den *corroborees* des Wissens, Verständnisses, der Verehrung und des Dankes. Er variierte die fünf *corroborees* seinen Stimmungen entsprechend, und nach dem siebten Morgen fiel er, völlig erschöpft von den vielen Tagen und Nächten des Tanzes, zu Boden.

Während er in einem tiefen Schlaf lag, sah Kudgar ein geisthaftes Wesen zu seinen Füßen stehen, das zu ihm sprach; und dieses sind die Worte, die er hörte:

»Der Korrndon Marma-Mann läßt dich und deine Stammesleute grüßen und bittet dich, ihnen zu sagen, daß du Seine Gunst erlangt hast.«

Mein Volk hatte weder eine Uhr, um die Zeit anzuzeigen, noch einen Kalender, um die Jahreszeit oder den Monat anzusagen. Wir mußten durch genaues Hinsehen die Zeit und die Jahreszeit erkennen. Als Jäger und Sammler zogen wir von Ort zu Ort und mußten wissen, wo wahrscheinlich Nahrung zu finden sein würde. Deshalb mußten wir auf die Zeichen achten, die uns den Wechsel der Jahreszeiten ansagten.

Wir beobachteten die Blätter und das Gras. Wenn sie ihre Farbe veränderten, wußten wir, daß die Erntezeit herankam oder die kalte Jahreszeit. Wenn die Blätter rot waren, wußten wir, daß zu dieser Zeit bestimmte Früchte reif wurden. Und wenn das Gras vertrocknete, war es an der Zeit, es abzubrennen, damit die Känguruhs vor dem Feuer davonliefen und unseren Männern entgegen, die mit ihren Speeren warteten.

Wenn sich die Wolken bei Sonnenuntergang formten wie Männer, die Seite an Seite stehen, wußten wir, daß die Ernte gut sein würde. Wir würden reichlich Yams, Beeren, Wurzeln, Seerosen, wilden Honig und anderes mehr finden.

Diese Zeichen waren unser Kalender. Auf dieselbe Art und Weise wußten wir auch über das Wetter Bescheid und konnten normalerweise vorhersagen, ob es gut oder schlecht sein würde.

Unser bevorzugtes Essen waren Yamswurzeln und wilder Honig. Wenn wir nicht genug wilden Honig fanden, sagten die Menschen: »Es muß Schlangen in dieser Gegend geben, denn in den Bäumen hier ist sehr wenig Honig.« Also zogen wir woanders hin, wo es mehr Honig gab.

Wir blieben an einer Stelle, bis wir fast alles Eßbare

dort gesammelt hatten, und dann zogen wir weiter. Das war unser Leben. Wir brauchten keine Vorräte anzulegen; es war alles schon da, es wuchs für uns. Also aßen wir es, wo wir es fanden, und jagten und sammelten.

Wir taten das jeden Tag, Monat auf Monat, jahrein, jahraus und waren glücklich mit unserem Buschleben.

Bevor der weiße Mann kam, lebten die Aborigines streng nach ihren Stammesgesetzen, die alle Aspekte des Lebens vom Jagen und der Verteilung der Beute bis zur Heirat abdeckten.

Das Gesetz wurde selten gebrochen, denn die Strafe konnte sehr hart sein. Manchmal kam sie von den Ältesten. Aber oft — wie bei den beiden Brüdern Bagaba Mandana und Bua Buaga — war die Vergeltung übernatürlichen Ursprungs.

Die beiden Jungen lebten in dem Land, das jetzt Dampier Downs genannt wird, südöstlich von Broome, und Bua Buaga, der ältere, war im zweiten Stadium seiner Initiation, als er unter einem Stein eine *nalag* fand, eine blauzüngige Echse.

»Faß sie nicht an, schau sie nicht mal an!« rief sein Bruder, denn eine *nalag* war streng tabu für Jungen, die sich der Initiation unterzogen.

»*Nadja nanban!*« lachte Bua Buaga. »Das ist Blödsinn! Ich sehe sie mir einfach an.«

Als nichts passierte, lachte er triumphierend, denn er glaubte, er sei über das Gesetz erhaben. Die Jungen rannten den ganzen Weg zurück ins Lager, aber sagten nichts zu ihrem Vater und ihrer Mutter oder den Menschen dort, obwohl sie insgeheim vor Aufregung zitterten.

»Warum atmet ihr so schwer?« fragte ihre Mutter argwöhnisch. »Was habt ihr angestellt?«

»Ach, nichts«, sagten die Jungen, während ihr Herz noch wild schlug. »Wir sind nur schnell gelaufen.« Ihr Schicksal war bereits besiegelt, aber das wußten sie nicht.

Am nächsten Tag gingen sie zurück nach Wirili, an die Felsen, wo sie die Echse gesehen hatten, und dort beging Buaga den schlimmsten Frevel: Er tötete die *nalag* mit einer *naulo,* einer Keule. Sie nahmen den Kadaver mit und rannten fort, bis sie in Giriwaru das spöttische Gelächter eines *kookaburras,* eines Rieseneisvogels, hörten, ein sicheres Zeichen für Unglück.

Bei dem Geräusch blieben sie so plötzlich stehen, daß ihre Füße tiefe Spuren in den Sand gruben und so ein Wasserloch bildeten, das es bis zum heutigen Tag gibt und das nach dem Vogel Kangorar benannt ist.

Sie rannten weiter, erst nach Südwesten, dann nach Osten, formten dabei einen riesigen, roten Sandhügel mit ihren fliegenden Füßen, bis sie einen hohen Hügel namens Yalagu erreichten. Dort brieten sie die Echse, bemerkten aber nicht, daß ein dünnes Blutrinnsal in den Sand gelaufen war.

Die Vergeltung war nicht mehr fern. Während sie etwas von der *nalag* aßen, wurde das Blutrinnsal in die Regenbogenschlange Ingaruko verwandelt, die wuchs und wuchs und ihren Spuren folgte, um den Tod der Echse zu rächen.

Durch das Töten der *nalag* mutig geworden, brachen die Jungen danach ein weiteres Tabu – sie töteten ein *git git,* ein Känguruhjunges, und trugen es mit sich, bis sie an einen *gunuru,* einen weißen Eukalyptusbaum, kamen. Dort stellten sie das Wasser ab, das sie in einer *binga,* einer Ballenschale, bei sich getragen hatten, und entzündeten ein großes Feuer, um das *git git* zu braten. Als sie es auf die Kohlen legten, erwachten die toten Tiere, Eidechse und Känguruh, durch Zauberei wieder zum Leben und liefen davon. Und als die Jungen versuchten, ihnen zu folgen, stellten sie fest, daß sie in Treibsand gefangen waren. Sie kämpften zwar, aber Ingaruko, die Zauberschlange, zog sie beide samt dem Boden um sie herum in eine unterirdische Höhle herab, wo sie ertranken. Ihr Sog war so stark, daß sogar der Baum mit heruntergezogen wurde. Bis zum heutigen Tag kann man dort ein Wasserloch namens Malghul – vom Wasser in ihrer Schale – sehen. Das Wasser ist tief und blau, und der große, weiße

Eukalyptusbaum wächst immer noch aus seiner Mitte hervor.

So wurden die beiden bösen Jungen bestraft.

Ingaruko wartet immer noch in Wasserlöchern und unter der Erde, um Gesetzesbrecher durch Wasser oder manchmal Treibsand, Überschwemmungen oder Zyklone zu bestrafen, denn sie ist allmächtig.

Die Jungen stiegen in die Wolken auf, und ihre Kummertränen fallen heute als Regen. Wenn das Nyginavolk Regen braucht, spricht es zu den Jungen, deren Gesichter man deutlich in den dunklen Schatten von sommerlichen Gewitterwolken erkennen kann. Und wenn die Gewitterwolken sich hoch über Dampier Downs und den Kimberleys bilden, zeigen die Väter ihren Söhnen die Wolkengesichter als ein Beispiel für die Rache von Ingaruko, der Regenbogenschlange, und dafür, was mit Jungen geschieht, die das Gesetz brechen.

Fledermaus und Regenbogen

Vor langer, langer Zeit, in der Traumzeit, lebten alle
Vögel miteinander in einem Lager nahe einem großen
Wasserloch.

Unter ihnen lebte ein sehr seltsames und farbenfrohes
Geschöpf namens Regenbogen. Er sah aus wie eine fette
Schlange, aber durch die wunderschönen Farben seines
Körpers sah er sehr stattlich aus. Er war verheiratet mit
Pfeifgans, aber sie war nicht glücklich mit ihm, denn er
sah zwar gut aus, war aber sehr faul und verbrachte die
meiste Zeit damit, unter einem Baum zu liegen. Regenbogen hatte Pfeifgans von Fledermaus gestohlen, der ihr
wahrer Mann war und ein großartiger Tänzer.

Fledermaus lebte nicht bei den anderen Vögeln am
Wasserloch. Er lebte ganz alleine in einer Höhle oben in
den Hügeln. Er haßte Regenbogen, weil Regenbogen
seine Frau gestohlen hatte. Er wußte, daß er ihn töten
müßte, wenn er Pfeifgans je wiederbekommen wollte.

Aber Regenbogen war sehr stark, und um ihn zu töten,
würde Fledermaus den besten Speer brauchen, den er nur
fertigen konnte. Fledermaus verbrachte viele Stunden in
seiner Höhle damit, Speere zu machen. Er war stets auf
der Suche nach Kalksteinstücken, um daraus Speerspit-
zen zu hauen. Wenn er sie geschärft hatte, probierte er sie
aus, indem er sich in die Nase oder das Gesicht schnitt.
Aber sie waren nie gut genug. Es müßte ein sehr besonderer Speer sein, der Regenbogen töten könnte.

Eines Tages, während Fledermaus sich nach weiteren
Kalksteinstücken umschaute, sah er ein sehr großes,
scharfes Stück aus einem Felsen herausragen. Er brach es
ab und trug es zu seiner Höhle. Dort verbrachte er mehrere Stunden damit, es zu schleifen, bis er es so sehr
geschärft hatte, wie er nur konnte. Dann probierte er es

aus, indem er sich in die Nase schnitt. Es war so scharf, daß er sich seine Nase abschnitt und einen Teil seines Gesichts.

Seitdem haben Fledermäuse ein flaches Gesicht ohne Nase. Aber ihm machte das nichts aus. Er freute sich, daß er solch eine scharfe Speerspitze gehauen hatte.

Jetzt war Fledermaus bereit. Endlich hatte er einen Speer, der scharf und stark genug war, um gegen Regenbogen zu kämpfen.

An jenem Abend ging er hinunter zum Wasserloch, wo Regenbogen bei den Vögeln lebte. Er versteckte seinen Speer in einem Gebüsch in der Nähe und flog dann zum Lager.

Die Vögel veranstalteten wie jeden Abend einen *corroboree*. Sie freuten sich, Fledermaus zu sehen, denn er war der beste Tänzer von ihnen allen.

Nur Regenbogen freute sich nicht, ihn zu sehen. Er mochte weder Fledermaus noch sein Tanzen. Also blieb er einfach unter dem Baum liegen und behielt Pfeifgans neben sich.

Die Vögel sangen und tanzten weiter, und Fledermaus schloß sich ihnen an. Kammhuhn spielte die Schlagstöcke und *brolga*, der Riesenkranich, das *didgeridoo*. Sie sangen und tanzten viele Stunden lang, und alle hatten ihren Spaß. Das heißt, alle außer Regenbogen.

Als der *corroboree* vorüber war, waren alle sehr müde, und so gingen sie schlafen. Fledermaus gab vor, auch zu schlafen, aber tatsächlich horchte er und wartete nur darauf, daß ein jeder eingeschlafen war.

Als er sich sicher war, daß alle fest schliefen, stand er vorsichtig auf und schlich sich in die Büsche zu der Stelle, wo sein Speer versteckt war. Er nahm ihn und flog leise zurück ins Lager.

Regenbogen schlief mit Pfeifgans an seiner Seite. Jetzt war Fledermaus' Chance gekommen, Regenbogen zu töten und seine Frau zurückzuholen. Er zielte seinen scharfen, starken Speer sorgfältig und warf ihn dann mit all seiner Kraft auf den schlafenden Regenbogen.

Der Speer drang tief in Regenbogen ein und brach ihm den Rücken. Regenbogen schrie vor Schmerz und wälzte sich wie wild auf dem Boden. Er versuchte, nach Fledermaus zu greifen und ihn zu töten. Aber Fledermaus blieb vorsichtig außerhalb der Reichweite des sterbenden Regenbogens.

Als die Vögel Regenbogens furchtbare Schreie hörten, flogen sie in panischer Angst davon. Alle außer Pfeifgans, die schaute zu, wie Regenbogen schrie und sich wand.

Regenbogen blutete nun sehr stark, aber er wälzte sich immer noch, bis er zu einem Wasserloch kam. Er rollte sich hinein, und dort blieb er.

Heute lebt der Regenbogen immer noch in Wasserlöchern. Aber wenn der Regen kommt oder Regenwolken über den Himmel ziehen, erhebt er sich manchmal aus einem Wasserloch und erstreckt sich über den Himmel. Dann sieht man seinen schönen Körper und das Blut, das immer noch an ihm herabfließt.

JIMMY MURRAY
Ein Lager, vom Tod verpestet*

Dieser Ort, der euch allen gehört
Hat den verdorbenen Geruch von einem, der starb
Einen schmutzigen Geruch
Ein Ort, vom Tod verpestet

Ein Ort, vom Tod verpestet
Macht mich müde und leblos
Es ist das Lager, das mich ansteckt

Es ist das Lager, das mich ansteckt
Der verdorbene Geruch von einem, der starb
Ein schmutziger Geruch

Ein schmutziger Geruch
Ein Gestank wie von einer Schildkröte, an eurem Ort
Es ist das Lager, das mich ansteckt
Der verdorbene Geruch von einem, der starb.

---

* Wenn jemand stirbt, werden sein gesamter Besitz und das Lager, in
dem er lebte, als »vom Tod verpestet« und somit als tabu angesehen. Das
Lied soll die Menschen auffordern, das Lager abzubauen und weiterzu-
ziehen.

HYLLUS MARIS, SONIA BORG
Towradgi

Towradgi war alt. Sie war so alt, daß sich niemand mehr
daran erinnern konnte, daß sie einmal jung gewesen
war. Ihr Haar hatte die Farbe der Wolken; ihre fest über
die alternden Knochen gespannte und kreuz und quer
mit Linien durchzogene Haut war dunkel wie die Rinde
eines Baumes, der vom Feuer versengt worden ist. Aber
diese uralten Eukalyptusbäume treiben neue Blätter,
weil das verheerende Feuer ihre Seele und das Leben tief
in ihnen nicht zerstören kann. Genauso steckte auch
unter Towradgis knorriger und von den Jahren gegerb-
ter Oberfläche eine große Stärke und die Unverwüst-
lichkeit der Jugend. Die Narben an ihren Oberarmen
und über ihren Brüsten zeigten, daß sie durch das
Gesetz gegangen war: Sie war eine Älteste des Nyarivolkes. Diese alten Frauen hatten große Macht. Sie besaßen
das Wissen, das von den Vorfahren, die zu Beginn der
Schöpfung über die Erde gezogen waren, überliefert
worden war.

Sie saß auf einem umgestürzten Baumstamm am Fluß,
ihr Cape aus Opossumfell um sich geschlungen, denn es
war die Jahreszeit, in der die Tage kurz sind und die Luft
frisch und kühl ist. Neben ihr stand ein *coolamon* gefüllt
mit Kräutern. Nicht weit von ihr sammelten zwei junge
Mädchen Schilf zum Korbflechten und Wurzeln zum
Essen.

Sie waren Towradgis Schülerinnen. Während sie heranwuchsen, lernten sie viele Dinge von ihr: die Anwendung
von Kräutern, um Schmerzen zu lindern und Wunden zu
heilen, bei der Geburt zu helfen oder Empfängnis zu ver-
hüten. Sie lernten Selbstdisziplin und die Verhaltens-
regeln, nach denen ihr Volk lebte. Sie erfuhren vom
Geheimnis der Schöpfung und ihrem Platz in ihr. Wie-

viel Wissen ihnen vermittelt wurde, hing von ihrer Fähigkeit zu verstehen ab.

Als Towradgi Alinta anschaute, schimmerten in ihren Augen, die schwarz wie polierte Kiesel in ihren tiefen Höhlen lagen, Befriedigung und Stolz: Sie wußte, daß Alinta eines Tages ihre Nachfolgerin bei ihrem Volk sein würde. Eines Tages, wußte Towradgi, würde sie sterben. Der Tag schien weit entfernt, aber er würde kommen. Er würde zu einer Zeit kommen, wenn Alinta, die Flamme, vorbereitet wäre, die Fackel der Weisheit und des Wissens in die ferne Zukunft für jene, die nach ihr kommen würden, weiterzutragen.

Es war friedlich hier unten am Fluß. Ein Murray-Hecht stand bewegungslos und unbehelligt von den Mädchen, die nicht zum Fischen hier waren, in seinem Heim unter einem hohlen Stamm im klaren Wasser. Im goldenen Licht der Herbstsonne zeichnete sich jeder Grashalm, jedes Schilf, jedes Blatt klar ab, wie erfüllt vom Geheimnis seines Wachsens.

Hinter der Flußebene ragten riesige Bergeschen aus einer Fülle von kleineren Bäumen und Unterholz hervor und diese wiederum aus umgestürzten und vermodernden Stämmen und abgefallenen Zweigen, die mit sattem Moos bewachsen waren und vor Feuchtigkeit trieften. Baumfarne streckten ihre zitternden Wedel in die schräg zwischen Eukalyptusbäumen und über kleine Bäche und Wasserfälle hinweg einfallenden Sonnenstrahlen.

Hoch über Towradgi zog ein keilschwänziger Adler seine Kreise am Himmel. Towradgi wußte, daß er da war; ohne aufzuschauen, sandte sie ihren Geist, mit ihm aufzusteigen, so daß sie von oben über das Land schauen konnte, das ihrem Volk seit Anbeginn der Zeiten anvertraut war. Es dehnte sich weiter aus, als das Auge sehen konnte: Auf einer Seite war es vom Meer begrenzt, auf der anderen verlor sich seine Grenze im Dunst des Horizonts. Es gab wellige Hügel und goldene Ebenen, auf die zu dieser Tageszeit die Känguruhs kamen, um zu grasen.

Die Flüsse und Seen waren voller Fische, und an ihren Ufern und Stränden wimmelte es von Wasservögeln: Es gab Graureiher und weiße Kraniche, Wildenten und Pelikane und noch viele andere. Bäume und Sträucher trugen wilde Beeren, und überall wuchsen nahrreiche Wurzeln und Pflanzen.

Viele Male war Towradgi mit ihrem Volk von Lager zu Lager durch das Land gezogen – sie folgten den Jahreszeiten und sangen zu den Vorfahren, die bei ihrem Vorüberziehen viele Zeichen hinterlassen hatten: Felsen, Flüsse, Wasserlöcher und Berge, Orte, an denen ihre Anwesenheit in dem Moment gespürt werden konnte, in dem man sich näherte.

Bald würde Towradgi Alinta zu einem dieser Orte mitnehmen. Alinta und ihre Kusine Wonda. Sie würde sie an den Ort bringen, der den Frauen heilig war. Kein Mann durfte seinen Fuß dorthin setzen. Bald würde der Zeitpunkt kommen, zu dem aus den Mädchen Frauen würden. Sie würde sie an den Ort bringen, an dem schon viele Generationen von Nyarifrauen ihr erstes Blut vergossen hatten und an den dafür noch viele zukünftige gehen würden.

Towradgis Augen wandten sich wieder den Mädchen zu, deren braune Körper so schlank waren wie das Schilf, das sie sammelten. Sie trugen Röcke aus Emufedern, und das Haar fiel ihnen auf die Schultern, gewellt wie fließendes Wasser. Sie sprachen miteinander, lachten und kicherten leise. Towradgi konnte ihre Stimmen hören, klar und süß wie der Klang von Vögeln.

Und dann trat eine seltsame Stille ein.

Es war eine Stille, die niemand außer Towradgi hören konnte. Sie war absolut. Sie schnitt sie von der Welt um sie herum ab, griff sie als jemanden, der wissen mußte, heraus.

Wachsam setzte sich Towradgi auf. Ein Wind kam auf. Er lief durch das Schilf und ließ es erzittern. Er schwoll an und riß an den Zweigen, so daß sie sich vor Angst schüttelten. Er strich über das Wasser, und das Wasser fröstelte.

Towradgi erhob sich und horchte. Sie hörte dem Wind zu. Er sprach oft zu ihr, erzählte ihr, wann Regen käme oder warnte sie vor Männern von einem anderen Stamm, die sich auf der Suche nach Frauen, die sie mit sich nehmen wollten, näherten. Er war der Bote der Dinge, die da kamen.

Aber heute war etwas anders.

Diesmal war eine große Furcht im Wind selber. Er kam von weit her, weit entfernt vom Land des Nyarivolkes und dem der Nachbarstämme, und er sprach von Dingen, die da kommen würden und die nicht erklärt werden konnten, weil es keine Worte für sie gab.

Die Mädchen hatten sich aufgerichtet und sahen ihre alte Lehrerin an, die nun aufrecht dastand – das Kinn erhoben, die Augen weit geöffnet schaute sie in eine andere Zeit. Mit jeder Faser ihres Seins versuchte sie, die Botschaft des Windes zu verstehen. Vor ihrem inneren Auge sah Towradgi Alinta. Sie war anders. Sie war älter, und ihre Augen und Haare waren stumpf, als wäre sie nur ein Schatten ihrer selbst. Sie rannte und zerrte ein kleines Mädchen hinter sich her. Es schien, als wisse sie nicht, wohin sie laufen, wo sie sich verstecken sollte. Ihre Körper waren in etwas gehüllt, das flatterte wie sich schälende Haut, vermoderte, unreine Haut.

Hinter ihnen lag grau und kalt die See. Große Brecher trafen auf die Küste. Dann entdeckte Towradgi den Jäger: Er sah aus, als käme er aus dem Land der Toten: Seine Haut war blaß, in der Farbe von Pfeifenton. Kein lebendiger Mensch sah so aus. In den Händen trug er einen Stock, und wenn er ihn zu den Augen erhob, leuchtete ein Blitz auf, und es krachte ein Donner. Das Bild wurde unscharf, und Towradgi sah wieder Alinta, und wieder war sie eine Frau, kein Kind. Sie stand in einer Staubwolke, wie bei einem Sturm nach langer Dürre, und ihre Augen waren dunkel vor Wut. Sie sprach, aber Towradgi konnte nicht verstehen, was sie sagte; sie kannte die Worte nicht. Noch einmal sah Towradgi das Land von oben, vom Adlerflug aus, und sie sah mit Entsetzen, daß das Land selbst sich verändert hatte. Klaffende Löcher waren in den Bauch der Erde gerissen, fast alle Bäume waren verschwunden, genau wie das Gras und die vielen Geschöpfe, die darin lebten. Ein großer Teil der warmen Erde war durch große Platten glatten, flachen Steines von der Sonne abgeschnitten. Riesige Felsen erhoben sich vom harten Boden, und sie sah, daß Geschöpfe in diesen Felsen lebten wie Termiten.

Towradgi, so weise sie auch war, konnte in dem, was sie sah, keinen Sinn erkennen. Sie wußte lediglich, daß der Wind von heraufziehender Verwüstung und Chaos sprach und daß großes Leiden auf ihr Volk zukäme.

Sie wandte ihren Blick Alinta zu, die auf dem Boden neben Wonda hockte. Die Mädchen sahen Towradgi verwirrt, ängstlich und ehrfurchtsvoll angesichts des seltsamen Ausdrucks der alten Frau an.

Es war kurz vor Sonnenuntergang. Im Busch begannen die *kookaburras* ihr trotziges Gelächter. Etwas Kühles lag in der Luft. Bald würde es Nacht werden, und sie mußten in die Sicherheit des Lagers eilen. Es war gefährlich, in der Dunkelheit im Busch zu sein — die Geister waren dann dort zugegen, die Erde selbst konnte sich vor einem auftun.

Große Sorge und Mitleid stiegen in Towradgi auf, als sie die beiden jungen Mädchen ansah, deren Gesichter noch von der Unschuld der Jugend erfüllt waren. Wie konnte sie sie vor dem schützen, was da kam? Wie konnte sie ihnen die Kraft geben, die ihren Seelen beim Überleben helfen würde?

Sie winkte sie mit ihrer knochigen Hand zu sich, und die Mädchen kamen näher. Dann nahm sie eine Handvoll der dunklen Flußerde.

»Öffnet die Hände«, sagte sie.

Sie drückte ihnen die Erde fest in die Handflächen und

schloß dann ihre Finger darüber. Als sie sprach, war ihre Stimme laut und schroff, als spräche sie zu allen zukünftigen Generationen und fordere das, was da kommen sollte, heraus.

»Spürt diese Erde«, sagte sie. »Sie ist euer Fleisch, euer Blut, eure Stärke. Ihr seid Teil der Erde, und die Erde ist Teil von euch. Eure Vorfahren waren aus dieser Erde gemacht, und diese Erde ist heilig. Was immer passiert, erinnert euch daran.«

Also. Gut, heute spreche ich. Ich heiße Hobbles Danayarri, und ich rede von unserm Ärger. Fängt vor langer
Zeit an, glaube ich. Ganz am Anfang. Ich weiß nicht,
aber es ist ein riesengroßer Ärger. Hm, als dieser Captain
Cook aus dem großen England kam und runter in den
Sydneyer Hafen und viele Aborigines da unten im Sydneyer Hafen waren. Tja, er ist derjenige, der in den Sydneyer Hafen einfiel.

Er hätte sie fragen sollen — einen von den Bossen von
Sydney — von den Aborigines. Da waren doch Leute
dort, da waren doch Aborigines. Er hätte zu denen gehen
sollen und Hallo sagen, wissen Sie, Hallo. Hätte fragen
sollen, ob er da rein durfte, denn das ist das Land der
Aborigines. Und der Captain Cook war nicht fair — hat
nicht Guten Tag gesagt oder Hallo, wissen Sie. Man muß
doch fair sein.

Wir sind alle Menschen. Und Captain Cook hat doch
sein Land — das große England. Und die Aborigines
haben das Northern Territory*. Und Captain Cook war
nicht fair zu den Menschen, überall in Australien. Aber
er hätte fair sein sollen, hätte sie vorher fragen sollen, die
Aborigines. Denen gehört doch das Northern Territory.
Denn Captain Cook hätte fair sein sollen. Ob er nun
Guten Tag gesagt hätte oder Hallo, das wär in Ordnung
gegangen. Aber mein Volk, mein Volk, die Aborigines,
die hatten Angst vor Captain Cook. Er ist ein *white-
fellow*. Er ist ein *whitefellow*, und sie hatten Angst, wissen
Sie.

Sie hatten Angst, und er hätte ihnen Zeit lassen sollen,

---

* Northern Territory — Territorium im Norden Australiens, Danayarri verwendet es hier als Synonym für das Australien der Aborigines.

hätte sie beruhigen sollen, sie in Ruhe bitten sollen ...
Ob er ihr Land haben kann oder ob er da durch kann zu
einem anderen Volk, zu anderen Aborigines. Wissen Sie,
er hätte fair sein sollen. Genau. Captain Cook fing so an:
»Ach, das sind doch Wilde«, fand er. Der war aber nicht
wild, sondern der Boß von dem Land. Er war der Boß
von dem Land, für die Aborigines. Nun, Captain Cook
hätte ihn fragen sollen, es klären sollen ...

Und er hat noch mehr Ärger gehabt. Die Aborigines
bekamen noch mehr Ärger. Wissen Sie, er hätte Captain
Cook sagen sollen, er soll sonstwo hin. Denn das ist nicht
sein Land, er hat nichts im Northern Territory zu
suchen, denn das ist nur für Aborigines.

Und als er dann anfing, mein Volk umzulegen oben in
Sydney, das heißt, da hat er begonnen, mein Volk auszurotten. Denn Captain Cook wurde sehr unverschämt,
wissen Sie. Er fragt nicht, klärt nichts, oder beruhigt sie,
wissen Sie, um es richtig zu machen. Und dann fing dieser Captain Cook an und schoß sich von Sydney gleich
durch zum Darwiner Hafen*, quer durch ganz Australien, verstehen Sie? Das ist schlecht. Dieser Captain
Cook tat unrecht. Er hätte ihnen was sagen sollen, hätte
fair sein sollen – dieser Captain Cook hätte meinem
Volk zuhören sollen. Wissen Sie?

Nun denn, als er zuerst runter in dieses Darwin fuhr,
nahm er sein Boot, setzte die Segel und fing an, sich im
Darwiner Hafen umzusehen. Und als er dann zum
Strand von Mindil kam und als er dann in die Bucht bei
Mindil kam, da hat er dann einen kleinen Steg gebaut.
Und da ging der Captain Cook dann von Bord und
schaute sich im Darwiner Hafen um. Denn da in Darwin
war ein anderes Volk. Sie sind Aborigines. Dieselbe Sache
wie unten in Sydney, dasselbe in Darwin. Denn da waren

---

* Hafen von Darwin – Danayarris Darstellung entspricht nicht der
bekannten Geschichtsschreibung: Cook war nicht in Darwin; Danayarri benutzt Cook als Symbol des weißen Eindringens.

doch Leute überall im Northern Territory. Kein *white-fellow.* Nein, das ist nur für Aborigines.

Als er zuerst da hochkam, legte er sein Boot in die Bucht von Mindil und stieg aus und schaute sich um. Er sah zwei Leute da, Aborigines, alte Leute. Und da fing es dann an. Die beiden von meinem Volk schauten: »Oh, das ist ein *whitefellow.*« Sie hatten Angst, wirklich, wissen Sie. Aber wenn er gekommen wäre, Captain Cook, und hätte Hallo gesagt, Guten Tag gesagt, wissen Sie, und hätte sie beruhigt, gewartet, bis sie ruhig gewesen wären, mein Volk. Und er hätte sie fragen sollen.

Denn man kann die nicht wie einen Hund jagen. Nein! Denn das ist das Land der Aborigines. Denn da waren doch Leute im Northern Territory, Aborigines. Ich weiß das doch. Captain Cook war nicht fair zu denen – meinem Volk. Wissen Sie, wenn Ihr Captain Cook versucht hätte, sie zu fragen und zu klären, ob er was haben könnte von den Aborigines.

Das ist die Sache, um die's hier geht. Das ist es. Denn er ist der Kerl, der anfing, mein Volk zu töten oben im Northern Territory. Das ist ein sehr großes Land. Kein kleines Land, sondern ein großes Land. Wissen Sie, es gehört uns. Und dieser Captain Cook hat nichts zu meinem Volk gesagt. Wenn er gesagt hätte: »In Ordnung«, hätten wir angefangen, es in Ordnung zu bringen. Denn Captain Cook hat angefangen, nicht mein Volk!

ROBERT MOSES
Der erste weiße Mann kommt zum Nicholson River

Ein weißer Mann kam hierher, vor langer Zeit.

Er kam zu den Aborigines am Nicholson River, im Osten.

Die Aborigines rollten Stachelkopfgras in den Fluß, um Fische zu fangen.

Der weiße Mann kam und stand am Ufer des Nicholson River.

Er redete zum ersten Mal zu ihnen.

Er sprach in der Sprache der Weißen zu ihnen: »Raus aus dem Wasser!«

Aber die Aborigines unten im Fluß verstanden diese Sprache nicht.

Sie schauten den weißen Mann nur an.

Der weiße Mann redete auf die Aborigines ein.

Dann schoß er ärgerlich mit seinem Gewehr in Richtung der Aborigines unten im Fluß.

Zuerst schoß er mit dem Gewehr in ihre Richtung unten im Wasser.

Dann schoß er näher an sie heran.

Die Aborigines hatten so ein Geräusch noch nie gehört.

Der weiße Mann redete wieder mit ihnen: »Geht weg, damit ich mein Vieh tränken kann.«

Die Aborigines unten im Wasser verstanden diese Sprache nicht.

Der weiße Mann ging zu ihnen herunter.

Er kam mit der Peitsche. Es war die Peitsche des weißen Mannes.

Die Aborigines kannten keine Peitsche.

Der weiße Mann schlug sie.

Er schlug mit der Peitsche auf sie ein.

Es krachte wie eine *nawuraga*-Melone.

Die Aborigines bekamen Angst und sprangen davon.

Sie rannten in alle Richtungen.

Dann blieben sie stehen.

Der weiße Mann jagte sie auf dem Rücken seines Pferdes.

Er trieb sie zusammen.

Die Aborigines standen da.

Der weiße Mann sagte zu ihnen: »Geht aus dem Wasser. Ich rede mit euch. Ich will mein Vieh tränken.«

Als dieser weiße Mann zum Nicholson River kam, rollten die Aborigines dort Stachelkopfgras ins Wasser, um Fische zu fangen.

Aborigines fingen Fische, indem sie Stachelkopfgras ausrollten.

Die Aborigines rollten Stachelkopfgras in den Nicholson River.

Sie waren dabei zu fischen, als der weiße Mann kam.

Er sagte zu ihnen: »Raus mit euch!«

Die Aborigines verstanden ihn nicht.

Sie nannten ihn »Arsch offen«.

Ich weiß nicht, wie sie das Vieh nannten.

Ich weiß nicht, wie sie das Pferd nannten.

Warte einen Moment, ich frage jemand anderes nach diesen Namen.

Die Aborigines verstanden den weißen Mann nicht, aber er verstand die schwarzen Leute genausowenig.

Munda folgte seit dem frühen Morgen der Spur der drei Weißen. Er haßte sie. Und doch war in seinen Haß auch Angst gemischt. Es gab Gründe. Beim letzten Vollmond hatte ein Trupp weißer Männer eines ihrer jahrhundertealten Wasserlöcher vergiftet, und mehrere Mitglieder seiner Gruppe waren qualvoll gestorben. Diese hier waren nicht die eigentlich Verantwortlichen. Er hatte sich die schweren Fußspuren der Männer, die getötet hatten, eingeprägt, und ihre Abdrücke würden ihm für immer im Gedächtnis bleiben. Aber er wußte, daß diese drei derselbe Typ Mann waren. Er wußte auch, daß der Trupp auf dem Weg in wasserloses Gebiet war.

Die sengende Sommerhitze brannte sich in die Köpfe der weißen Männer. Liles Trupp war vier Wochen vor ihnen in diese Richtung gezogen. Obwohl sie seit fast zwei Wochen kreuz und quer durch die Wüste liefen, war es ihnen nicht gelungen, die Spuren seines Erkundungstrupps zu finden. Wargoton, ihr Anführer, wußte, daß sie, wenn sie überleben wollten, innerhalb der nächsten zwanzig Stunden Wasser finden mußten. Er war ein großer Mann, bärtig, hager und tiefbraun gebrannt. Dieselbe Beschreibung paßte auf seine beiden Begleiter, Lorrest und Wicknell.

Eines ihrer drei Kamele war vor einer Woche gestorben. Ihre bis auf das absolut Notwendige reduzierten Habseligkeiten wurden nun von den beiden verbleibenden Tieren getragen. In der Mittagshitze schlugen sie ihr Lager auf, denn sie kannten sich mit der Wüste aus und wußten, daß man Kräfte sparte, indem man sich am frühen Morgen und späten Nachmittag fortbewegte.

Wargoton schüttelte die Feldflasche, die den Rest ihres

kostbaren Wassers enthielt. Er sah seine beiden Begleiter an, die mit ihm im knapp zwei Meter breiten Schatten einer Felskante hockten, und sagte mit heiserer Stimme: »Tja, wir sind 'runter auf ungefähr vier Schluck Wasser für jeden.«

Wicknell antwortete: »Ich habe schon den ganzen Morgen das Gefühl, daß die Schwarzen uns folgen. Warum, zum Teufel, zeigen sie sich nicht?«

»Warum sollten sie?« sagte Wargoton. »Sie folgen uns und beobachten uns, bis wir sterben. Dann spießen sie die Kamele auf, um etwas zu essen zu haben, und teilen sich unsere Hinterlassenschaft.«

Sie verfielen in ein verdrossenes Schweigen. Die Sonne hatte ihren Höchststand überschritten, aber der Tag war immer noch grauenhaft heiß. Der kleine Schattenfleck begann zu schrumpfen.

Wargoton stöhnte zwischen versengten Lippen bei dem Versuch zu sprechen. »Wenn wir hier in der Sonne sitzen müssen, können wir genausogut weitergehen.« Sie kamen mühsam auf die Beine. Wargoton verteilte drei Anteile Wasser und erklärte grimmig: »Das letzte Wasser vor Sonnenuntergang, und Gott helfe uns morgen.«

Gerade als er das gesagt hatte, sahen die drei Männer den Schwarzen. Er stand keine zwanzig Meter von ihnen entfernt. Bei seinem Anblick wußten sie, daß ihr dringendstes Problem gelöst war. Er war mittelgroß, schmal gebaut und splitternackt. In einer Hand hielt er einen Jagdspeer, der vorsichtig nach unten zeigte. In der anderen hielt er ein *nulla nulla*. In einem Haargürtel um seinen linken Arm steckte eine Klinge aus Quarz, und tief um seine Stirn war ein weiterer Gürtel aus Haar gebunden. Er stand da und stierte die drei Weißen mit einem beinahe einfältigen Ausdruck auf seinem bärtigen Gesicht an.

Wicknell brach das lange Schweigen. Er hob die Hand und deutete auf die Feldflaschen, die an einem der Kamele festgeschnallt waren. »Wasser, wo ist Wasser?«

fragte er. Munda zeigte in die Sonne und ließ den Arm dann auf halbe Höhe sinken. »Gut«, sagte Lorrest, »der Bastard versteht uns. Das sieht aus, als wäre es ungefähr zwei Stunden von hier entfernt.« »Was ist, wenn er lügt?« erwiderte Wicknell. »Nein«, sagte Wargoton, »er sagt die Wahrheit, aber zur Sicherheit sollten wir ihn einfach dazu bringen, das Wasser genauso dringend zu brauchen wie wir.«

Wargoton hielt Munda den Kompaß hin. Dessen Neugierde besiegte seine Vorsicht, er trat begierig vor, um das angebotene Objekt entgegenzunehmen. Sie schnappten ihn sich. Er leistete wenig Widerstand, stöhnte und plapperte nur in seiner Sprache, als sie ihn im roten Wüstensand auf die Knie zwangen.

Wicknell entwickelte ungeahnte Kräfte und rannte zu einem der Kamele. Er stöberte eilig im Packsattel herum und kehrte mit zwei Handvoll Salz zurück.

Wargoton und Lorrest hielten die bemitleidenswerte Gestalt fest, während Wicknell das Salz in den bärtigen Mund stopfte.

Es war, als verstünde er ihre Absicht, denn er wehrte sich nicht. Sie ließen ihn los. Er lag in Abwehrhaltung auf der Seite, während das Salz in seine Kehle biß. Er begann zu würgen und krümmte sich in heftigen Krämpfen. Lorrest ging zu ihm, trat ihn, zeigte auf die Sonne und sagte heiser: »Wasser, und zwar verdammt schnell.« Wicknell richtete sein Gewehr auf den Schwarzen. Munda erhob sich mühsam, hielt dabei seine Kehle umklammert, und die merkwürdige Prozession setzte sich in Bewegung.

Die drei Weißen tranken ihr letztes Wasser. Sie wußten, daß der Schwarze jetzt ihre einzige Überlebenschance war. Ihr Opfer ging fast zweihundert Meter vor ihnen. Sie ließen ihn führen. Als er einmal den Abstand vergrößerte, verlangsamte Wicknell ihn mit einem Gewehrschuß in den Himmel.

Sie kamen zu einer Lehmmulde von etwa einer Viertelmeile Durchmesser. Der Schwarze ging stolpernd hindurch, die Männer folgten ihm immer noch. Am äußeren Rand der Lehmmulde drehte sich der Schwarze plötzlich zur Seite. Er blieb stehen, dann deutete er nach links auf eine Stelle, wo lange, niedrige Sandhügel die Mulde einrahmten.

Wargoton jubelte heiser: »Wir haben's geschafft, wir haben's geschafft! Ich sehe von hier aus, daß der Boden feucht ist.« Gierig rannten sie los. Sie sahen den Schwarzen in die Sicherheit eines Sandhügels flüchten. Wicknell blieb stehen und hob sein Gewehr. Wargoton rief ihm, während er weiterrannte, zu: »Laß ihn laufen. Wir haben, was wir wollten.«

Die drei Männer warfen sich am Rand des Sickerwassers zu Boden, schluckten gierig das lauwarme Wasser und spritzten es sich ins Gesicht. Dann legten sie sich auf die Seite und ließen die beiden Kamele ihren Durst stillen.

Wargoton spürte den schwertähnlichen Schmerzstoß zuerst. Dann schlug die Qual bei Lorrest und Wicknell zu. Wargoton sah die Augen seiner Begleiter hervorquellen. Er keuchte: »Liles, dieser verdammte Liles war vor uns hier. Er versucht immer, die Schwarzen auszurotten! Das Wasser ist vergiftet.«

Noch während er sprach, brach das Licht in seinen Augen.

Kiraban wollte gerade gehen, als Macintyre sagte: »Mach dich nützlich und zeig dem Gefreiten Cawley, wo er Wasser herbekommen kann.«

Ein junger, hellhäutiger Soldat, ungefähr in seinem Alter, stand mit ein paar Behältern in der Hand unglücklich vor ihm. Kiraban sah ihn mißmutig an und deutete dann mit dem Kopf in Richtung des Wasserloches. »Komm, hier lang.«

Die beiden verließen das Lager und gingen ins verblassende Tageslicht hinaus. Keiner sprach, und nach etwa einer Viertelstunde kamen sie an ein kleines Wasserloch, das gut versteckt unter einer Felsnase lag.

Kiraban hockte sich neben das Wasserloch und sagte zu seinem Begleiter: »Das kannst du trinken.«

Der Gefreite James Cawley stellte die Behälter ab. Es war erst achtzehn Monate her, seit er, der jüngste Sohn einer Bauernfamilie aus Lancashire, sich dem Korps in Neusüdwales angeschlossen hatte. Dieses fremde Land blieb ihm ein großes Geheimnis, und er hatte schreckliche Geschichten über schlechtes Wasser gehört. Kiraban bemerkte sein Zögern und sagte: »Es ist gutes Wasser.« Er beugte sich hinunter, schöpfte etwas in seine Hand und trank.

»Woher weißt du das?« fragte Cawley. »Du kommst doch nicht von hier.«

»Ich höre zu«, sagte Kiraban und deutete auf sein Ohr. »Ich erfahre viele Geschichten über diese Gegend.«

»Was für Geschichten?«

»Wir wissen durch Geschichten.«

»Über das Land?« fragte Cawley verdutzt.

Kiraban nickte und schwenkte dann mit dem Arm um sich.

»Vor langer Zeit, als dieses Land noch schlief, kam eine

große Echse her. Sie lief überall herum, sie wollte es zu einer bewohnbaren Gegend machen.«

Kiraban zeigte auf einen nahen Hügel. »Den hat sie aufgeschüttet, als sie versuchte, ein Loch zu graben.« Er pausierte. »Wasser hat dann die Löcher gefüllt, so wie dieses hier.«

»Wo kam diese Echse her?« fragte Cawley neugierig.

Kiraban zögerte unsicher, fuhr dann fort. »Ich glaube, vor der Traumzeit schlief sie unter der Erde, da wo der große Fluß ist.«

»Der Hawkesbury!«

»Ja, genau«, sagte Kiraban. »Es war eine sehr große Echse, und als sie aufstand, strömte die See in das Loch, das sie gegraben hatte.«

»Und wo ist diese Echse jetzt?« fragte Cawley.

»Den Teil der Geschichte kenne ich nicht«, antwortete Kiraban. »Ich bin nicht von hier. Vielleicht lebt sie in den Bergen dort.« Er deutete in den Westen.

»Aber woher weißt du, wo gutes Wasser ist?« fragte James Cawley.

»Die *gitjis* − eine Art Geister − folgten der Echse... sie leben in einigen Wasserlöchern.« Kiraban sah Cawley ernst an. »Man kann erkennen, ob *gitjis* im Wasser sind.« Er deutete auf die Linie, die der Wasserstand am Felsen hinterlassen hatte. »Die hier hat eine gute Farbe.«

Cawley begann, die Behälter zu füllen. »Also hat euer Volk eine Geschichte über jeden Teil des Landes, und dadurch kennt ihr euch aus.«

»Ja, so wurde das Land geschaffen«, sagte Kiraban. Er sah den jungen Soldaten fragend an.

»Wodurch kennst du dich in deinem Land aus?«

Cawley schaute verdutzt. »Ich weiß nicht... wir wissen es halt... wir machen Karten«, erwiderte er.

»Wird es aufgeschrieben?« fragte Kiraban.

»Nein«, antwortete Cawley. »Eher gezeichnet... weißt du... wie Bilder.«

Kiraban sagte nichts.

James Cawley sah ihn an. »Mein Land ist sehr klein . . . nicht so wie dieses . . . überall leben Menschen.«

Die Behälter waren voll, sie teilten sie auf und machten sich auf den Rückweg ins Lager.

Während sie gingen, fragte Kiraban: »Sind alle Männer in deiner Familie Soldaten?«

»Nein«, erwiderte Cawley, »ich bin der einzige.«

»Kümmert dein Bruder sich um dein Land, während du hier bist?« fragte Kiraban.

»Ich habe kein Land. Meine Familie bestellt Land, das jemand anderem gehört.«

Diese Antwort verdutzte Kiraban. »Wie kannst du kein Land haben?« fragte er.

»Man muß Geld haben, um Land zu kaufen.« Cawley fand Kirabans Frage offensichtlich beunruhigend, während seine Antwort Kiraban völlig verblüffte.

»Wie kannst du Land kaufen? Land ist das, woher du kommst!« sagte er.

James Cawley schüttelte den Kopf. »Ich verstehe das nicht. Das muß eine heidnische Sache sein.«

Es war dunkel, als sie zurück ins Lager kamen.

Kiraban und Koobee gingen auf Djordwuy zu, der mit dem Sergeanten und Macintyre sprach. Er zeichnete etwas auf den Boden. Die beiden Australier hatten sie fast erreicht, als ihnen jäh die Anwesenheit von Fremden in der Nähe bewußt wurde. Kiraban blieb stehen und starrte in die umliegenden Bäume. Seine Augen machten sieben oder acht Leute aus: Sie standen reglos, beinahe wie ein Teil des Waldes am Rande der Lichtung. Einen Moment später drehte Kiraban sich um und stellte fest, daß auch Djordwuy die Neuankömmlinge bemerkt hatte. Er rief sie an, und sie antworteten in einem deutlichen Sydneyer Eoradialekt.

Vier der Fremden erschienen daraufhin auf der Lichtung. Sie gingen auf die Hauptgruppe zu, bei der auch Macintyre stand.

Es lag eine merkwürdige Spannung in der Luft. Die Gruppe um Macintyre schien sich auf etwas gefaßt zu machen. Plötzlich wußte Kiraban, warum.

Den Mann, der die Gruppe von Fremden anführte, umgab eine mächtige, gefährliche Aura, während er sich mit langen, fließenden Schritten vorwärtsbewegte. Er war groß und gut gebaut, mit einem seltsamen Schielen des rechten Auges.

Es war Pemulwuy.

Niemand brauchte ihn Kiraban vorzustellen. Er trug einen großen, schleppenden Mantel, der ihn zusätzlich von seinen Begleitern abhob.

Djordwuy trat vor und machte einen höflichen Scherz: Pemulwuy reagierte entsprechend, aber die Spannung ließ nicht nach.

Pemulwuy ging von Djordwuy weg und hinüber zu Kiraban und Koobee: Das war ein schwerer Verstoß gegen die Etikette der Eoras.

Vor Awabakal* blieb er stehen. »Du bist also der Fremde vom nördlichen See«, sagte er auf bidjigal.

Awabakal bewegte keinen Muskel. Er starrte Pemulwuy direkt an und senkte nicht den Blick, wie er es einem älteren Awabakalmann gegenüber getan hätte.

»Ich bin *koori*«, sagte er auf englisch und awabakal.

Pemulwuy stellte den Schaft seines Speeres auf den Boden und ließ die Spitze fallen, bis sie Awabakals Brust traf und in seine Haut stach. Awabakal zuckte nicht zurück.

Plötzlich streckte Pemulwuy den rechten Arm aus und drehte seine Hand mit einer schlängelnden Bewegung nach unten, sein Gesicht leuchtete seltsam wild. Er sagte zuerst nichts und dann: »Willkommen in meinem Land, Awabakal.«

Er lächelte und kicherte dann. Awabakal tat es ihm

---

* Awabakal — Kiraban wird auch mit dem Namen seines Stammes angesprochen.

gleich. Pemulwuy hob den Speer und umarmte ihn. Die Spannung wich, und sowohl Koobee als auch Djordwuy scherzten mit Pemulwuy.

Dann schloß sich Macintyre der Gruppe an.

»Pemulwuy, mein Freund! Ich hoffe, du jagst für mich.« Seine Leutseligkeit klang falsch.

Pemulwuy lächelte schwach und wandte sich Macintyre zu. Wieder glitt diese seltsame Wildheit über sein Gesicht.

»Ich jage für Pemulwuy. Dir gebe ich Fleisch«, sagte Pemulwuy im knappen, zischenden Englisch der Bidjigal.

Er schwenkte den Arm über die Gruppe hinaus der Ebene entgegen.

»Sag mir, Macintyre, was suchst du in diesem Teil meines Landes?«

Jetzt trat der Sergeant vor, und Pemulwuy zeigte hinüber und hob seinen Speer. »Und du, Soldat, was willst du von diesem Ort?«

Sergeant Smart richtete sich förmlich auf. »Sir, Sie sind angewiesen, uns alles, was Sie über den Tod oder den Aufenthaltsort eines Sträflings wissen, mitzuteilen.«

Pemulwuy lachte. »Sir, mir werden nur von den Geistern dieses Landes Weisungen erteilt.« Er lächelte den Sergeanten breit an. »Diese Geister, Sir, sind alle Eora. Sie wissen nichts von Sträflingen oder deren Angelegenheiten.«

»Ich bestehe darauf, daß Sie...«

»Sie bestehen?« fragte Pemulwuy.

Der Sergeant versuchte tapfer, der Situation wieder Herr zu werden. »Allerdings«, polterte er.

Pemulwuy war etwa ein Meter achtzig groß. Damit war er nur zwei Zentimeter größer als Sergeant Smart, und trotzdem schien er ihn zu überragen.

»Mein guter Soldat eures Königs«, sagte er sanft. »Möchtest du, daß ich dich zu dem Ort führe, wo euer Sträfling ruht, oder möchtest du, daß ich dich an deinen Ort führe? Und da könntest du dann ruhen.«

Macintyre schaltete sich ruhig ein.

»Pemulwuy«, sagte er, »dies ist eine ernste Angelegenheit. Es ist nicht Sache der Eora, es ist Sache der Briten. Wir mischen uns nicht bei den Eora ein, und ihr solltet euch nicht bei uns einmischen. Wenn du weißt, wo der Sträfling ist, solltest du es dem Sergeanten sagen.«

Pemulwuy warf den Kopf zur Seite. »Ich weiß nichts über euren Sträfling. Vielleicht sucht er Aufnahme bei den Eora.«

Dann ließ er Macintyre stehen, ging wieder zu Awabakal und legte ihm die Hand auf die Schulter.

»Sag mir, Awabakal, was hast du mit den Briten zu tun?«

Awabakal öffnete den Mund, aber es kam nichts heraus.

»Geh heim zu deinem Volk, Koori. Kenne die Briten nicht«, sagte Pemulwuy.

Damit schwang Pemulwuy herum, schaute über die Schulter zurück und rief: »Wir sehen uns in Sydney, Macintyre!« Dann ging er in den Schatten der Bäume.

So leise, wie sie erschienen waren, waren Pemulwuy und seine Leute wieder verschwunden.

Die Dunkelheit schluckte die kleine Gruppe. Sie standen da wie zwischen zwei Welten.

»Dieser verfluchte Wilde«, sagte Sergeant Smart, der offensichtlich noch unter der Erniedrigung litt. »Wir werden keine Ruhe geben, bis wir diesen Bastard losgeworden sind.«

»Er ist ein Mann mit merkwürdigen Ideen«, sagte Macintyre. »Nur gut, daß Sie solche Zurückhaltung gezeigt haben, Sergeant. Es wäre schlecht für uns ausgegangen, wenn wir uns den Mann gleich hier vorgenommen hätten.«

»Er ist jedem Engländer in Neusüdwales ein Dorn im Auge«, sagte der Sergeant.

»Aber wir brauchen ihn, Sergeant«, sagte Macintyre. »Er ist ein hervorragender Waldläufer und Jäger. Wissen Sie, wenn er nicht für uns jagen würde, fiele es uns schwer, uns in dieser Hölle zu ernähren.« Der Wildhüter lächelte süffisant. »Wenn die Zeit reif ist, werden wir uns seiner und Leuten seiner Art schon entledigen.«

Awabakal nahm das Gespräch der Engländer nicht wahr. Seine Gedanken waren immer noch von der Gegenwart Pemulwuys eingenommen. Er wunderte sich über seine außergewöhnliche Gewandtheit im Englischen, es war sogar besser als das Bennelongs.[*]

Da es nun dunkel war, befahl der Sergeant der Gruppe, in Reih und Glied zum Rand der Böschung zurückzumarschieren, weg von dem Ort, der von Pemulwuy infiziert war.

---

[*] Bennelong — Aborigine aus dem Volk der Eora, der als Vermittler zwischen den Briten und seinem Volk zu wirken versuchte. Nach einer Englandreise verfiel er dem Alkohol.

Dunkelheit. Ein Scheinwerfer zeigt ROBERT *an einer Brüstung mit dem Rotary-Zeichen an der Stirnseite.*

ROBERT: Das Hotel Parmelia also. Nach einem Schiff benannt, das einige von Ihren Vorfahren hierhergebracht hat... Muß heutzutage eine Spitzenlage für ein Grundstück sein... Es steht zufälligerweise da, wo meine Vorfahren ihr Lager hatten... Ja, genau hier... Yellongas *kullark,* sein Lager!... Na ja, es blieb nicht mehr lange sein Lager, nachdem die Parmelia den Fluß heraufgesegelt war... Das dreiundsechzigste Regiment entschied, daß es ein ziemlich guter Lagerplatz sei... Es gab damals noch keine Autobahnen, nur Busch, Süßwasserseen und Mineralquellen... Wissen Sie, als Ihre Vorfahren hier zuerst ankamen, dachten wir, sie wären unsere Vorfahren... *jungas,* von den Toten zurückgekehrt. Sehen Sie, mein Volk ist nie aufgebrochen, hat nie seine Heimat aufgegeben, um anderswohin zu ziehen... Sie konnten sich auch nicht vorstellen, daß irgend jemand so etwas täte... daher... kamen ihre und meine Vorfahren gut miteinander aus... Na ja, für kurze Zeit... aber ich wollte über Todesfälle von gefangenen Aborigines sprechen!... Nun, soweit ich das herausfinden konnte, gab es die ersten Todesfälle in Haft achtzehnhundertzweiunddreißig... Wenn Sie den Great Eastern Highway ungefähr zur Hälfte bis Greenmount Hill hinauffahren, gibt es da eine Tafel an einem Felsen, wo ein *wetjala*... ein *whitefella,* ein weißer Kerl, mit einem Speer getötet worden ist... Er wurde begraben, und drei *nyoongahs*... Aborigines, wurden auf seinem Grab erhängt... Zuerst hängten sie sie immer einfach die St. George's Terrace entlang, nahe der Causeway-Brücke. Dann verlegten sie den Galgen heraus nach Redcliffe, in die Nähe der Rennbahn... Hinrichtungen waren damals öffentlich... Eine Art öffentliches Schauspiel. Sie beförderten die armen, verängstigten Kerle auf einem Karren die Straße entlang, dann fesselten sie sie und verbanden ihnen die Augen... sagten ein paar nette christliche Gebete... dann stießen sie sie in den Tod. Manchmal ketteten sie die Leichen an, um sie verwesen zu lassen, als Warnung an ihr Volk... Es ist ein Krieg... Australiens erster Krieg war lange vor Gallipoli*. Ein offiziell nicht anerkannter Krieg mit Gewehren gegen Speere... Einer unserer Helden war Midjitaroo. Sie versuchten zwei Jahre lang, ihn zu fangen. Als es ihnen zuletzt gelang... nahmen sie ihn samt seinem sechsjährigen Sohn fest. Sie verklagten Midjitaroo, befanden ihn für schuldig und verurteilten ihn zum Tode... Unmittelbar danach nahmen sie ihn seinem Sohn weg, zerrten den Schreienden in einen Hof, fesselten ihn an eine Tür, verbanden ihm die Augen. Dann erschoß ihn ein sechsköpfiges Erschießungskommando. Das war genau dort unten an der Häuserreihe... nahe Pier Street. Sie ließen die Leiche dort zur Schau hängen. Das war achtzehnhundertdreiunddreißig... Am elften Juli desselben Jahres töteten sie unseren bekanntesten Helden, Yagan. Gouverneur Stirling — Sie haben von ihm gehört — setzte eine Belohnung von dreißig Pfund auf seinen Kopf aus. Dreißig Silberstücke... Zwei Jungen gingen zu ihm und boten ihm ihren Schutz an... Sie teilten sich ein Brot mit ihm, dann... hielten sie ihm ganz beiläufig die Waffe an den Kopf... und drückten ab... Der andere Junge schoß auf Yagans Bruder, aber verwundete ihn nur. Der Junge, der Yagan erschossen hatte, wurde mit dem Speer getötet, aber der andere entkam... Ein Polizeitrupp kam und fand Yagan und den weißen Jungen tot vor. Yagans Bruder lag auf dem Boden und

* Gallipoli — Schlacht im Ersten Weltkrieg an der türkischen Küste, bei der viele Australier fielen.

wand sich in Todesqualen. Jemand legte auf seinen Kopf an und pustete ihn weg. Ein anderer hackte Yagans Kopf ab und häutete seinen Körper... die Stammeszeichen als Souvenir. Sein Kopf wurde drei Monate lang in einem Baumstumpf geräuchert. Dann kämmten sie sein Haar, banden ein Stirnband herum, steckten ein Paar Kakadufedern hinein und schickten ihn nach England.

Pause

Wenn sie einen nicht zu Gefängnis oder Auspeitschen oder Erhängen verurteilten, wurde man deportiert. Sie fanden nichts, wohin sie mein Volk hätten deportieren können. New South Wales wollte sie nicht haben, und Tasmanien wollte sie mit Sicherheit nicht... Sie hatten schon die paar, die sie nicht erschossen hatten, nach Flinders Island deportiert, daher... richteten sie achtzehnhundertachtunddreißig Rottnest Island als Gefängnis ein... Achtzig Jahre lang siechten *nyoongahs* dort in Sichtweite ihres Zuhauses und des Rauchs von den Lagerfeuern ihrer Familien dahin. Auf dem Friedhof von Rottnest gibt es dreizehn Gräber... nicht eines ist für einen Aborigine... Und doch sind Hunderte – vielleicht Tausende – in Haft auf der Insel gestorben... Verurteilte Gefangene wurden auf die Insel gebracht und im Morgengrauen vor den angetretenen Gefangenen in dem Innenhof erhängt, auf dem jetzt das Touristenhotel steht. Im Winter von achtzehnhundertdreiundachtzig... starben von hundertundachtzig Gefangenen sechzig innerhalb weniger Wochen in einer Grippeepidemie und weitere dreißig an Masern... Für Sie ist Rottnest ein Ferienort... Für uns ist es, was Auschwitz für die Juden sein muß... Jene, die bei der Verteidigung dieses Landes im ersten Krieg gegen seine Invasoren starben, starben ohne Anerkennung... und ohne Denkmal... Jede Stadt – jedes kleine Nest in Australien – hat ein Kriegerdenkmal. Sie haben einen

öffentlichen Feiertag, um Ihrer Kriegsopfer zu gedenken. Die Namen von Straßen, Flüssen und Städten feiern unsere Mörder. Stirling Highway, Peel Inlet, Wal-
cott Street, Bunbury und Busselton.

Achtzehnhunderteinundvierzig... führte John Bussell
in Vasse eine Gruppe an, die sieben von unseren Leuten
aus dem Hinterhalt überfiel und erschoß. Ein Jahr später
erschoß Alfred Bussell einen Aborigine, den er dabei
erwischte, wie er Mehl stahl. Es gab darüber eine Untersuchung... Das Urteil: Selbstverteidigung!... Im selben
Jahr... nahm Charles Bussell ein siebenjähriges Mädchen namens Coomagoot gefangen, das eine Gruppe
zum Stehlen begleitet hatte. Er richtete seine Schrotflinte
auf sie, feuerte aus nächster Nähe und tötete sie! Das
Urteil: Unglücksfall, Strafe: ein Schilling.

ARCHIBALD IRVING
Meearnie

Das Feuer war fast erloschen, aber Meearnie, die auf ihrem Baumstamm saß, beugte sich immer noch über es und hielt ihre runzligen Hände über die sterbende Glut, um ein wenig Wärme zu erhaschen. Sie war sehr alt, und sie spürte Hitze oder Kälte kaum noch. Ihre dunklen, unbewegten Augen starrten, ohne zu blinzeln auf das verlöschende Feuer. In ihrem Gesicht liefen tausend Falten kreuz und quer über die welke Haut. Das Alter hatte sie schrumpfen lassen.

Hinter ihr in der derben Hütte aus Rinde schnarchte der alte Joe energisch. Er war ihr ein guter Mann, und sie war seit vielen Jahren seine Frau. Oftmals hat er ihretwegen im Gefängnis gesessen, weil er mit ihr zusammenlebte, denn es verstieß gegen das Gesetz, daß ein weißer Mann mit einer Eingeborenen zusammenlebte. Aber er war immer zu ihr zurückgekehrt, und jetzt ignorierte der Polizist sie einfach. So lebten sie zusammen, hüteten im Busch Mr. Wobbitons Schafe und pferchten sie nachts aus Angst vor den Dingos ein.

Gegen den sternklaren Himmel ragte über ihr der dunkle Schatten eines Baumes auf. Es war jener Totenbaum, auf dem die Geister der Menschen eine Weile ruhen, bevor sie sich auf die Reise zur See aufmachten und auf die längere Reise unter Wasser nach *karinya*, der Heimat der glücklichen Toten. Dort gab es weder Kälte noch brennende Hitze, weder Hunger noch Durst, weder Sorgen noch Schmerz oder Schwäche, sondern Frieden und Zufriedenheit im Überfluß, und die welken Jahre wurden abgestreift. Bald würde auch ihr Geist auf diesem Baum ruhen, bevor er die lange, lange Reise anträte nach *karinya* — und zu Nunga.

Nunga! Ach, wie lang war das her! Sie war einmal jung

und schön gewesen, voller Leben und reif für die Liebe. Sie sollte die Frau des alten Narla werden, wenn es an der Zeit wäre; so wollte es eine uralte Tradition und das Stammesgesetz, und sie war es zufrieden. Aber in einer Nacht im glühenden Licht des Feuers sprang etwas von Nungas Augen zu ihren über, und die Zufriedenheit war dahin. Danach konnten weder Tradition noch Stammesgesetz sie binden, denn Nunga hielt sie gefesselt, Nunga, jung und schön, der wilde Adler, bereit zum Flug!

Flug, Flucht! Sie flohen und trotzten dem Stammesgesetz. Sie stahl sich in der tiefsten Nacht vom Lager davon und traf ihn im Schutze des Busches. Dort verschmolzen sie in leidenschaftlichem Liebestaumel. Aber obwohl das Leben so stark in ihnen pulsierte, stand es im Schatten des Todes. Denn als sie ihre Lust befriedigt hatten und sich ausruhten, stand Nunga auf und zog sie auf die Füße. Er zeigte auf das Sternenkreuz, das am südlichen Himmel strahlte, und sagte: »Wir müssen uns davon führen lassen und ihm folgen, weit weg aus unserem Land ziehen, denn hier gibt es kein Verzeihen für unser Tun. Man wird uns verfolgen, und es kann den Tod für dich und mich bedeuten.«

Er nahm seine Speere und schritt voran, den leuchtenden Sternen entgegen, und sie, seine Frau, folgte ihm. Die ganze Nacht wanderten sie so rasch wie möglich, und bei Morgengrauen rasteten sie auf einer buschbestandenen Kuppe. Dort betteten sie sich, und die Liebe vertrieb alle Furcht.

Aber wer konnte Narlas Zorn entfliehen? Bevor die Sonne handhoch stand, hatte er ihre Fährte aufgenommen, und am Abend war er nah an sie herangekommen. Als die Sonne hinter den Rand der Welt sank, das Zwielicht tiefer wurde, sagte Nunga zu ihr: »Geh jetzt, bevor die Verfolger uns eingeholt haben. Folge unseren Sternen und weiche nicht von ihnen ab. Vor Morgengrauen werde ich bei dir sein.«

Ihn zurückzulassen war ihr, als ließe sie ihr Herz

zurück, aber sie war seine Frau, und sein Wort war ihr Gesetz. So brach sie auf und hielt sich an die Sterne, und vor dem Morgengrauen holte Nunga sie ein, wie er gesagt hatte.

»Jetzt gibt es in der Tat kein Verzeihen mehr«, sagte er. »Narla ist tot, tot durch Nungas Speer.«

Ihr Herz sprang vor Freude bei seinen Worten, aber es sank wieder angesichts der blutverkrusteten Wunde an seinem Oberschenkel. Sie legte zärtlich ihre Hand darauf und murmelte Mitfühlendes.

»Es ist nichts«, sagte er sorglos, »ein Kratzer von Narlas Speer. Morgen wird er verheilt sein. Jetzt müssen wir schnell weiter, ehe es Tag wird, damit uns die Verfolger nicht einholen. Denn sie sind viele, und ich bin nur einer.«

So eilten sie voran, bis die Sonne über der Kante der Welt hervorguckte. Dann versteckten sie sich wieder im Busch. Während des Tages schliefen sie abwechselnd und hielten aufmerksam Ausschau nach Verfolgern. Aber sie kamen nicht.

»Narla ist tot«, sagte Nunga stolz. »Es ist keiner mehr übrig, der Nungas Speer entgegentreten will.«

Mit der Abenddämmerung brachen sie wieder auf und folgten den Sternen. Aber in dieser Nacht kamen sie nicht weit, denn Nungas Wunde war nicht verheilt, und sein Bein war steif und pochte vor Schmerz. Sie rasteten wieder am folgenden Tag, aber Meearnie schlief nicht, sondern kauerte sich über den sich hin- und herwerfenden Nunga und versuchte, so gut es ging, Myriaden von Fliegen von seiner Wunde fernzuhalten.

Am dritten Tag wußten sie, daß sie nicht mehr verfolgt wurden. Aber Nungas Schenkel war hart und geschwollen, und das Fleisch war vereitert und faulte. Als sie in der Abenddämmerung wieder aufbrechen wollten, trug ihn sein Bein nicht mehr. Er sank stöhnend zu Boden und betrachtete lange und nachdenklich die schwärende Wunde. Auch Meearnie besah sie sich und wartete, was er sagen würde. Schließlich sprach er. »Wir müssen es behandeln«, sagte er, »denn ich kann weder laufen noch jagen, und wenn ich das nicht kann, werden wir mit Sicherheit sterben. Es gibt einen Weg, aber der ist hart. Folgendes mußt du machen, Meearnie, und du darfst nicht davor zurückschrecken; folgendes befehle ich dir. Du mußt die Wunde mit zwei kleinen Stöcken auseinanderspreizen. Du mußt weißen Sand in einem Feuer erhitzen, bis er rot ist. Dann mußt du ihn mit einer Rinde aufnehmen und in die Wunde gießen. Unsere weisen Männer gebrauchen diese Magie, und sie wird mich heilen. Es ist eine harte Medizin, aber ich werde meinen Teil dazu beitragen und du deinen.«

So brach Meearnie, während Nunga Feuer machte, ein Stück Rinde von einem Baum und holte feinen, weißen Sand. Diesen schüttete sie mitten ins Feuer. Als er rotglühend war, legte Nunga sich hin, und sie hielt die Wunde mit zwei Stöcken offen. »Jetzt!« sagte Nunga und schloß die Augen. Auf sein Wort hin schöpfte sie mit ihrer Rinde eine Handvoll des heißen Sandes und goß ihn rasch in das eiternde Loch.

Nunga schrie vor Schmerz auf und machte einen großen Satz in die Luft, dann zappelte er auf dem Boden wie ein Fisch an Land. Kurz darauf war er still, und das Leben schien ihn zu verlassen. Meearnie beugte sich angsterfüllt über ihn, aber er atmete noch. So saß sie bis zum Morgen neben ihm, weinte über ihn und darüber, was sie ihm angetan hatte.

Drei Tage lang sammelte sie, was immer sie an Eßbarem finden konnte, und das Leben war hart. Denn sie konnte nicht mit dem Speer umgehen; sie mußte sich von Eidechsen und ähnlichen Kleintieren ernähren und von den Wurzeln, die sie finden konnte. Aber am vierten Tag war die Wunde hart und trocken, und Nunga sagte, sie müßten weiter. So brachen sie wieder auf, Nunga humpelte voraus, und sie folgte ihm.

Sie wußte nicht, wohin sie unterwegs waren, und es

beunruhigte sie auch nicht. Bei Nunga zu sein war ihr Glück genug. Nunga erzählte ihr, er habe gehört, daß weit, weit fort bei den Sternen einige Weise aus ihrer Verwandtschaft über das Wasser von *karinya* zurückgekehrt seien. Sie seien weiß gewaschen von den Wellen der See. »Sie bringen starke Magie mit sich«, sagte er ihr, »und sie sind weise über die Weisheit unseres Volkes hinaus. Sie wissen, daß das, was uns überkam, stärker war als wir, und werden uns für das, was wir getan haben, nicht die Schuld geben. Sie werden freundlich zu uns sein und uns aufnehmen; und sie werden unser Schild sein gegen die Rächer.«

Meearnie war überglücklich über diese wunderbaren Aussichten. Ihr Herz war von Nunga erfüllt, und sie wollte für immer mit ihm leben, ohne etwas leugnen zu müssen. Froh folgte sie ihm den Sternen entgegen, sie lebten von der Beute seines Speeres, und sie liebten sich.

Sie waren jetzt weit von ihren eigenen Jagdgründen entfernt, und sie mußten vorsichtig weiterziehen, denn im Land von Fremden aufgespürt zu werden, bedeutete den Tod. Aber wer konnte Nunga finden, den vorsichtigen, listigen, der unsichtbar und geräuschlos wie eine Schlange gleiten konnte? Am Tage verbargen sie sich im schützenden Buschwerk, und im Schutze der Nacht wanderten sie weiter. Sie machten kein Feuer, damit der Rauch sie nicht verriete, und sie sprachen wenig, damit sie nicht gehört wurden. Jetzt ging sie voran, und er folgte, um ihre Spuren zu verwischen.

Die Bäume wurden wenig und weniger, bis gar keine mehr wuchsen. Vor ihnen erstreckte sich eine große Ebene bis zum Rande der Welt. Es gab kein Gras und nur vereinzelt etwas Gestrüpp; und Hitzewellen schlugen ihnen von dem schimmernden Sand entgegen. Aber sie zogen weiter. »Denn«, sagte Nunga, »unsere weißen Verwandten aus *karinya* leben unter diesen Sternen, und sie müssen unser Führer sein. Du mußt durchhalten, Meearnie, und mir folgen, denn Frieden liegt am Ende.«

»Wohin du auch gehst, werde ich dir folgen«, sagte sie, »denn dafür mußte Narla sterben.«

Aber als die Tage vergingen, schien es, als würden die Sterne sie in den Tod führen. Sie wanderten Tag und Nacht, aber bei Morgengrauen konnten ihre angestrengten Augen nie ein Ende der wasserlosen Einöde ausmachen. Es gab keinen Schatten, die Sonne war erbarmungslos, und der sengende Sand ermüdete ihre stolpernden Füße. Sie schliefen wenig und konnten kaum ausruhen. Und in der Wüste fanden sie nur wenig zu essen. Der Hunger zehrte an ihnen, und der Durst war ein zerfressendes Feuer. Das Wasser in ihrer Kürbisflasche wurde immer weniger, wie sehr sie sich auch einschränkten, bis es zuletzt alle war. Aber sie kämpften sich weiter, wenn auch langsam, denn es blieb ihnen nichts anderes übrig.

Nungas Wunde brach wieder auf, und eines Tages konnte er nicht mehr weitergehen. »Ich sterbe hier und du auch«, sagte er mit rissigen Lippen. Und er legte sich an einen niedrigen Felsen, um auf den Tod zu warten. Aber Meearnie wollte nicht sterben. »Wasser«, dachte sie, »Wasser wird neues Leben in ihn bringen.« So brach sie auf, welches zu finden – wenn möglich.

Dann geschah ein Wunder. Sie roch Wasser in dieser wasserlosen Einöde. Sie spürte dem Duft nach und folgte einem kaum sichtbaren Pfad, den einige winzige Wüstenlebewesen gemacht hatten. Er führte sie zu einer Felswand, in der sie eine tiefe Spalte fand. Sie spähte in den Riß und sah tief im schützenden Felsen Wasser schimmern. Aber der Spalt war zu schmal für Hand oder Kürbisflasche, und der harte Fels gab der Kraft ihrer Hände nicht nach. Sie hatte den Lebensspender gefunden, aber er wurde ihr verweigert. Jämmerlich hockte sie davor und wußte nicht, was sie tun sollte.

Aus einer anderen Spalte sprossen einige harte, grüne Schilfgräser, die ihr Leben aus der spärlichen feuchten Erde zogen. Das war das erste Grün, das sie seit Tagen sah. Sie brach eines ab, um die Feuchtigkeit aus ihm zu kauen und ihre schmerzende Kehle zu beruhigen. Als sie es durchbrach, sah sie, daß es hohl war. Es war lang und hohl, und plötzlich wurde ihr der Weg klar. Sie schob den Grashalm tief in die Spalte und saugte am anderen Ende. Leben kam in sie, als das kühlende Wasser in ihren ausgedörrten Mund floß. Sie saugte, bis ihr Mund voll war, und leerte ihn dann in die Kürbisflasche. Als die Flasche voll war, kehrte sie zu Nunga zurück. Sie trug das Leben mit sich.

Sie blieben beim Wasser, bis die Wunde verheilt war. Dann brachen sie noch einmal zu den Sternen auf. Der Weg war hart, sie litten Hunger und Durst, aber schließlich kamen sie aus der Wüste in freundlicheres Land. Und zuletzt führten die Sterne sie zu ihren weißen Verwandten, wie Nunga gesagt hatte.

Diese hatten in *karinya* gelernt, große Hütten zu bauen, wie Meearnie sie noch nie gesehen hatte, und sie staunte sehr über sie. Sie hatten auch gelernt, ihren Körper zu bedecken, so daß man nur wenig von ihnen sah, und sie gaben Nunga und Meearnie helle Kleider, um ihre Körper zu verhüllen. Sie nannten ihren Lagerplatz »Mission«. Sie gaben Nunga und Meearnie seltsames und herrliches Essen, nach all ihren Leiden wurden sie dick und geschmeidig. Sie erzählten Meearnie vom Wesen Gottes, aber sie verstand wenig von dem, was sie erzählten.

Sie und Nunga waren dort zwei glückliche Jahre, und die weißen Männer waren ihr Schild, wie Nunga gesagt hatte. Dort wurde ihr Sohn geboren, und alle machten viel Wind um ihn, und die Weißen vollführten eine Zauberei mit Wasser über ihm. Meearnie war glücklich, denn so würde er nie Durst kennen. Die weißen Menschen waren wahrhaftig freundlich zu ihnen, und, um ihnen zu gefallen, kniete Meearnie vor ihrem Gott.

Dann, an einem bösen Tag, kam jemand in die Mission, der die Masern hatte, die für sie geradewegs der Wind des Todes waren. Als dieser Wind vorüber war, waren Nunga und ihr Sohn von ihr gegangen, und Meearnie blieb alleine zurück. Die Welt war leer, denn ohne Nunga gab es nichts. Die Missionare versuchten sie mit Worten zu trösten, aber sie war trostlos und fand keine Ruhe. Sie wollten sie dabehalten, aber sie stahl sich in der Nacht davon, um Nunga zu den Sternen zu folgen.

Nunga war ihr vorausgegangen, unter Wasser nach *karinya*, dem Heim der glücklichen Toten. Dort würde er auf sie warten, das wußte sie.

Sie seufzte. Die Asche fiel noch mehr zusammen. Ein weicher Wind seufzte in den Blättern über ihr, und in der weiten Ferne rief ein *mopoke,* eine Eule. »Meearnie! Meearnie!« flüsterten die Blätter. Bestimmt war es Nungas Stimme, der sie an seine Seite rief. Ein Blatt fiel und streifte ihre Wange mit federleichter Berührung, wie Nunga sie vor langer Zeit gestreift hatte. Sie erhob ihre Augen zu dem Kreuz aus strahlenden Sternen, und wieder kam das Flüstern mit dem Wind: »Meearnie! Meearnie!« und rief sie zärtlich nach Hause.

Der alte Joe wachte plötzlich auf und tastete nach Meearnie. »Verfluchte Frau!« knurrte er. Er stolperte aus der Hütte und zum Feuer, wo Meearnie hockte. Als er herauskam, hörte er ein Rascheln im Baum und ein Geräusch von schlagenden Flügeln. Es erschreckte ihn. »Verfluchte *mopoke*!« brummte er und ging, um Meearnie aufzuwecken.

Er faßte sie an der Schulter und schüttelte sie sanft. »Wach auf, altes Mädchen«, sagte er. »Zeit ins Bett zu kommen.«

Aber es war nur ihre Hülle, die in seine Hände fiel. Meearnie war weit, weit weg, auf dem Weg zu den Sternen, wohin Nunga vor ihr gegangen war.

»Meine Tante, mein Vater, wir alle lebten in dem alten Schuppen am Fluß.

Jeden Abend bei Sonnenuntergang kamen ›sie‹, die komischen Kerle, vorbei, deshalb schlossen die Frauen die Türen ab und zogen die Holzdinger über die Fenster.

Jeden Abend machten sie das, und keiner konnte herausgehen, bis es wieder Morgen war.

Eines Abends, Moodgee*, schauten wir durch die Ritzen in der Wand und sahen sie. Sie hüpften so schnell wie ein Känguruh, wenn der Speer es nur streift. Hinter den Bäumen waren sie.

Wir gingen ins Bett. Wir alle. Im Bett meiner Tante waren wir. Heiß war es. Heiß.«

Er zog an der Pfeife. Sein Blick wich meinem aus und ergründete zögernd die Dunkelheit. Zitternd rückte er näher ans Feuer.

»Heiß. Eine heiße Nacht. Das Wasser vergessen. Vergessen, meine alte Tante war das, und die Kinder fingen an zu weinen.

Sie waren drei große Schwestern. Sie waren die ältesten.

Sie nahmen die Gewehre. Mein Vater nahm die Schrotflinte.

Tantchen, die alte Tante trug die Laterne. Gingen runter zum Fluß, das machten sie.

Das größte Mädchen merkte, daß etwas sie beobachtete. Sie richtete sich auf. Sah sich um. Augen waren da und beobachteten sie, Augen von einem komischen Wesen.

* Name der angesprochenen Person.

Ihre Schwestern riefen: ›Hol das Wasser, schnell, Nulina!‹

Groß war sie. Stark. Beugte sich runter, tauchte den Eimer ein.

Augen. Große, rote Augen waren da. Im Wasser. Beißen tat es. Biß ihr in den Arm.

Sie rief um Hilfe. Schlug mit dem Eimer nach den Augen. Vater gebrauchte die Schrotflinte.

Stark war sie, stark. Riß sich los. Den halben Arm ausgerissen. Sauber. Sauber wie ein Bumerangschnitt.

Am nächsten Tag gingen Vater und Tante zum Fluß. Keine Spuren.

Nichts. Nur eine große, rotschwarze Feder, voll von Nulinas Blut.

Vater, er bekam bald darauf viele, viele Falten. Über das ganze Gesicht. Seine Beine waren wie beim blauen Kranich. Er starb. Völlig fertig war er.

Als meine Tante Blumen auf sein Grab legen wollte, fand sie eine große, rotschwarze Feder.

Kein Vogel mit solchen Federn in unserem Land.

Nulina, sie rannte mit Nurran weg. Bekam ein Baby. Füße wie eine Ente hatte es und einen Kopf wie eine große Melone. Völlig verschrumpelt war es. Schwarz. Beine wie beim blauen Kranich. Kein Fleisch.

Nulina kam eines Tages zurück. Die Sonne in der Mitte des Himmels.

Sie ging runter zum Fluß und kam nicht wieder hoch.

Wir schauten nach, aber wir konnten keine rotschwarzen Federn mehr finden.«

Heute sollte ein besonderer Tag für das junge, schwarze Mädchen sein. Bei Sonnenuntergang würde ihr zu Ehren die Zeremonie für ihre bevorstehende Mutterschaft veranstaltet werden.

Die Vorbereitungen waren bereits in vollem Gange. Jeder half, sogar die ganz Kleinen. Denn jeder liebte Theresa mit ihren leuchtenden Augen und dem schnellen, strahlenden Lächeln.

Sie hatte ein besonderes Talent, jeden sich wohl fühlen zu lassen und Seufzer und Tränen in Lachen zu verwandeln. Nie schien sie müde zu sein, trotz ihres dicken Bauches. Ständig trug sie das Baby einer anderen mit sich herum, sang mit den älteren Kindern oder erzählte ihnen Geschichten, die sie im Missionshaus gelernt hatte. Keiner mußte hungern, seit Theresa zurückgekommen war. Wenn es nicht genügend zu essen gab, ging sie in die Mission und kam immer mit etwas für die Alten oder die Kleinen zurück. Sie hatte keine Angst vor den Weißen.

Sie hatte das neue Leben nun lange in sich getragen, seit der Zeit, als das Marineschiff die kleine Missionsstation besucht hatte. Sie konnten sich nur noch vage daran erinnern, es war inzwischen mehr eine Geschichte denn eine Erinnerung. Aber Theresa konnte sich noch genau erinnern.

Sie konnte sich an den jungen, weißen Mann erinnern, der den Samen in ihren Körper gepflanzt hatte. Er war groß, hell und schön, fein gekleidet und voller Versprechungen gewesen. Er hatte ihr alles versprochen – eine richtige christliche Hochzeit in der Kirche, ein Haus wie das Missionshaus und viele andere Dinge, die ihr Leben einfach gemacht hätten. Aber wenn sie sich jetzt daran erinnerte, war sie nicht traurig. Ihr Stammesehemann war ein guter und freundlicher alter Mann. Er freute sich sehr, als sie ihm erzählte, daß ein Kind unterwegs war. Er war so stolz wie sie selbst auf ihren riesigen, hängenden Bauch. Es machte nichts, daß ein anderer Mann seine Frau befruchtet hatte. Sie war seine Frau, und es würde sein Kind sein. Er wußte, daß es ein Junge sein würde. Er gab ständig mit seinem neuen Sohn an, wie groß er sei und wie lebhaft.

Das Tanzen in der Nacht war so erfolgreich, daß der Rhythmus der Geburt beinahe sogleich einsetzte, als das Dröhnen des *didgeridoo* erstarb. Der Mond sank über die westliche Ebene und verbreitete sein Licht über den flachen Wolken und schaffte so ein Meer im Himmel. Wie im Traum berührte Theresa den schlafenden Mann neben sich. »Albert, geh und hol Gumou. Meine Zeit, das Baby zu bekommen, ist jetzt da.« Die alte, weise Gumou kam sofort und brachte zwei andere Frauen mit sich.

Das glimmende Feuer wurde wieder angefacht und ein Kessel mit kaltem Tee daneben gestellt. Die Frauen setzten sich mit dem Rücken zur Wärme und fingen an, Geschichten über Geburten zu erzählen, uralte Geschichten und neue von Frauen, die Theresa kannte.

Der Mond war untergegangen, als plötzlich ein qualvoller Schrei ertönte und das Lager aufweckte. Andere Frauen kamen vorsichtig durch die Dunkelheit an den flackernden Lichtkreis um das Feuer. Die alte Gumou wußte, daß das Mädchen in Not war. Das Baby war zu groß und das Mädchen zu schlank und zu jung.

Hilflos beobachteten die Frauen, wie die unerbittlichen Kräfte der Natur den jungen Körper zerrissen und das Kind herauszwangen, das darin nicht länger überleben konnte. Die Frauen hielten das Mädchen mit festem Griff. Sie sprachen zu ihren weißen, angsterfüllten Augen mit ihren ruhigen Augen, sie antworteten auf die winzigen Schreie und teilten ihren Schmerz. Mit Hilfe dieser Stärke arbeitete Theresa mit all ihrer Kraft gegen ihren festen, schmalen Körper und drückte mit jeder Unze bewußter Anstrengung. Sie blutete fürchterlich. Gumou hatte nicht genug Lappen.

»Besser, jemand holt Schwester von Mission, glaube ich«, sagte sie. Der alte Mann stand auf und ging rasch durch die Dunkelheit davon.

Die Krankenschwester war schon auf und bereitete geschäftig und früher als üblich die Tabletts vor, denn der Pfarrer auf Besuch blieb länger, und sie wollte Zeit haben, sich nach dem Morgengebet mit dem Rest der Belegschaft hinsetzen und plaudern zu können. Sie hatte eine schlaflose Nacht gehabt. Das *didgeridoo* und der regelmäßige Rhythmus der Schlaghölzer hatten sie gestört, und das Schlimmste waren diese furchtbaren, wilden Schreie gewesen.

Sie hörte das schüchterne Klopfen an der Tür und ignorierte es, bis sie aufgeräumt hatte. »Ach, diese dummen Leute«, murmelte sie verärgert, »die suchen sich immer die schlechteste Zeit aus, um sich gegenseitig zu verletzen.« Sie öffnete die Tür.

»Du, Albert! Was machst du denn hier? Euer *corroboree*-Quatsch hat uns die ganze Nacht wachgehalten. Ihr wißt doch, daß wir einen wichtigen Besucher hier haben. Also, was willst du?«

»Meine Frau, Schwester, Sie wissen, Theresa, sie bekommt Baby. Gumou sagt, Sie kommen bitte.« Er starrte flehentlich in das Gesicht der Schwester, aber sie sah an ihm vorbei.

»Was, um diese Uhrzeit? Sieh mal, Alter, ich habe zuviel zu tun. Und du weißt, was der Boß sagt, wenn er sieht, daß du um diese Zeit hier bist. Die Sonne ist ja noch nicht mal aufgegangen. Jetzt gehst du zurück ins Lager, und du kannst Gumou bestellen, sie soll nicht glauben, daß sie mich herumkommandieren kann. Ich komme nach dem Morgengebet. Und sag deinen Leuten, daß sie heute alle zum Morgengebet kommen sollen, wo wir den Pfarrer zu Besuch haben.«

Der alte Mann rührte sich nicht. Er stand da und starrte

zu Boden, stumm bittend. Die Schwester seufzte ärgerlich. Dann drehte sie sich um und knallte dem alten Mann die Tür vor der Nase zu.

Nach dem Morgengebet marschierten die braunen Missionskinder in ihren ordentlichen Uniformen zum Frühstück in den Eßsaal, während der Pfarrer und die Missionsbelegschaft vor der Kirche standen.

»Keine Schwarzen heute morgen im Gottesdienst?« fragte der Besucher.

»Tja, die haben letzte Nacht ihren *singsong* abgehalten. Davon schlafen sie sich jetzt wahrscheinlich alle aus«, sagte der Pfarrer und war insgeheim froh. Sie unterbrachen oft den Gottesdienst.

»Machen Sie sich keine Sorgen, ich weiß, was für eine schwierige Aufgabe es ist, das Wort Gottes unter diesen Steinzeitmenschen zu verbreiten. Man kann Sie hier draußen nur bewundern!« sagte der Pfarrer auf Besuch.

»Sie kennen doch den alten Albert«, schaltete sich die Schwester ein, »er hatte tatsächlich die Nerven, heute morgen um fünf an die Tür zu klopfen, um mir zu erzählen, ich solle ins Lager gehen, weil die junge Theresa ihr Kind bekommt. Sie wissen ja, daß die nie Schmerzen bei der Geburt haben«, fügte sie schnell hinzu, um nicht hartherzig zu erscheinen. »Es ist wirklich erstaunlich. Hocken sich einfach hin und kriegen ihre Kinder. Wie die Tiere.«

»Theresa«, murmelte der Besucher gedankenverloren, »hieß so nicht das junge Mädchen, das bei Ihnen im Haus gearbeitet hat, Kathleen? Hübsches Mädchen. Sehr dünn, wenn ich mich recht entsinne.«

»Die ist es«, bestätigte die Pfarrersfrau und sah aus, als ob sie eine Spinne verschluckt hätte. »Wir mußten sie loswerden. Sie hat sich von einem dieser Marinejungen schwängern lassen. Und sie kann eigentlich nicht älter als fünfzehn oder sechzehn sein. Sie sieht einfach furchtbar aus, seit sie ins Lager zurückgegangen ist. Man sollte glauben, sie besäßen den Anstand, nicht ganz nackt herumzulaufen. Nachdem sie zwei Jahre bei uns gelebt hat! Der alte Albert scheint zu glauben, daß er der Vater ist. Wirklich, manchmal frage ich mich, ob diese Leute jemals etwas lernen.«

»Theresa ist in den letzten Monaten recht oft zu mir gekommen«, eröffnete der Pfarrer. »Ich habe ihr frische Milch gegeben und Obst aus der Verpflegung für die Belegschaft. Ihr Bauch war riesig, aber ihre Beine und Arme waren dünner denn je, und ihr Gesicht war ganz schön eingefallen. Man konnte das ungeborene Kind ja nicht verhungern lassen. Obwohl ich nicht überrascht wäre, wenn sie die Hälfte des Essens weggegeben hat. Wissen Sie, sie hat trotz allem nicht ihren Glauben verloren. Wirklich recht erstaunlich.«

Als das erste Sonnenlicht die Erde berührte, fiel ein rosagoldener Strahl auf das nasse, neugeborene Baby. »Minjilung nennen wir ihn«, sagte die alte Gumou. »Die Sonne hat gerade die Erde berührt, als er geboren wurde.«

Nachdem sie ein paar grüne Blätter aufs Feuer geworfen hatte, nahm sie den Jungen, hob ihn hoch und hielt ihn kurz über das Feuer. Das Baby hustete im Rauch und gab einen kleinen, trotzigen Schrei von sich. Dann wickelte sie ihn in das weiche Tuch, das sie für ihn aufgehoben hatte.

Theresa lag ruhig da. Sie hatte es geschafft.

Die Schreie der Riesenkraniche schnitten durch die Stille, als sie nach und nach ankamen, um auf den etwa eine Meile entfernten Salzebenen nach Futter zu suchen.

Plötzlich hörte man das Flattern von großen Flügeln, und einer der riesigen Vögel landete in der Nähe der Hütte. Das war ungewöhnlich. Nicht einmal die Hunde wagten, ihn zu verjagen.

»Deine Frau ist am Ende Albert«, sagte Gumou ruhig. Der Vogel machte ein paar Schritte, erhob sich dann graziös in die Luft und nahm den Geist der toten Frau mit sich, dem aufgehenden goldenen Ball entgegen. Der Gesang der Riesenkraniche hallte von allen Seiten wider.

Wenige Sekunden später erhoben sich die ersten Wehklagen der Leute im Lager.

Die Missionare kamen gerade aus der Kirche, als die Schreie ihr Ohr erreichten. »Muß wohl irgendein Problem im Lager geben«, sagte der Pfarrer. »Wenn es was Ernstes ist, werden wir bald wissen, was vor sich geht.«

Tatsächlich dauerte es nicht lange, und Gumous Gesicht tauchte in der Tür auf. Die Missionsbelegschaft war gerade mit dem Frühstück fertig. Sie warteten, bis Gumou geklopft hatte.

»Was gibt's, Gumou?« fragte der Pfarrer und sah langsam auf.

Gumou wartete. Sie war wütend. Sie würde ihre schreckliche Nachricht nicht quer durch den Eßsaal rufen. Der Pfarrer stand auf und ging feierlich zur Tür, ein wenig neugierig, was für Neuigkeiten dieses dunkle, verschlossene Gesicht bringen mochte.

»Nun?« fragte der Pfarrer.

»Alberts Frau, sie tot, als Baby geboren.« Gumous Herz war voll dunkler Wut, aber das hörte der Pfarrer nicht aus ihren gemurmelten Worten heraus.

»Vielen Dank, daß du uns das mitgeteilt hast, Gumou.«

Gumou knirschte mit den Zähnen. Ihre Augen schauten vom Pfarrer zum Tisch herüber, wo die Schwester saß, sah weg und noch einmal hin. Was sie sah, verunsicherte sie zusehends, und die Flüche, die sie auf dem Weg zum Missionshaus wieder und wieder geflüstert hatte, kamen nicht über ihre Lippen. Verzweifelt wandte sie sich ab und eilte fort in die Sicherheit der Bäume.

Der Pfarrer sah nun, wie die dunkle Gestalt verschwand, und kehrte dann an den Tisch zurück.

»Das arme, alte Mädchen«, bemerkte er. »Ich nehme an, sie hat so einige ihrer Leute auf diese Weise sterben sehen. Sie haben einfach keine Vorstellung von Hygiene, diese Leute.«

Die Ältesten des Lagers beriefen ein Treffen ein. Der Mann der großen Weisheit sprach. Er sprach stets bei wichtigen Angelegenheiten. »Die von uns gegangen ist, muß auf *blackfella*-Art zur Ruhe gebettet werden. Ihr habt alle gesehen, wie ihr Totem kam und ihren Geist fortnahm.«

Dann sprach jemand aus der Gruppe. »Letzte Nacht träumte ich von Riesenkranichen; im Traum sehe ich die Rinde an den starken Ästen des Jarrahbaumes, unten an der Salzebene. Ihr wißt, der immer jede Menge großer, süßer Früchte trägt. In meinem Traum sah ich einen Riesenkranich auf seinem Wipfel landen.«

»Dorthin muß die Leiche der Sanften*, die gegangen ist, gelegt werden«, sprach der Weise.

Sofort wurden die Vorbereitungen getroffen, und eine traurige Gruppe ging mit denjenigen, deren Pflicht es war, die Leiche an den ausgewählten Platz zu legen.

Die Riesenkraniche wurden von den Menschen beim Fressen gestört und stießen Warnrufe aus, während sie mit weit ausgebreiteten Flügeln losrannten und sich graziös zu grauen, sich verändernden Gestalten in den blassen Himmel erhoben. Während die Vögel hoch über ihren Köpfen kreisten und riefen, wurde die Leiche auf ein Bett aus jungen Zweigen und Rinde in die starken Äste des Jarrahbaumes gelegt.

Der alte Mann drückte das Baby fest an seine Brust und spürte das kleine Herz stark und schnell gegen sein eigenes pochen. Dann drehte und wendete er den kleinen Körper und inspizierte ihn vorsichtig und genau, die vollkommenen kleinen Füße und Hände, den glatten, runden Kopf und das feine, schwarze Haar. Es war wahrhaftig ein schöner, goldener, gesunder Junge.

Dann dachte der alte Mann an die Mutter des Kindes und den furchtbaren Handel, den das Schicksal betrieben hatte. Er dachte an ihr Lachen, das hübsche Gesicht, daran, wie schön es war, sie um sich zu haben, und an das

---

* die Sanfte — der Name eines gerade Verstorbenen wird nicht ausgesprochen.

Essen, das sie ins Lager brachte, wenn die Menschen Hunger hatten. Er erinnerte sich, wie sie keine Angst vor den Weißen gehabt hatte. Und der alte Mann wußte, daß all diese guten Seiten in dem Jungen auf seinem Arm fortleben würden.

Solang es Minjilung gäbe, würden die Menschen immer glücklich und wohlgenährt sein. Und Minjilung hätte nie vor jemandem Angst. Der alte Mann freute sich auf die Zeit, wenn sein Sohn ein Mann sein würde. Es gab harte Prüfungen. Er wußte aber, daß sein Junge stark und tapfer sein würde. Er würde das alte, geheime Wissen erlernen, darüber, wie alles ist und wie alles sein soll. Und in Minjilung und seinen Söhnen und den Söhnen seiner Söhne würde das Wissen weiterleben.

Dann schaute der alte Mann vom schlafenden Kind auf die blättrige Plattform hoch im Jarrahbaum, und in seinem Herzen wurden Stolz und Kummer so stark, daß er sein Messer nahm, sich in den Kopf schnitt und weinte.

Eliza Kennedy
Regierungskleider

Schreckliche Kleider gaben sie uns, die Weißen, knisternd, fest.
Der Schritt war offen an den Hosen.
Sie nähten nur zwei Beine an, ohne Schritt.
»Diese Schwarzen wissen gar nichts.
Sie würden nicht kapieren, daß man die Hosen herunterzieht, um zu kacken und zu pinkeln.«
Das ist wohl der Grund, warum sie so nähten.
Wir trugen sie nie.
Wir nähten daraus richtig feste Säcke für unseren Tee und Zucker und das bißchen Mehl und das bißchen Fleisch.
Die knisterten wirklich sehr, diese Hemden.
Wir konnten einander nachts hören, oje!
»Ich habe dich gehört!«
»Deine Kleider haben gerasselt, krk! krk! krk!«

In einem Jahr zogen meine Verwandten und ich vom Gartchi Creek zur Mission in Milingimbi. Es war ungefähr zur Weihnachtszeit, obwohl es das bei uns nicht gibt – nur die Missionare in Milingimbi begingen das für ihre Religion.

Während wir in Milingimbi waren, sprachen einige meiner Leute davon, nach Darwin zu gehen (wir nannten es Burrunga in der Jinangsprache). Ich wollte mit ihnen gehen, aber meine Verwandten ließen mich nicht, weil es zu weit weg war.

Also brachen wir nach Weihnachten wieder zum Gartchi Creek auf, aber nachdem wir eine Weile gegangen waren, schlich ich mich von meinem Lager fort und schloß mich den Leuten an, die nach Darwin gingen.

In der Gruppe waren außer mir – ich war damals erst ungefähr fünfzehn Jahre alt – ein Gupapuyngumann namens Wurlurlu und Menschen von vier verschiedenen Sprachen – insgesamt waren wir sechzehn. Einer der Leute war Burnyila (Hautgruppe Bangardi, er wird jetzt Jimmy Burnyila genannt), der ein sehr guter Freund von mir war.

Wir würden den ganzen Weg zu Fuß gehen, daher wußten wir, daß es lange dauern würde. Wir zogen durch viele verschiedene Stammesgebiete. Zuerst kamen wir ins Burada- und Mardayland, das Ngalitjipama heißt (jetzt Cape Stewart genannt). Wir sahen nur wenige der Menschen, die dort lebten. Sie zeigten uns den Weg, den wir einschlagen mußten – den Strand entlang der Küste in das bewaldete Gebiet, das Gamurrguyirri genannt wird und dem Mardarrpa- und Wilimingvolk gehört.

Etwas später kamen wir an einen Ort namens Burnbuwa und blieben dort für zwei Nächte.

Kurz bevor wir angekommen waren, war ein junges Dhuwamädchen gestorben, und ihre Leiche wurde von zwei verwandten Stämmen, den Walamangu und den Gulalay, gehütet. Als sie uns vom östlichen Sonnenaufgang kommen sahen und dem westlichen Sonnenuntergang entgegengehen, sammelten sie sich und hielten ihre Speere bereit, um uns anzugreifen.

Einige ihrer Männer gingen herunter zum Strand, um sich mit ein paar aus meiner Gruppe zu treffen, während der Rest an der Lagergrenze zurückblieb. Wegen der verschiedenen Sprachen mußten sie sich mit Zeichen verständigen, um einander zu verstehen.

Wir erzählten ihnen, wer wir waren und daß wir von der Mission in Milingimbi kamen und nach einer Flußenge suchten, durch die wir leicht hindurchschwimmen konnten. Wir wollten keinen Fluß der Traumzeit überqueren, falls wir ertranken. Leider erzählten uns die Leute, daß dies ihr Stammesgebiet sei, das als Yilan Burnbuwa bekannt sei, und das bedeutete, daß alle Flüsse aus der Traumzeit waren. Sie sagten uns, daß sie uns etwas zu essen und Fisch geben würden, und zwei Leute führten uns zum Lagerfeuer am Strand.

Wir führten Speere mit Metallspitzen mit uns. Wir kamen zu der anderen Gruppe, die zurückgeblieben war, und die Leute fragten einander, warum wir gekommen waren und was für Leute wir seien und ob wir Krieger seien. Sie sagten, daß sie uns nicht kannten, aber wir erzählten ihnen, daß wir von ihnen gehört hatten.

Nach unseren Erklärungen akzeptierten die Leute uns, und sie überreichten uns Papierrinde und Gras und blättrige Äste, um darauf zu schlafen. Dieses Bett erinnerte mich an Blätterteller, auf die man den Fisch legt, damit er nicht schmutzig wird.

Sie zeigten uns ihre Unterkünfte auf Plattformen und ihre Mosquitohütten und viele andere Dinge, die sie benutzten.

Während wir bei ihnen lagerten, erzählten uns die

Leute von dem toten Mädchen und sagten, daß sie von ihrem Fleisch essen würden. Sie stellten die Leiche auf und drehten sie in verschiedene Richtungen, damit sie ein letztes Mal die Landschaft »sehen« konnte. Die Menschen sprachen, wie es ihr Brauch ist, zur Leiche und riefen sie an, wieder lebendig zu werden.

»Komm, Mädchen, komm schon, werd wieder lebendig. Dein Freund wartet auf dich. Kennst du mich denn nicht mehr?« Diese Worte wurden vom Jarawari gesprochen, einem speziellen Verwandten des Mädchens. Dann legten sie die Leiche auf die Erde und schnitten das Fleisch in Stücke, um es im Feuer zu braten. Sie bauten eine Plattform aus Kiefernholz über einem Feuer und legten die Leichenstücke darauf, und bald konnte es gegessen werden.

Meine Leute waren aufgebracht darüber, aber wir mußten höflich sein. Also taten wir so, als nähmen wir ein bißchen, aber wenn niemand hinsah, spuckten wir es aus. Wir mußten jedoch sehr vorsichtig sein, denn diese Leute wären wütend geworden, wenn sie es gemerkt hätten. (Dieser Brauch hat sich nun seit langer Zeit geändert.)

Danach am Abend wurden wir fröhlich und spielten *malgarri* (Lieder der jungen Männer) und tanzten einen *corroboree*.

Spät in der Nacht gaben uns die Männer und Frauen ausgezeichnetes Essen von allen möglichen Tieren, und das hat uns sehr geschmeckt. Wir konnten soviel nehmen, wie wir wollten, und nach einer Weile waren wir dann satt. Das ist eine Geschichte von vor langer Zeit.

Zwei Tage später am frühen Morgen brachen wir nach Gupanga auf, jetzt Navy Landing zwischen Burnbuwa Beach und Birritji, der Navy Bay (das Gebiet des Blyth Rivers).

Auf der anderen Seite des Flusses in Gupanga trafen wir einen anderen Stamm, genannt Anbarra, der nah verwandt mit dem Volk war, das wir gerade verlassen hatten.

Sie erzählten uns, daß es in Navy Landing einen

Traumzeitfluß gab, der vom Kiebitz geschaffen wurde. Dieser Vogel war in der Traumzeit ein junges Mädchen.

Eine Gruppe brachte uns geradewegs an das Ende des Blyth Rivers, so daß wir dort herüberschwimmen und im Traum dieses Vogels verweilen konnten.

Wir machten uns keine Sorgen, denn wir hatten schon vorher andere mehr oder weniger unbekannte Flüsse durchquert. Wir ließen den Freund von mir, Burnyila, und seine Eltern zurück, weil sie nicht schwimmen konnten und ein Kanu aus Rinde bauen mußten, um durch die Flußmündung zu paddeln.

Dann kamen wir auf der anderen Seite an, die als die Natjarbrikaebene bekannt ist. Es war offenes Land. Im Mondlicht gingen wir durch langes, grünes Gras und kamen dann in eine waldähnliche Gegend. Überall konnte man Blumen, Grapefruits, Pflaumen und gelbe Buschnüsse sehen.

Wir kamen nach Birritji, einem anderen Gebiet, das aber noch zur Navy Landing gehört. In der Nacht trafen wir auf eine andere Gruppe vom Nakarra und Guningu-Volk. Mitten in der Nacht hörten sie uns kommen, denn die trockenen Blätter der Mangrovenäste machten viel Lärm. Die Leute hatten Angst, weil auch sie dachten, wir wären Stammeskrieger, die vom Sonnenaufgang zu ihnen kamen, so wie es in den Stammeskriegen der Vergangenheit immer gewesen war.

Daher riefen sie: »Wer ist da?« Wir antworteten, daß wir Leute aus Milingimbi waren, die nach Darwin gingen, und wir baten sie, uns den richtigen Weg zu zeigen. Und sie halfen uns.

Wir gingen nach Juda Point und kamen nach Maningrida. Dieser Ort war keine Siedlung so wie heute. Um den Liverpool River zu überqueren (in Maningrida), machten wir ein Rindenkanu. Wir kampierten dort und trafen weitere Völker, die Gunavidji und später die Maung. Diese Leute zeigten uns, wie wir nach Darwin kamen, und sie schickten uns zuerst nach Oenpelli. Wir folgten dem Sonnenuntergang und kamen schließlich in Oenpelli an.

In der Mission von Oenpelli blieben wir fünf Tage. Am ersten Morgen gingen drei von uns ins Missionshaus, ich war damals ungefähr fünfzehn, um zu fragen, ob wir in Oenpelli bleiben dürften. Wir fragten den Missionar in der Gupapuyngusprache, die in Milingimbi gesprochen wird. Einige der weißen Leute dort sprachen Gupapuyngu, daher dachten wir, daß alle Weißen Gupapuyngu könnten. Der Missionar verstand uns nicht, und er fragte uns: »Wo kommt ihr alle her?«, aber wir konnten nicht verstehen, was er sagte, also standen wir einfach da und schauten einander an, ohne etwas zu sagen. Ich sagte zum größten Jungen: »Geh und sprich mit dem Mann.« Aber keiner von uns konnte diese Sprache. Der einzige unter uns, der mit diesem Mann reden konnte, war Wurlurlu, und der schlief noch.

Einer der Jungen sagte zu mir: »Mirritji, lauf und hol Wurlurlu her.« Also rannte ich zum Lager, um ihn aufzuwecken. Ich erklärte ihm, was los war, und er stand auf und kam mit mir zum Haus des Missionars. Die beiden anderen Jungen standen noch reglos gerade nebeneinander, und als wir herankamen, gingen sie beiseite, um Wurlurlu mit dem Missionar reden zu lassen. Wurlurlu sagte: »*bapa* (Vater), wir kommen aus Milingimbi, und wir sind auf dem Weg nach Darwin. Könntest du uns den Weg zeigen?«

»Ja«, sagte er, »morgen früh zeige ich euch den Weg, aber heute müßt ihr hierbleiben. Ich werde euch etwas zu essen und Tabak geben.« Dann drehte Wurlurlu sich um und erzählte uns, was der Missionar ihm gesagt hatte. Wir begangen zu rufen und springen, weil wir sehr froh darüber waren, was wir zu hören bekamen. Der Missionar wunderte sich ziemlich über den Krach, und er fragte Wurlurlu: »Wozu der Lärm?«

»Sie freuen sich sehr über das, was du mir gerade über das Essen gesagt hast«, sagte Wurlurlu.

»Nun«, sagte der Missionar, »wenn das so ist, will ich mal sehen, ob ich noch ein bißchen mehr finde.«

Daher gingen wir alle zum Lagerraum und bekamen Vorräte – zwei Säcke Zucker, zwei Säcke Mehl, sechs Packungen Tee, zwei Dosen Corned beef und zwei Packungen *mikiniki*-Tabak (blättriger Pfeifentabak) – ein richtiges Fest. Wir brachten alles zurück ins Lager, um Brot zu backen und Tee zu kochen. Während wir kochten, ging Wurlurlu los und bat darum, eine Nachricht nach Milingimbi zu schicken, um unseren Verwandten zu sagen, daß wir sicher Oenpelli erreicht hatten und daß es uns gut ging. Wir blieben noch drei weitere Tage in Oenpelli, bevor wir nach Darwin aufbrachen. Der Missionar konnte keinen Lastwagen auftreiben, der uns einen Teil des Weges mitnahm, also brachen wir über Land auf, durch den Busch. Das Land ist meist offene Ebene (die während der Regenzeit zu einem Sumpf wird), und es gab reichlich Wasser sowie Känguruhs, Echsen und Gänse zu essen.

Ungefähr zehn Tage nachdem wir Oenpelli verlassen hatten, kamen wir in die Nähe der Kulpinyafarm, die ungefähr zwanzig Meilen außerhalb von Darwin liegt. Wir gingen durch den Grenzzaun und trafen bald auf eine Gruppe von Larrakiyaleuten, die auf der Farm arbeiteten. Weil wir ihre Sprache nicht beherrschten, sprach Wurlurlu wieder für uns. Die Leute befragten ihn, woher wir kämen und wohin wir gingen, und nach einer Weile luden sie uns ein, Tee mit ihnen zu trinken. Wir boten ihnen etwas von dem Känguruh an, das wir erlegt hatten, und dann setzten wir uns alle hin und aßen.

Einer der Larrakiyamänner erzählte Wurlurlu, daß der oberste Viehtreiber auf der Farm vom Jinangstamm war – ein Mann namens Ronnie Barayuwa. Wurlurlu war verblüfft, das zu hören, und er erklärte den Männern, daß der Junge in seiner Gruppe – Mirritji – einen Bruder namens Barayuwa hatte. Mein Bruder hatte unser Land vor mehreren Jahren verlassen, und ich hatte ihn seither nicht mehr gesehen. Er war viel älter als ich, aber als ich ein Kind war, waren wir uns sehr nahe.

Als Wurlurlu mir die Neuigkeiten erzählte, war ich sehr überrascht, aber ich glaubte nicht wirklich, daß dieser Mann mein Bruder wäre. Der Name meines Bruders war Barayuwa, aber nicht Ronnie. »Warum bringst du den Namen meines Bruders durcheinander?« fragte ich ihn, denn bis dahin hatte ich noch nie von einem Aborigine gehört, der noch einen europäischen Namen annahm.

»Aber das ist der Name deines Bruders. Eines ist sein Aboriginename, und eines ist sein *balanda*-Name. Sieh mal, der Mann dort wird David genannt, der dort ist Robert, aber sie haben auch ihre Stammesnamen«, antwortete Wurlurlu.

Ich war immer noch nicht überzeugt. Ich wußte, daß Barayuwa nach Darwin gegangen war, aber ich wußte auch, daß er, bevor er Milingimbi verließ, noch nie ein Pferd geritten hatte. Wie konnte er da Viehhüter sein?

Ich erzählte Wurlurlu, daß ich, wenn ich den Mann sähe, wüßte, ob er mein Bruder sei oder nicht. Die Larrakiyaleute vereinbarten, Barayuwa in ihr Lager zu bringen, wenn er am Nachmittag mit seiner Arbeit fertig wäre, damit wir uns begegnen könnten.

Der Nachmittag zog sich dahin, während ich dasaß und darauf wartete, den Mann zu sehen, der mein Bruder sein sollte. Am Spätnachmittag kam ein Mann mit zwei der Larrakiyas vom Lager.

»Wo ist mein Bruder?« fragte der Mann. Die Leute deuteten auf mich. »Der Junge da vorne, mit der Decke.« Er schaute mich eingehend an und sagte: »Nein, das ist nicht mein Bruder. Er sieht anders aus«, und damit drehte er sich um und ging zurück in sein Lager.

Ich saß da und wußte nicht recht, was ablief, da die Unterhaltung ganz auf englisch geführt wurde, einer Sprache, die ich nicht verstand. Ich hatte mir diesen Mann jedoch auch genau angesehen, und ich war sicher, daß er nicht Barayuwa, mein Bruder, war. Dieser Mann war größer. Sein Gang war anders. Er sprach kein Jinang. Er war nicht so, wie ich meinen Bruder in Erinnerung hatte, also machte ich mir keine Gedanken, als er wegging.

Im Laufe der Nacht begann ich jedoch, noch einmal darüber nachzudenken. Ich erinnerte mich, daß mein Vater uns vor langer Zeit erzählt hatte, es gäbe niemand anderes mit dem Namen Mirritji oder Barayuwa, und das beunruhigte mich. Als der Morgen kam, beschloß ich, mir den Mann noch einmal anzusehen, daher bat ich zwei junge Männer, mich zum Viehhof zu bringen, so daß ich ihn noch einmal sehen könnte.

Als ich ihn fand, sprach ich ihn auf Jinang an und nannte ihn *wuwi* (Bruder). Er stand da und starrte auf den Boden, während ich sprach, und hin und wieder kratzte er sich am Kopf, als ob er nichts verstünde. Ich glaubte gerade, daß er schließlich doch nicht mein Bruder sei, und dachte daran aufzugeben. Aber da sprach er in einem sehr schlechten, gebrochenen Jinang mit mir, und er erzählte mir, daß er die Sprache nicht mehr gut könne, da er so viele Jahre aus unserem Stammesgebiet fort gewesen sei und nur mit sehr wenigen Leuten vom Stamm gesprochen habe.

Ich beschloß, Wurlurlu noch einmal zu bitten, uns zu übersetzen, und als er kam, fragte er Barayuwa nach den Namen seines Vaters, seiner Mutter und seiner Geschwister. Eine Weile stand er da und dachte nach, dann legte er langsam seine Peitsche auf den Boden und setzte sich.

Er begann, den Namen seines Vaters und seiner Mutter zu sagen, und das waren dieselben Namen wie die meiner Eltern. Ich wurde immer überraschter, und als er fortfuhr und die Namen seiner Geschwister nannte, kam er zu Mirritji.

»Hey! Das bin ich!« schrie ich, und da wurde uns klar, daß wir Brüder waren. Er sprang auf und griff meine Schultern, und ich umfaßte seine Taille, da er so viel größer war als ich, und wir begannen alle zu weinen. Die Larrakiyamänner weinten mit uns.

Als wir uns vom Weinen erholt hatten, sagte mein Bruder zwei Männern, daß sie auf das Vieh aufpassen sollten, während er mich in sein Lager brachte. Als wir näherkamen, sah ich eine Frau, die Wäsche wusch, und als mein Bruder sie als seine Frau vorstellte, war ich wieder überrascht, denn es war mir nicht in den Sinn gekommen, daß er verheiratet sein könnte.

»Nellie, das ist mein jüngerer Bruder Mirritji«, sagte Barayuwa.

»Guten Morgen, Mirritji«, sagte sie, »bitte setz dich. Barayuwa hat mir von dir erzählt.«

Leider konnte ich nicht verstehen, was sie sagte, denn sie sprach Englisch. Sie konnte kein Jinang, da sie aus der Mainoru-Beswick-Gegend kam, viele Meilen von unserem Stammesgebiet entfernt.

Nellie ging in die Küche des Herrenhauses, wo sie arbeitete, und holte uns ein Frühstück aus Tee, Fleisch, Brot, Butter und Marmelade, und während wir aßen, ging sie zur Arbeit ins Herrenhaus.

Ich erzählte Barayuwa alle Neuigkeiten von zu Hause — daß unsere Eltern und zwei Schwestern gestorben waren — und von unseren anderen Verwandten und Freunden, und meine Geschichte, wie es kam, daß ich in Kulpinya war.

Ich war immer noch verwirrt über den Namen meines Bruders: Ronnie Barayuwa. Er erklärte mir, daß fast alle Aborigines, die bei Europäern lebten, einen zweiten Namen hatten, wahrscheinlich weil die Europäer in den meisten Fällen die Namen der Aborigines nicht aussprechen konnten. Er erklärte mir auch, daß man, wenn man bei den Europäern arbeiten wollte, ihre Sprache sprechen mußte. Barayuwa sagte, daß ich Englisch lernen müßte, wenn aus mir etwas werden sollte.

»Du wirst in die Bagot-Schule in Darwin gehen müssen, wo du Englisch lernen kannst«, sagte er mir. Das machte mir Sorgen, weil ich keine Ahnung hatte, was eine Schule war, aber ich beschloß zu tun, was mein Bruder mir sagte. Ich dachte mir aber auch, daß ich Bagot sehr schnell wieder verlassen würde, wenn es mir dort nicht gefiele.

Als es an der Zeit war, nach Darwin aufzubrechen, sagte Barayuwa, daß er sehr traurig sei, daß er nicht mit mir nach Darwin kommen könnte, weil er seine Arbeit zu machen hätte. Da war nichts zu machen. Ich frühstückte, verabschiedete mich von Nellie und machte mich auf den langen Weg nach Darwin.

Ich war lange Zeit gelaufen, beinahe den ganzen Vormittag, als ein Wagen hielt und der Fahrer mich ansprach. Ich ging zu dem Lastwagen hinüber, und der Fahrer stellte mir Fragen.

»Wie heißt du ... Woher kommst du ... Von welchem Stamm bist du ... Wohin gehst du ...« Ich fand allerdings erst viel später heraus, wovon er sprach, aber ich kannte das Wort »Bagot«, eines der wenigen englischen Wörter, an die ich mich erinnerte. Ich sagte das Wort, und ich versuchte den Rest mit den Händen zu sagen. Ich weiß nicht, ob der Fahrer meine Zeichensprache verstand, aber jedenfalls war die Unterhaltung für mich ein Gewinn, denn der Mann lud mich ein, mich neben ihn in den Lastwagen zu setzen. Ich warf mein Bündel hinten auf den Wagen und stieg vorne ein. Der Lastwagen fuhr los, und als er immer schneller wurde, bekam ich sehr große Angst; Bäume und Steine flogen in einer Geschwindigkeit an mir vorüber, die ich nie zuvor gesehen hatte. Ich schloß die Augen und drehte das Gesicht weg.

Dann passierte das Schlimmste von allem. Ein Wagen, der in die andere Richtung fuhr, kam näher und näher an unseren Wagen heran, und während er uns entgegenkam, war ich mir sicher, daß er direkt in uns hineinrasen würde. Er kam direkt auf uns zu, und ich griff nach der Tür. Die Hand des Fahrers packte meinen Arm und zog mich zurück auf den Sitz, während ich im selben

Moment das Zischen des Wagens hörte, der an uns vorbeifuhr. Ich öffnete ein Auge und schaute mich um – ich lebte noch, und die Straße vor uns war frei, der Wagen war vorbeigefahren. Der Fahrer machte mir ein Zeichen, daß alles in Ordnung sei und ich mir keine Sorgen um Wagen, die uns entgegenkamen, zu machen bräuchte, die Straße wäre breit genug für zwei Wagen, und obwohl es von der Ferne so aussehen mochte, als ob ein entgegenkommendes Auto in uns hineinrasen würde, so würde das doch mit Sicherheit nicht geschehen. Als wir Darwin erreichten, waren genügend Wagen aus der anderen Richtung an uns vorbeigefahren, daß ich keine Angst mehr hatte.

Wir fuhren nicht ins Zentrum von Darwin, sondern bogen an der Bagot Road ab und fuhren in die Bagot-Siedlung. Zu der Zeit war die Bagot-Siedlung noch ein kleiner Ort, nicht so wie heute.

Die lange Reise war zu Ende, und endlich war ich da, wo ich hin wollte.

Als wir in der Bagot-Siedlung ankamen, stellte sich der Fahrer des Lastwagens vor, und überrascht stellte ich fest, daß er der Leiter von Bagot war. Er hielt den LKW vor der Schule an, und wir stiegen aus. Im Gebäude konnte ich eine Gruppe Kinder sehen, die mich durchs Fenster anstarrten. In der Zwischenzeit sprach der Leiter mit einem Mann, der sich als der Lehrer herausstellte. Ich fragte mich, was diese Kinder in dem Gebäude machten – warum waren sie nicht auf der Jagd oder auf Wanderschaft im Busch? Was machten sie da bloß?

Ich hörte, wie die beiden Männer sich unterhielten, und aus ihrem Gespräch hörte ich heraus, daß dies der Ort war, den sie Schule nannten. Der Lehrer kam zu mir, legte die Hand auf meine Schulter und begann wieder mit dem Leiter zu sprechen. Dann redete er mit mir, aber ich verstand nicht, wovon er sprach. Schließlich begann er, mit den Händen zu reden, und mit einigem Aufwand konnte er mir klarmachen, daß ich zu alt für seine Schule war.

Danach wurde mir gezeigt, wo das Lager war und wo ich etwas zu essen bekommen konnte, wenn ich Hunger hatte. Ich ging zum Lager und wußte nicht, ob ich glücklich oder unglücklich darüber sein sollte, daß ich nicht in die Schule gehen konnte. Da ich mich einsam fühlte, nachdem der Lehrer und der Leiter mich verlassen hatten, begann ich, mich nach einem bekannten Gesicht umzuschauen. Ich sah überall Leute herumsitzen. Sie spielten Karten, zu dem Zeitpunkt wußte ich allerdings ganz und gar nicht, was sie taten. Unter all den Leuten konnte ich nicht einen Menschen finden, den ich kannte, und je länger ich nach jemandem suchte, desto unglücklicher wurde ich.

Nach einer Weile setzte ich mich sehr verzagt hin und fühlte mich sehr kalt im Innern an. Ohne jemanden, bei dem ich bleiben konnte, bekam ich Heimweh, und mir war nach Weinen zumute, wenn ich an mein Land und meine Verwandten dachte.

Es wurde mir zuviel, und ich beschloß, die Siedlung wieder zu verlassen. Es gab nur einen Ort, wohin ich gehen konnte, und das war nach Kulpinya, zu meinem Bruder.

Ich ging fort aus der Siedlung und schlug einen Weg in den Busch ein, denn das war kürzer, und ich hatte außerdem Angst, daß jemand aus Bagot in einem Auto nach mir suchen und mich zurückbringen könnte. Es wurde allmählich dunkel, und ich kam an dem Gelände vorbei, wo der neue Luftwaffenstützpunkt gebaut wurde. Traktoren und große Bulldozer fuhren herum, und wenn einer sich in meine Richtung wandte, drehte ich mich um und rannte – ich glaubte, sie würden mich überfahren, diese großen Biester.

Als ich schließlich in den Busch kam, fühlte ich mich wieder besser und sicherer, und ich kam an einen Weg, der parallel zum Asphalt lief. Autos und LKWs fuhren die Straße entlang, und wenn eines von Darwin kam und in Richtung Süden fuhr, duckte ich mich unter die kleinen Bäume und Büsche, die die Straße säumten.

Ich legte ungefähr zehn Meilen auf diese Art zurück und beschloß dann, ein Lager für die Nacht aufzuschlagen, denn es wurde jetzt recht dunkel. Ich machte kein Feuer für den Fall, daß es jemand sähe, und ich legte mich auf den Boden mit nur einem bißchen Wasser zum Abendessen. Ich war ein müder, ängstlicher, hungriger und einsamer Junge, der sich zu fragen begann, ob das die lange Reise von Milingimbi nach Darwin wert gewesen war. Zum Glück war ich zu müde, um lange darüber nachzudenken, und sehr bald war ich eingeschlafen und hatte alle Enttäuschungen des Tages vergessen.

Ich brach wieder auf, bevor die Sonne aufging, da ich so früh wie möglich in Kulpinya eintreffen wollte. Der Gedanke daran, daß mein Bruder ein Frühstück für mich hätte, ließ mich schneller gehen, denn das wollte ich nicht verpassen. Als ich schließlich die Farm erreichte, war es jedoch schon Mittag. Ich hörte eine Glocke läuten, die mich an die Mittagsglocke denken ließ, die sie in Milingimbi läuteten. Männer kamen vom Viehhof, und ich versuchte, meinen Bruder zu entdecken.

Als ich ihn schließlich gefunden hatte, war er sehr überrascht, mich so schnell zurück zu sehen.

»Was machst du denn hier?« fragte er, als er mich sah. »Wie bist du hergekommen? Was ist los?«

Ich erklärte ihm, was geschehen war und wie ich mich fühlte, und dann ging er in die Küche, während ich mich unter einen Baum setzte. Er kam mit ein paar Tellern mit gutem Essen zurück – er nahm ein bißchen und ich den Rest, im Nu hatte ich es aufgegessen.

Nachdem er sich meine ganze Geschichte angehört hatte, sagte mein Bruder: »Okay, ich verstehe. Wenn du zu alt für die Schule bist, mußt du einen Job finden. Du bleibst bei mir, und ich gehe zum Boß und frage, ob wir hier einen Job für dich haben.«

Ich hatte keine Ahnung, was ein Job war, und dachte, daß er über Seife redete. Er ging zum Boß, und der Mann war damit einverstanden, daß ich mit meinem Bruder arbeitete.

Wir gingen ins Lager, und ich bekam richtige Viehhüterkleidung. Es waren Hemden und Hosen, die meinem Bruder und dem Boß gehörten. Ich kann nicht sagen, daß die Sachen genau gepaßt hätten − in der Tat waren sie mir viel zu groß. Nellie, die Frau meines Bruders, hat sie später geändert, so daß sie mir paßten. Aber trotzdem fühlten sich diese ganzen Sachen sehr fremd an, und ich hatte das Gefühl, daß ich mich in ihnen nicht so gut bewegen konnte wie in meinem *naga* − Lendenschurz −, den ich in meinem Land trug. Am schlimmsten waren die Stiefel. Abgesehen davon, daß sie zu groß waren, fühlten sie sich furchtbar an den Füßen an.

Ich lief herum und strauchelte und stolperte überall. Ich wollte sie wegwerfen, aber Barayuwa sagte mir, daß ich wegen meines Jobs lernen müßte, sie zu tragen.

Wir verbrachten den Rest des Nachmittags damit, die Sachen zu waschen und zu stopfen und Vorbereitungen für den nächsten Tag zu treffen. Als es Morgen wurde, fuhr ein Lastwagen vor, und mir wurde gesagt, ich solle einsteigen.

»Wohin fahren wir?« fragte ich, und sie erwähnten einen Namen, aber er sagte mir nichts. Wir nahmen Decken, Kleider, Essen, Werkzeuge und kletterten mit weiteren vierzig Männern auf den LKW. Zu dem Zeitpunkt wußte ich es nicht, aber wir brachen zum Viehtreiben in den Süden auf.

In den nächsten Wochen sammelte ich einige Erfahrung als Viehtreiber. Natürlich war ich keinesfalls so gut wie die anderen Männer, die schon viel länger auf der Farm arbeiteten. Aber ich lernte doch eine Menge, und obwohl ich neu in dem Job war, gewann ich nach einer Weile etwas Selbstvertrauen. Mein Bruder gab mir einen englischen Namen, er sagte, daß jeder, der mit *balandas* arbeitete, einen englischen Namen hatte und daß es besser wäre, wenn ich auch einen bekam. Mein Name ist »Jack«, ich weiß nicht genau, warum, aber mein Bruder mochte den Namen, und ich hatte nichts dagegen, weil ich den Sinn eines englischen Namens sowieso nicht verstand. Darüber hinaus waren meine Jinangnamen die einzigen, die mir etwas bedeuteten, weil sie mich an meinen Vater und Großvater erinnerten und mich an meine Traumzeit denken ließen. Daher war es mir wirklich egal, ob ich einen englischen Namen bekam.

Nach ein paar Monaten auf der Farm beschloß ich, auf einen zweiten Versuch zurück nach Darwin zu gehen. Ich hatte herausgefunden, daß eine Gruppe Jinangs in Darwin eingetroffen war, und ich wollte sie gerne sehen und ihnen Gesellschaft leisten. Außerdem war ich auf der Farm der einzige junge Mann zwischen lauter verheirateten Männern, und sie hatten nicht allzu viel Zeit für mich.

Bald danach kam ich zum zweiten Mal nach Darwin, und sehr bald hatte ich das Glück, ein paar Jinangs zu treffen. Sie waren seit einiger Zeit in Darwin, und mit ihrer Hilfe gelang es mir, einen neuen Job bei der Gemeinde zu bekommen. Mein Englisch wurde viel besser; obwohl noch gebrochen, verbesserte es sich doch sehr. Nach dem Job, der nur vorübergehend war, ging ich zurück nach Bagot, aber dort gab es keine Arbeit. Die meisten Leute dort hatten keinen Job, deshalb hing jeder nur herum. Ich lernte Karten spielen, und ich lernte auch zu trinken.

Obwohl die Situation deprimierend war, möchte ich die Geschichte von meinem Aufenthalt in Darwin gerne damit schließen, von meinem ersten Besäufnis zu erzählen, eine Geschichte, die mich immer noch amüsiert, wenn ich an sie denke.

Eines Nachts gegen Mitternacht drängten mich einige Leute dazu, Alkohol zu klauen, sie wählten mich aus, weil ich der kleinste Junge der ganzen Truppe war. Wir gingen zu einer Kneipe, und ich mußte durch ein Fenster klettern, durch das ich gerade so durchpaßte. Drinnen hatte ich Angst. Es war eine Art Lagerraum, wo eine Menge Alkohol herumstand. Mein Herz begann, wie verrückt zu klopfen, als ich plötzlich Fußtritte hörte. Ich hatte gerade noch Zeit, hinter ein paar Kartons zu springen, und ich saß eben erst, als die Tür zum Lager geöffnet wurde. Ein großer Mann mit einer Taschenlampe in der Hand kam herein.

»Wer ist da?« fragte der Mann, und mir fiel nichts besseres ein, als eine Katze nachzumachen.

»Miau ... miau ...«, sagte ich hinter meinen Kartons in der Nähe des Fensters. Der Mann leuchtete die Kartons ab, von denen das Geräusch kam, und ich wünschte mir, mein Herz würde aufhören, wie ein Hammer zu schlagen, denn ich hatte den Eindruck, daß das Geräusch den ganzen Raum ausfüllte. Aber sehr zum Glück schien meine Imitation einer Katze den Mann überzeugt zu haben; er murmelte etwas und ging wieder. Als nach einigen Minuten immer noch alles ruhig war, begann ich, die Männer außerhalb der Kneipe mit Bier zu versorgen, und dann kletterte ich wieder durch das Fenster zurück an die frische Luft, die ich dringend brauchte.

Alle gingen an die Schienen, und unter einem leeren Waggon tranken wir den Alkohol. Für mich war es das erste Mal, daß ich das Zeug schmeckte, und ich muß zugeben, daß es mir nicht gut bekommen ist, besonders am Tag danach. Mir war sehr schlecht von dem Bier, und ich mußte mich ständig übergeben.

Da ich in Darwin keinen Job fand, beschloß ich, nach Croker Island zu gehen, wo ich auf ein bißchen mehr Glück hoffte.

BILL ROSSER
Bruce Bismark

Der alte Aborigine kam die Straße entlanggehumpelt, indem er das linke Bein nachzog. Er war einmal groß gewesen, aber jetzt, in fortgeschrittenem Alter schlenderte er ziemlich gebeugt dahin. Er war ein Vollaborigine, seine Initiationsnarben waren deutlich sichtbar unter seinem bis zur Taille offenen Hemd. Er ging ohne Schuhe, und seine Füße waren groß und schwielig. Sie waren wer weiß wie weit durch den harten australischen Busch gelaufen. Den Hut trug er wie ein echter Westernheld auf dem Kopf. Sein Bart war mehrere Tage alt und war reichlich grau gesprenkelt.

Sein Name war Bruce – Bruce Bismark. Als ich ihm zum ersten Mal vorgestellt wurde, unvermeidlicherweise bei der wohlbekannten Figur Ruby De Satge, kam mir in den Sinn, daß der Name »Bismark« höchst außergewöhnlich für einen Aborigine sei. Aber, überlegte ich dann, ebenso war es mit »De Satge«; daher beschloß ich, nicht weiter neugierig zu sein.

»Tag, Bruce«, rief ich, als er in Hörweite war. »Du siehst krank aus. Was hast du dir angetan?« Er lächelte und zeigte eine Reihe fleckiger, abgewetzter Zähne, als er stehenblieb und sich an meinen Kombi lehnte.

»Ach«, verzog er das Gesicht, »mein verdammtes Bein macht Ärger. Wird wohl Regen geben.«

»Komm rein und setz dich«, lud ich ihn ein. »Ich wollte gerade einen Tee aufsetzen. Willst einen?« Er hinkte hoch in den Bus und setzte sich an den kleinen Klapptisch.

»Was machst du in der nächsten Stunde?« fragte ich ihn.

»Ach, gar nix, Bill«, sagte er schleppend. »Wieso? Was hast du vor? Känguruhs jagen?«

»Ja, genau.« Ich lächelte über seine Besorgnis. »Das könnten wir machen. Aber später. Ich würde erst gerne ein wenig mit dir plaudern. Du weißt schon, über früher.«

Er lächelte breit und sagte: »Du meinst, wie mit der alten Ruby? Ja, doch, ich glaube, ich könnte dir ein paar Sachen erzählen. Aber du mußt mir Fragen stellen.« Er nahm den Hut ab, warf ihn beiläufig auf den Boden und erschreckte damit einen Hund, der gerade das Vorderrad des Kombis als Teil seines Territoriums markieren wollte. Das Wasser kochte bald, und nachdem der Tee eingeschenkt war, setzte ich mich Bruce gegenüber und zog ein Päckchen Zigaretten heraus.

»Rauch eine, Bruce.« Ich bot ihm die Packung an.

»Ja, mache ich«, akzeptierte er. »Ich habe nur noch eine übrig.« Ich reichte unter den Tisch nach meinem Kassettenrecorder und stellte ihn zwischen uns.

»Macht dir das was aus?« fragte ich ihn, indem ich dem Recorder zunickte. Er beäugte ihn kurz mit schiefgelegtem Kopf.

»Nee«, beschloß er, »wenn Ruby das kann, kann ich es auch.« Ich drückte die Aufnahmeknöpfe, und es kam Leben in das Gerät.

»Wo bist du geboren, Bruce?« fragte ich.

»Argadargada«, erwidert er, »Argadargadafarm.«

»Das ist oben im Northern Territory, nicht wahr?«

»Ja, stimmt, im Northern Territory.«

»Was weißt du noch aus deiner Kindheit? Bist du zur Schule gegangen?«

»Wie?« Er schaute mich ungläubig an. Ich wiederholte meine Frage.

»Nein«, antwortete er lakonisch, »keine Schule.« Er begann über die für ihn absurde Frage zu lachen. »Nee«, fuhr er nach einer Weile fort, »damals ging kein Aboriginekind in die Schule.«

»Was hast du tagsüber gemacht? Wie hast du den Tag verbracht?«

»Ach, na ja, geschlafen, herumgelaufen. Bißchen was getrunken hin und wieder.« Er lachte beschämt.

»Warst du betrunken?«

»Ach, ja, hin und wieder.«

»Woher hast du den Alkohol bekommen, Bruce?« erkundigte ich mich. Er sah einen Moment lang verdutzt aus. »Als du ein Kind warst«, half ich ihm weiter. »Hast du getrunken, als du ein Kind warst?«

»Ach, nein, nein.« Er hatte meine Frage mißverstanden. »Nein, ich habe über letztens geredet.«

»Als du ein Junge warst, bist du da jagen gegangen?«

»Ja, ich habe alles mögliche gejagt. Eukalyptusnüsse gegessen und Känguruhs gejagt, all so was.«

»Erinnerst du dich an deine Mutter und deinen Vater? Was haben sie gemacht? Haben sie frei gelebt?«

»Oh, ja, sie haben frei gelebt«, sagte er. »Haben Känguruhs erlegt und so, um an ihr Essen zu kommen.«

»Wie haben sie sie gejagt, Bruce?« Er nahm mehrere Schlucke Tee, bevor er antwortete.

»Mit dem Speer«, sagte er schließlich. »Der Alte hat sie immer mit dem Speer erlegt. Emus auch. Der Alte ist auf einen Baum geklettert, und wenn der Emu dann vorbeikam, um zu fressen, hat er ihn aufgespießt.«

»Hat er seine Speere selbst gemacht?« Vielleicht eine dumme Frage.

»Ja, er hat seine Speere selber gemacht.«

»Wie hat er das gemacht?« Ich half noch einmal nach.

»Tja nun«, begann er zu erklären, »er hat einen kleinen Baum geschlagen. Es muß ein spezielles Holz sein – weder zu schwer noch zu leicht. Er hat auch immer eine Menge Extraklingen bei sich gehabt. Wenn eine bricht, macht er eine andere fest. Weißt du, wenn bei einem Känguruh eine bricht.«

»Woraus hat er die Klingen gemacht, Bruce?«

»Akazie. Manchmal hat er Terebinthenholz genommen.«

»Wie hat er die Klinge am Speer befestigt?«

»Tja, er hatte eine Art Wachs...«

»Was für ein Wachs?« unterbrach ich ihn.

»Vom Stachelkopfgras«, sagte er. »Er hat es geschmolzen und die Klinge an den Speer geklebt und sie mit Känguruhschnur festgebunden. Hat sie sehr fest angezogen.«

»Das war wohl eine Sehne, oder?« fragte ich.

»Ja, die Schwanzsehne. Er hat immer ein paar bei sich getragen, aber bevor er sie benutzen konnte, mußte er sie in Wasser einweichen, um sie weich zu bekommen. Manchmal hat er sie gekaut, um sie weich zu kriegen.«

»Wenn ihr jagen gingt, zu wie vielen seid ihr dann losgezogen? Mit einer großen Gruppe?«

»Nein, nicht mit vielen. Der Alte ist im allgemeinen alleine gegangen. Wenn er einen Kumpel wollte, hat er einen mitgenommen. Wenn du Kumpel mitnimmst, dann fängst du doch nur an zu reden, weißt du. Er hat sich den besten aus der Gruppe herausgesucht. Einen, der nicht viel redet.«

»Wenn sie reden, verscheuchen sie alles, was?«

»Ja. Sie verjagen alles rundherum.«

»Was hat er noch mit dem Speer gejagt?«

»Tja, er hat Emus gejagt. Er hat an einem Wasserloch gewartet, und wenn der Emu kam, um zu trinken, ist er auf einen Baum geklettert und hat sich versteckt. Er hat ausfindig gemacht, wo die Emuspuren zum Wasserloch führten, und hat in einem Baum über ihnen gewartet.«

»Bist du mit ihm zur Jagd gegangen?«

»Nicht auf Känguruhjagd«, erwiderte er. »Ich bin nur einmal mit ihm fischen gegangen.«

»Was für eine Angelleine habt ihr benutzt?«

»Normale Schnur. Kein Nylon. Ganz normale Baumwolle. Es gab damals kein Nylon.«

»Was für Haken habt ihr benutzt?«

»Normale Haken.«

»Wo habt ihr die Haken herbekommen?«

»Von der Farm. Argadargadafarm. Leute, die ihn kannten, haben ihm Haken gegeben.«

»Bruce, zu welchem Stamm gehörst du?« Er dachte

lange nach und kämpfte mit seinem Gedächtnis. »Aranda«, sagte er schließlich, »ja, Aranda.«

»Das ist ein großer Stamm, nicht wahr?«

»Ja, der geht bis hinter Alice Springs.«

»Sprichst du noch die Sprache?«

»Ach, ein bißchen«, antwortete er schüchtern. »Ich kann verstehen, wenn andere Leute so sprechen.«

»Du hast mir früher mal von Tobermory erzählt. War das die erste Stelle, wo du gearbeitet hast?«

»Ja.«

»Wie alt warst du, als du dort angefangen hast?« Er leerte seinen Becher und goß sich noch etwas Tee ein, bevor er meine Frage beantwortete. Offensichtlich kämpfte er wieder mit seinem Gedächtnis. »Ungefähr zehn Jahre alt«, sagte er dann bestimmt.

»Was für eine Arbeit hast du da gemacht?«

»Vieh hüten«, erwiderte er.

»Um wieviel Uhr hast du morgens angefangen?«

»Ach, manchmal so um sechs Uhr«, erwiderte er. »Der Koch hat uns aufgeweckt, und ich mußte rausgehen und die Pferde holen. Das waren die Pferde, mit denen wir das Vieh zusammengetrieben haben.«

»Was hast du zum Frühstück bekommen?«

Er strich sich mit den Fingerspitzen über das Kinn und dachte nach. »Hmm, ich glaube, Steak mit Fladenbrot.«

»Hat die Farm ihr eigenes Vieh geschlachtet?«

»Ja, sie haben selber geschlachtet.«

»Mußtet ihr euer Essen selbst kochen?«

»Nein, wir hatten einen Koch im Viehtreiberlager.«

»War der weiß oder ein Aborigine?«

»Oh, der war weiß«, erwiderte Bruce. »Manchmal ließ er die anderen Kerle kochen.«

»Was war mit dem Farmbesitzer, war der gut zu euch?«

»Manche waren in Ordnung. Mit manchen war es ein bißchen schwer auszukommen«, sagte er und verzog die Nase.

»Was meinst du damit, Bruce, es war ein bißchen schwer mit ihnen auszukommen?«

»Ach, die wollten einem dies und das nicht geben, wonach man gefragt hat. Man wollte mal was anderes zu essen, weißt du. Man wollte mal ein Gulasch zur Abwechslung. Oder ein Curry. Aber man hat die ganze Zeit dasselbe Zeugs bekommen. Man konnte es nicht mehr sehen.«

»Wieviel Vieh gab es auf der Farm, Bruce?«

»So um die zehntausend. Es war aber auch ein sehr großes Stück Land. Es konnte monatelang dauern, bis wir mit den Brandzeichen durch waren. Wir haben auch Ochsen zusammengetrieben, weißt du, zum Verkauf.«

»Das war wohl harte Arbeit für einen Zehnjährigen?«

»Oh, ja.« Er zuckte mit dem Kopf zur Seite und zurück, während er meine Frage beantwortete.

»Und wie war das mit der Bezahlung? Was habt ihr bezahlt bekommen?« Er gab ein sarkastisches Grunzen von sich und spuckte durch die Bustür nach draußen. Er wischte sich mit dem Arm über den Mund. »Tja, ich habe zwei Dollar die Woche bekommen, das war alles.«

»Das wird damals ein Pfund gewesen sein, nicht wahr?«

»Ja, ein Pfund damals.«

»Und euer Essen. Ihr habt euer Essen bekommen?«

»Freies Essen«, nickte er. »Die einzigen Male, die wir Geld bekamen, war, wenn wir in die Stadt gingen. Zu einem Pferderennen oder so was.«

»Habt ihr euer ganzes Geld bekommen?« Auf meine Frage starrte er angewidert zu Boden.

»Nein«, erwiderte er bitter, »sie haben mir nur etwas Geld gegeben, was sie gerade in der Tasche hatten.«

»Wie oft haben sie euch damals bezahlt? Wöchentlich? Jeden Monat?«

»Ach nein«, sagte Bruce vorwurfsvoll. »Ich weiß nur noch, daß sie mir Geld gegeben haben, wenn ich in die Stadt ging. Zu einem Rennen oder so. Dann haben sie mir ein paar Schilling gegeben, und das war alles.« Bruce begann zu lachen, als er an die Rennen dachte. »Wir haben uns Limonade gekauft und so was.«

»Ihr habt euren Spaß gehabt bei diesen Rennen, wie?«

»Oh, ja, wir hatten wirklich viel Spaß«, kicherte er.

»Haben die Farmbesitzer euch Kleidung zur Verfügung gestellt?«

»Ja, sie gaben uns Kleider.«

»Neue Sachen?«

»Ja, neue. Sie haben sie für uns gekauft.«

»Von eurem Lohn?« überprüfte ich.

»Nein, von ihrem Geld, aufgrund der Tatsache, daß ich für sie arbeite. Sie haben uns Süßigkeiten und Limonade gekauft und so was.«

»Ich nehme an, es haben viele Aborigines mit dir auf der Farm gearbeitet?«

»Oh, ja«, erwiderte er, »so an die zwanzig oder dreißig Typen haben da mit uns gearbeitet.«

»Wie lange bist du da draußen geblieben?«

»Drei Monate.«

»Warst du der Jüngste da, oder haben auch noch andere Zehnjährige dort gearbeitet?«

»Ach, wir waren eine ganze Gruppe«, sagte er eifrig. »Ein ganzer Haufen. Damals sind wir ja nicht zur Schule gegangen. Sie haben uns immer zum Viehtreiben mitgenommen.«

»Du hast vorhin gesagt, daß deine Mutter und dein Vater noch frei gelebt haben. Weißt du das noch? Haben sie richtig draußen im Busch gelebt oder auf der Farm?«

»Ach nein, sie sind in der Nähe der Farm geblieben.«

»In einem Lager?«

»Ja, in einem Lager. Nur manchmal sind sie raus in den Busch gegangen, weißt du, wenn ihnen danach war, zur Abwechslung. Sie haben freie Rationen bekommen.«

»Sie haben Rationen von der Farm bekommen?«

»Ja, freie Rationen. Einen Sack Mehl.«

»Hat die Farm ihnen auch Fleisch gegeben?«

»Ja, auch Fleisch. Der Alte ist immer in den Busch gegangen und hat ein paar Dingos zusammengetrieben, sie zur Farm gebracht und auf diese Weise seinen Proviant bekommen.«

»Wie hat er die Dingos gefangen, Bruce?«

»Wenn er ein Nest findet mit Jungen, dann tötet und häutet er sie, bringt sie auf die Farm und bekommt dann einen Sack Mehl dafür.«

»Ach so, verstehe«, rief ich aus. Damit war das Rätsel der »freien« Rationen nun vollends geklärt. »Sie haben ihn also in Mehl und Essen bezahlt?«

»Ja, sie haben ihm nie Geld oder Lohn gegeben.«

»Sie hätten wahrscheinlich auch nicht gewußt, was sie mit dem Geld anfangen sollen«, bemerkte ich.

»Oh, nein, sie kannten kein Geld.«

»Wann hast du zum ersten Mal eine Stadt gesehen, Bruce?«

Er mußte wieder nachdenken, bevor er antworten konnte, und zog mit dem Finger mehrmals in tiefer Konzentration die Augenbraue nach. »Hmm«, sagte er schließlich schleppend, »mit achtzehn, glaube ich. Es ist so schwer, sich genau zu erinnern.«

»Das wird eine große Sache für dich gewesen sein, wie?« fragte ich. »All die Leute. Warst du überrascht, als du das zum ersten Mal gesehen hast?«

»Oh, ja«, er schaute mich verlegen an, »die ganzen Leute. Ich bekam es mit der Angst. Ich wollte nur zurück in den Busch. Ich wollte nur weg von denen.«

»Hast du ein eigenes Pferd gehabt, Bruce? Oder gehörten die alle zur Farm?«

»Die Farm hat sie zur Verfügung gestellt«, erwiderte er. »Einige Typen hatten ihre eigenen Pferde.« Wir plauderten eine Weile weiter. Wir machten noch eine Kanne Tee, und während ich in meinem Becher rührte, fiel mir ein, daß er Palm Island erwähnt hatte. Ich beschloß, dieses Thema weiterzuverfolgen.

»Bruce«, sagte ich und stellte den Recorder wieder an,

»du hast mir vorhin erzählt, daß du von Palm Island gehört hast.«

»Ja.«

»Bist du je da gewesen?«

»Ja«, grinste er, »zweimal.«

»Warum bist du dahin gefahren?«

»Nur so zur Abwechslung, weißt du. Damals war ich noch jung.«

»Wie fandest du es da? Wie war es?«

Er rollte mit den Augen, während er sich das Bild der Insel heraufbeschwor. »Ganz schön hart«, er verzog das Gesicht beim Reden, »puh.«

»Hast du mal von jemandem gehört, der zur Bestrafung dahin geschickt wurde?«

»Nach Palm Island?«

»Ja.«

»Oh, ja. Viele Leute. Auch Leute, die ich kannte.«

»Warum wurden sie da hingeschickt?« Bruce zuckte die Schultern und schaute weg, als er antwortete. »Schlägereien, Stehlen und so was.«

»Was haben sie gestohlen?«

»Schnaps«, sagte er, »und so was. Sie sind in die Kneipe gegangen und haben das Zeug gestohlen.« Er lachte nervös.

»Und sie haben sie zur Strafe nach Palm Island geschickt?«

»Ja, genau.« Wir redeten noch eine Weile über Palm Island. Ich war 1974 eine Zeitlang dort gewesen, und wir tauschten ein paar Erfahrungen aus und sprachen über die Probleme, denen wir auf der Insel begegnet waren. Während er sprach, rieb er sich sein verletztes Bein, und meine Neugierde erwachte.

»Hast du mal einen Unfall gehabt, als du draußen beim Viehtreiben warst?« fragte ich und schaute forschend auf sein Bein.

»Ach ja. Ich bin ins Bein getreten worden — beide Beine. Eines war hier gebrochen.« Er zog ein Hosenbein über das Knie hoch und legte einen schrecklich verunstalteten Unterschenkel frei. Das Schienbein stand ungefähr zehn Zentimeter aus der eigentlichen Beinlinie heraus und war von einer dünnen, vernarbten Hautschicht bedeckt, auf der kein Haar wuchs. Es sah furchtbar aus. Er bemerkte meinen entsetzten Gesichtsausdruck, lächelte verständnisvoll, wodurch er mir etwas über meine Verlegenheit hinweghalf.

»Das ist passiert, als ich dreizehn war«, sagte er leichthin. Er hielt eine warme Hand darüber und versuchte, den Schmerz zu lindern. »Es war ganz durchgebrochen«, erklärte er. »Ich saß auf einem Pferd, und ein anderes Pferd hat versucht, meins zu treten. Aber es hat sein Ziel verfehlt und statt dessen mich erwischt, direkt auf den Knochen.«

»Wer hat dein Bein gerichtet, Bruce? Wer hat es geflickt?«

»Zuerst ein alter Arzt in Mount Isa«, erwiderte er.

»Er hat keine besonders gute Arbeit geleistet, wie?«

»Nein.« Er lachte halb. »Es ist ein bißchen mies, nicht?«

»Das kann man wohl sagen«, pflichtete ich ihm bei. »Es wurde wirklich miserabel gerichtet. Haben sie dich ins Krankenhaus gesteckt oder nach Hause geschickt?«

»Ich mußte im Krankenhaus bleiben, bis der Knochen verheilt war.« Er rollte seine Hose wieder herunter, dann rollte er das andere Hosenbein hoch. Ich hielt kurz die Luft an, als ich sah, daß dieses Bein auch verstümmelt war. An der Außenseite des Oberschenkels war ein faustgroßes Loch.

»An dem hier wurde die Haut abgerissen«, sagte er. Das war wohl eine der größten Untertreibungen, die ich je gehört habe! Es mußte ein Kilogramm Muskel herausgerissen worden sein.

»Das ging gerade so am Knochen vorbei.«

»War das auch ein Pferd?« fragte ich.

»Ja, ich bin hinter anderen Pferden hergeritten.«

»Und wo ist das passiert?«

»Draußen in Burketown.«

»Wo wurde das andere Bein verletzt, Bruce?«

»Oben im Northern Territory, auf der Tobermory-farm.«

»Wer war der Verwalter dort? Kannst du dich daran erinnern?«

»Hmm.« Er schaute gedankenverloren an die Decke. »Anderson − Bill Anderson.«

»Wie hat er euch behandelt, dieser Bill Anderson?«

»Oh, ziemlich schlecht«, knurrte er. »Damals haben wir nicht bekommen, was wir wollten, weißt du. Essen und so. Man bekam kein Geld, wie man es hier kriegt. Nur ein paar Schilling, wenn man in die Stadt gehen wollte.«

»Haben sie dich damals je geschlagen?«

»Die weißen Kerle?«

»Ja.«

»Aber ja«, sagte er und schaute wieder zu Boden, »mit einem Stock. Als wir Kinder waren, haben sie uns mit dem Stiefel in den Hintern getreten. Manchmal haben sie uns mit einer Peitsche ausgepeitscht. Sie haben auch die Pferde ausgepeitscht, die sind dann durchgegangen. Manchmal sind die Pferde mit einem gegen einen Baum gerannt.« Ich konnte seinem Gesichtsausdruck anmerken, daß Bruce die Vergangenheit noch einmal durchlebte. Ich ließ ihn eine Weile weiterträumen, bevor ich etwas sagte.

»Bruce«, sagte ich leise, »wünschst du dir manchmal, du könntest in die Zeit zurückgehen, als du ein Kind warst, als du noch frei gelebt hast?«

»Nein.« Seine Antwort überraschte mich.

»Du würdest die Freiheit von damals nicht zurückhaben wollen?«

»Nein«, bestätigte er.

»Warum nicht, Bruce?«

»Ach, na ja.« Er gab wieder ein nervöses Lachen von sich. »Die Dinge haben sich verändert.«

»Würdest du lieber in einer Stadt leben?«

»Oh, ja, einfach so vor mich hin leben.«

»Du würdest nicht zum Jagdleben zurückkehren wollen?«

»Nein, nein«, erwiderte er. Er saß wieder schweigend da und dachte darüber nach, was er gerade gesagt hatte. Er sah mein ungläubiges Gesicht und schlug die Augen nieder.

»Du hast überhaupt kein Bedürfnis danach?«

»Nein. Die ganze Sache ist verloren«, erwiderte er resigniert. Ich stand vom Tisch auf − betrübt, verblüfft. Bruce folgte mir aus dem Kombi heraus und setzte seinen Hut wieder quer auf den Kopf.

»Tja«, sagte er, »bis später dann, Bill.«

»Ja, sicher, Bruce«, antwortete ich. Er schlenderte schwer humpelnd die Straße herunter. Meine Augen folgten ihm, bis er hinter den Eisenbahnschuppen verschwunden war. Dann weiß ich noch, wie ich laut sagte: »Die ganze Sache ist verloren!«

REX MARSHALL
Buddgelin Bey

Dunkle Wolken sammeln sich hoch am Himmel
Der Sturm zieht schnell heran
Und Ma verfolgt ihn aufmerksamen Auges
Hält die Axt in den Händen, die Füße fest am Boden
Schließlich macht sie sich bereit, Stellung zu beziehen
Gegen den wilden, stürmenden Regen und Wind
Nach dem Brauch muß sie die Sturmwolken zerschneiden
Mit der Axt schwenken und laut heraussingen
Überlieferung, ihrem Stamm gegeben
Diesen Brauch führte sie aus mit solchem Stolz
Mit einem letzten Ausruf »Buddgelin Bey«
Ist der wilde Sturm verjagt.

PADDY ROE
Lardi lardi

Yeah,
ich kann 'ne Geschichte erzählen, dieser Wie-heißt-er-
noch *(krächzend), you know,*
diese zwei Mann?
You know, dieser *lardi lardi,*
dieser Mann.
   Sie campten in Anna Plains, auf der Farm, *you know,*
er hatte noch zwei Kumpel bei sich
im Außenlager,
und diese zwei Jungen immerzu, Tag für Tag, *you know,*
jeeeden Tag ärgern sie diesen *brolga,* den Riesenkranich,
brolga.
   Der Vogel will zum Trinken kommen,
aber *(lachend)* sie ärgern ihn die ganze Zeit, *you know,*
sie gehen hin,
sie hatten 'ne Schrotflinte,
you know, vom Boß.
   Der Boß gab ihnen die Schrotflinte, um Ochsen zu
schießen oder, hm,
Känguruhs oder so.
   Also dieser alte Kerl,
er sagte nämlich zu den zwei jungen Kerlen —
oh, ein guter Freund, alter Freund — *(lachend)*
er sagte ihnen: »Ärgert die Vögel nicht, laßt sie zum Trinken kommen.«
   You know,
sie hatten keine Chance zu trinken *(krächzend).*
   Also eines Tages
ging dieser alte Mann,
er ging in 'n Busch
an 'nen andern Ort, nicht sehr weit,
ging nur da rüber

und ließ die zwei Typen zurück, und die warteten
auf den *brolga,*
sie machten eine Pause im Schatten am Trog.

All right,
der alte Kerl ging in 'n Busch,
all right, und als sie gucken, hallo, seh'n sie einen *brolga*
kommen,
einer, direkt auf sie zu,
schaut nur so rum, *you know,* wie so 'n *brolga* eben,
er schaut hierhin und dahin und geht direkt zum
Brunnen,
direkt zum Trog,
und als sie sich dem Trog nähern, steht er einfach da,
richtig da,
und die zwei Typen machen die Flinte fertig,
mit der Schrotflinte, *you know,*
BANG, hab ihn, puste ihn um,
der andre Typ rennt hin und hebt ihn auf,
hebt ihn auf und trägt ihn nach Hause *(krächzend).*
   Sie wissen,
sie können erkennen, ob er fett ist oder dürr,
you know, sie öffnen seinen
Flügel, so, sie fühlen nach, oh, sie sehen diesen großen
Klumpen da, *you know,* Fleisch,
oho, richtiges Fleisch.
   »*All right*«, sagen sie,
»tja, wir haben nur einen«, sagen sie,
»bevor der alte Mann kommt, machen wir ihn lieber sauber und kochen ihn und futtern ihn.« *(lachend)*
   Diese zwei Typen,
bevor der alte Mann kommt
aber ist noch, oh, lange hin für ihn, er wird noch nicht
zurück sein.
»Also müssen wir ihn saubermachen.« Sie machen ihn
sauber, machen Feuer und alles, machen das Loch für ihn,
alles fertig.

All right, als sie, als sie fertig sind,
als sie fertig sind,
da
ziehn sie ihn aus dem Feuer,
die zwei Kerle fangen jetzt an, ihn zu essen.
Oho, großes Fressen, fett,
oho, sehr saftig,
sie essen *(krächzend)* aaalles auf,
nichts über,
sie essen alles,
und sie können nichts überlassen, weil er zu saftig ist,
sie wollten auch nichts für den alten Kerl überlassen,
ich weiß auch, was sie dazu brachte,
denn sie denken,
ein *brolga* ist nicht genug für 'ne Menge Leute, *you know,*
sie wollen ein gutes Fressen, die zwei,
das hatten sie,
yeah.

Also kommt der alte Kerl zurück,
hmm: »Habt ihr Kerle was gefangen, irgendwas?«
»*Yeah,* wir haben einen.«
»Wo ist er jetzt?«
»Ach, alles alle, wir haben alles aufgegessen.«
»Oho, muß wohl saftig gewesen sein, wie?«
»Ja, ja, oh, ja«, sagen sie ihm,
»wir dachten, du kommst nicht zurück, *you know,*
wir dachten, du gehst zur Anna Plain-Farm,
kommst ein bißchen spät, wie?«
»Ja.«
»Aha.«
»Nun gut, ist schon okay«, sagt er *(lachend).*
  Also, als sie fertig sind:
(krächzend)
»*All right*«, sagt er,
»hmm, war fett, wie?«
»*Yeah.*«

»Aha.
Ich glaube, euch zwei Kerlen wird's bald schlecht«,
sagt,
»er war zu fett für euch, *you know,*
könnte sein, daß euch beiden bald schlecht wird.«
»Ach ja?«
»*Yeah.*«
»Aha.
Nun ja, zu spät, jetzt haben wir ihn ja gegessen.« *(lachend)*
   Der eine Kerl fängt sofort an,
sie fangen an zu spucken, *you know,*
öggg öggg, der eine Kerl,
der andre wieder grade, *bögggböggg,* ein Kerl da, *ögggöggg,*
Scheiße kommt da raus, er macht *bbbbbbbb (lachend),*
ögggöggg bbbbbbbb, alles kommt auf einmal raus,
zur selben Zeit alles kommt raus, *you know,*
die zwei,
genauso.
   Oho, die waren, müssen ungefähr fünfmal gespuckt
haben, bis nichts mehr drin war von dem Ding, die haben
wohl alles ausgespuckt,
und das Fett auch, das kam dabei raus.
Und der andre Kerl fängt wieder an auf dieser Seite, *you
know,* öggg bbbbbbbb (lachend),
und der eine wieder öggg bbbbbbbb.
   Ende, sagt er: »Oh, dieser alte Kerl, komm,
oh, oh, ist besser, du siehst nach uns« –
er ist *maban,* der Mann, oho, ein richtiger *maban* –
»Du kommst besser gucken.«
   »*All right*«, sagen sie ihm, »wir haben das Wie-heißt-
das-noch.
Du siehst dir uns
besser an, muß was verkehrt sein.«
»*Yeah,*
Yeah«, sagt er,
kommt rüber und massiert die zwei Kerle, *you know,*
oho, Ende, sie hören auf, nichts mehr,

keiner spuckt mehr, Ende.
Stop,
oho, alles ist jetzt auf einmal vorbei,
maban ist der Kerl,
lardi lardi.
    »*All right*«, sagt er ihnen, »nun,
yeah,
seid ihr zwei Kerle jetzt okay?« fragt er.
»*Yeah,* wir sind okay.«
»Wißt ihr, was ihr zwei da gegessen habt?«
»Nein,
Oh doch«, sagen sie, »ja, wir haben diesen Vogel gegessen,
yeah.«
»Ihr zwei Kerle glaubt, ihr habt diesen Vogel gegessen?«
»*Yeah.*«
»Nun, das war ich«, sagt er ihnen *(lachend),*
you know.
»Ihr zwei Kerle habt die ganze Zeit da beim Trog rumge-
ärgert, die Vögel kamen nie zum Trinken, *you know,* habt
sie die ganze Zeit verjagt,
yeah,
ich hab nur mit euch gespielt, ihr zwei, *you know*«, sagt
er,
»und das war's.«
»Wir haben DICH gegessen?« sagen sie zu ihm.
» YEAH, ich hab mich in diesen Wie-heißt-er-noch verwandelt, ach ja, *brolga, gurdurwayin.*« You know, wir sagen
gurdurwayin.
»Das war ich.«
»Aha!« Sie verstehen ihn jetzt, jeder versteht's.
Dieser alte Kerl ist ein richtiger *maban,*
dieser Mann.
So, das ist das Ende,
you know, von
lardi lardi.

Robert Merritt
Der Kuchenmann

(Nach einer Weile öffnet der MANN *die Augen und kommt erschöpft und leicht hustend auf die Beine. Er entdeckt einen Haufen Kleider. Er nimmt einen Turnschuh auf und untersucht ihn neugierig, dann den anderen. Er probiert sie an den Händen an, dann an den Füßen. Er nimmt eine Hose auf und experimentiert mit ihr, versucht es auf dem Kopf und an den Armen, bevor er sie richtig anzieht. Ein leuchtend rotes Hemd und eine Jacke folgen. Er läuft wankend herum, und es wird offensichtlich, daß er betrunken ist. Er schaut auf und sieht zum ersten Mal das Publikum.)*

MANN: Eh, wer sind Sie denn? *(Grinst clever)* Hey, hören Sie mal, wollen Sie 'nen Bumerang kaufen? *(Er zieht einen unter seinem Mantel hervor und hält ihn dem Publikum zur Ansicht entgegen.)* Der ist gut. *(Dreht ihn um und liest auf der Rückseite)* Made in Japan *(Grinsend)* von unseren Handelsalliierten. *(Wirft den Bumerang hinter die Bühne)* So! Jetzt haben Sie einen Abo 'nen Bumerang werfen sehen. Der australische Champion ist jetzt ein *whitefella,* das ist 'ne Tatsache. Ein *gubba,* der noch nie in seinem ganzen Leben 'nen Sozialhilfescheck brauchte. ›*Gubba*‹, das ist *koori*-Sprache für *whitefella. Gubbaahhh,* so sagt man das, falls Sie das mal in Übersee jemand erzählen wollen. Ich hab gehört, da sind 'n paar Leute anderswo neugierig auf *kooris* und auf unsre Sprache. Ich kann ein bißchen was, verschiedene Wörter und so. Fragen Sie mich nur, und ich erzähl Ihnen was.

(Er stellt sich nun stolz auf.)

Sehen Sie, ich bin ein *koori.* Der australische Aborigine, Ureinwohner, das bin ich, und was bin ich ... made in England.

(Pause)

Oh! Von wegen Sozialhilfeschecks – haben Sie das neulich in der Zeitung gesehen? *(Gewichtig)* Da hat der Minister gesagt, daß es Anhaltspunkte für die Tatsache gibt, daß einige *blackfellas* ihre Hilfe für Schnaps ausgeben. Daß sie Fusel kaufen. *(Mit einem Seufzer)* Oh, genau wie die Indianer, die sich auch auf die Art ruiniert haben... immer dieses Feuerwasser. *(Seufzt, nickt)* Ich weiß, das ist wahr. Warten Sie mal 'nen Moment.

(Er verschwindet hinter der Bühne und kommt mit einer halbvollen Zweiliterflasche Wein zurück. Er trinkt und lächelt.)

Der Sozialscheck kam gestern, Gott sei Dank.

(Er lacht, trinkt, denkt nach.)

Ha, das sagt sie auch immer. Rube, meine Alte, die dankt Gott für alles und jedes und nichts. Die und ihr verfluchtes Buch. *(Lachend)* Wenn die mich das sagen hört, krieg ich Ärger. Christin ist sie, meine alte Dame, eine Missionschristin, das sind die schlimmsten. *(Kratzt sich am Kopf und setzt ein ernstes Gesicht auf.)* Wie geht das noch? »Denn du reisest über Land und Meer, um den einen zu bekehren... und wenn du mit ihm fertig bist, ist der Kerl zweimal so tauglich für die Hölle als wie du selber.« *(Lacht leise)* Irgendwie so ähnlich. In diesem Buch von ihr. Der Jesus-›rort‹... ›rort‹, das ist kein *koori*-Wort, das ist einfach australisch. Es heißt, daß alles, was du zu laufen hast, nicht ganz echt ist... so 'ne Art Schwindel, verstehen Sie.

(Er macht eine Pause, trinkt wieder und nickt dann.)

Aber das kann ich nicht zu Ruby sagen. Einmal hab ich gesagt, daß der Jesus-Schwindel ein Schwindel ist. Puh, Gott-oh-Gott! Hätt mich beinahe geschlagen mit ihrem Buch, nur daß sie Angst hatte, es dafür zu benutzen. *(Kichert)* Ein andermal hat sie mich aber doch geschlagen. Ich war mal wieder betrunken, und die Lage war schlecht, und ich drohte mit der Faust zum Himmel... so *(Macht es vor)*. Ich ließ mich über ihren *whitefella*-Gott aus, und ich rief ihm richtig laut entgegen: »Du dreckiger

Jesus«, sag ich, »komm runter hier, du dreckiger, kleiner Jesus, und ich geb dir 'nen Schluck von meinem Essig. Ha! Du weißer Scheißkerl, du jüdischer Scheißkerl, du kleiner *gunjie*-Jesus ... *gunjie*-Scheißkerl ...«

(Er unterbricht sich, um wieder zu trinken.)

Gunjie ist ein *koori*-Wort ... das heißt Polizist. Wir sagen *gunjie,* das heißt weißes Bullenschwein. Unten in Victoria, die haben 'n andres Wort, die sagen *berrimaja,* der weiße Bulle ist 'n *berrimaja* ...

(Er setzt sich zu seiner Flasche.)

Ist alles dasselbe, egal was für 'n Wort. Nur ich, ich red nicht oft mit meiner Alten ... muß so tun als ob, muß die ganze Zeit leben und mich verstellen, na ja, ich hab ja sowieso keine Kraft, die ich in das legen könnte, was ich zu irgendwem sage ... bin ja nur ein verdammter *blackfella,* bin ich.

(Pause. Er trinkt, verliert für ein paar Sekunden das Interesse und schaut dann das Publikum leicht überrascht an.)

Immer noch hier? Hab ich immer noch was, das Sie wollen? Was wollen Sie schon von mir? *(Lehnt sich vor und mit einschmeichelnder Stimme)* Keine Angst, nur raus damit. Ich will das auch wissen ...

(Er starrt leer vor sich hin.)

Der australische Aborigine – das bin ich – ist in der Gefahr, seine Identität zu verlieren ... *(Nickt feierlich und trinkt)*. Das hab ich in 'ner alten Zeitung gelesen, und wie die *gubbas* sich sehr für Traumzeitgeschichten interessieren und so. Onkel Foley ist ein alter *blackfella,* der hier in der Gegend lebt und der über hundert Jahre alt ist – das ist einer von denen, mit denen ich mich heute betrunken habe, nur, daß die jetzt nach Hause gegangen sind – nun, der Onkel Foley kann Ihnen diese Traumzeitgeschichten erzählen. Gott im Himmel, der weiß, wie das alles mal angefangen hat.

(Pause. Er trinkt.)

Ich weiß eine. *(Schüchtern)* Die könnt ich Ihnen erzählen… darüber, wie der Emu seine Flügel verlor, so daß er nicht mehr fliegen kann. Das war nämlich wegen diesem andern Vogel, dem Brachvogel…

(Er starrt nach oben und rezitiert.)

Vor langer Zeit hatte der Emu Flügel, und er konnte sehr schnell fliegen, und er gab immer damit an. Der Brachvogel war neidisch. Eines Tages kam er zum Emu und sagte: »Ich wette, ich könnte dich im Laufen schlagen.« Der Emu schaute auf den kleinen Brachvogel und lachte: »Du kannst mich nicht im Laufen schlagen, denn ich kann genauso schnell laufen wie fliegen.« Der Brachvogel sagte: »Das werden wir sehen, laß uns ein Rennen machen, du und ich. Was sagst du dazu, Mr. Emu?« Nun, der große, fliegende Emu sagte ja. Der Brachvogel sagte: »Hör mal, eins noch, deine Flügel sind so viel größer als meine, das wäre nicht fair, wenn du anfangen würdest zu fliegen statt zu rennen.« Emu sagte: »Nein.« Der Brachvogel sagte: »Wir schneiden uns beide unsere Flügel ab.« *(Lacht)* Hmm, der dumme, dicke Arsch von Emu sagte: »In Ordnung.« *(Kichert)* »Los jetzt, wir sehen, wer der schlauste Läufer hier in dieser Lehmkuhle ist.« Der Brachvogel sagte, er solle ihm das Messer geben und er würde sich zuerst die Flügel abschneiden. Also gab der Emu dem Brachvogel das Messer, und der ging in den Busch damit und tat so, als ob er sich die Flügel abschnitt, mit großem *garmbul*-Gezeter, richtig laut, so daß der Emu ihn hörte und glaubte, der Brachvogel würde sich wirklich weh tun und die Flügel abschneiden… *garmbul*-Gezeter, das ist, wenn man jemand reinlegen will. Wie dem auch sei, der Brachvogel machte weiter mit seinem Geheule und Gejaule und allem Lärm… und er hatte eine Tonschüssel – die war mit Blut gefüllt, und er schüttete sich das ganze Blut über die Flügel und rieb etwas Erde rein, und dann kam er raus zum Emu, gab ihm das Messer und sagte: »Jetzt bist du dran.« Und der dumme Emu wollte fair sein, deshalb nahm er das Messer und schnitt sich direkt dort vor aller Augen die Flügel ab ... und dann fragte er den Brachvogel, ob das Rennen losgehen könnte, und der Brachvogel sagte: »Ja, los geht's«, und so stellten sie sich auf, und das Rennen begann – Los!

(Er macht eine Pause und kichert.)

Nun, der große Emu lief los wie der Teufel, und als er dachte, er müßte genug Vorsprung haben, schielte er zurück, aber er konnte den Brachvogel nirgendwo entdecken. Er hörte ihn lachen und blieb stehen, und dann schaute er hoch auf den Brachvogel, der über ihm herflog, und er wußte nicht, was er machen sollte. *(Trinkt wieder)* Der arme, alte Emu, er zog nur den Kopf ein, wo er gerade stand, und machte sich davon in den Busch ... da blieb er eine lange Zeit.

So hat der Emu seine Flügel verloren.

(Pause)

Macht das irgend 'nen Sinn, was denken Sie?

(Er schüttelt trocken den Kopf.)

Diese Killarafarm ... Scheißarbeit da. *(Lächelt)* Die Sozialhilfe hat da alles in Ordnung gebracht. Und die Schlitzaugen. Die Schlitzaugen kommen zur Tür rein, und die *kooris* fliegen zum Fenster raus. *(Zuckt mit den Schultern)* Stimmt wahrscheinlich nicht so ganz, aber man muß ja irgendwem die Schuld geben. Die Schlitzaugen sind da gerade richtig. Die bringen's zu großen Häusern und schmeißen den ganzen Laden.

(Er zuckt mit den Schultern und seufzt. Er gestikuliert herum.)

Das hier ist es, hier mit meinen Kumpeln ... ein paar Flaschen, dann zurück zur Mission und Süßholz raspeln bei meiner Alten. *(Kichert)* Bin nicht so süß, nicht innendrin, aber sie muß ja nicht wissen, was das Innere ist von dem Äußern da. Wenn Sie wissen, was ich meine. Ich nehme an, Sie wissen's nicht ... ich bin verdammt sicher, daß ich es nicht weiß.

(Er trinkt.)

Vor allem weiß ich nicht, was Sie eigentlich noch von

mir wollen. Wie wär's mit 'nem Lied? Ja, das gefällt Ihnen bestimmt.

(Er steht auf, hüpft und singt.)

Oh, mein Mädchen ist 'ne hochgeborne Dame,
sie ist dunkel, aber nicht zum Schame...

(Er unterbricht sich und stockt, hat den Text vergessen.)
Federn wie ein Pfau... und genauso fröhlich... genauso fröhlich...
(Er setzt sich und trinkt.)
Tut mir leid... Ich mach so was normalerweise nicht... wollt Ihnen nur gefallen – Ihnen allen eine Freude machen, wie meine amerikanischen Vettern sagen würden. Militante, kleine Kerle sind das da, ts, ts, ts. Da drüben scheint irgendwie nichts richtig zu laufen für die... das begann vor langer Zeit damit, daß sie zu gefallen versuchten, als die weißen Männer es mit den schwarzen Frauen trieben. Dann drehten sie den Spieß rum, und die schwarzen Männer trieben es mit den weißen Frauen. Was kommt als nächstes, frage ich mich? *(Grinst)* Wissen Sie, was passiert, wenn Sie eine schwarze Krähe mit 'nem weißen Hahn kreuzen? Sie kriegen 'ne Elster. Deshalb gibt es so verdammt viele Elstern hier in Australien und so.
(Macht eine Pause und trinkt.)
Onkel Foleys Großvater war Ire. Er ist nicht hier geblieben, sondern zu seinem Anwesen dort zurückgekehrt. Er war, was man hier einen schwarzen Iren nennt, wegen der Tatsache, daß sein Enkel, Onkel Foley, auch schwarz ist... *black... black-black-black!* Das ist meine berühmte Imitation einer aboriginischen Ente – *black-black-black...*
(Er wird still, dann ernst. Er trinkt. Pause.)
Kotzt Sie das genauso an wie mich?
(Steht auf)
Sehen Sie, eigentlich bin ich hier, um eine Umfrage zu

machen, um, wenn möglich, herauszufinden, was ich an mir habe, das Sie wollen. *(Jammernd)* Bitte, Boß, sag's doch 'm *jacky,* dann isser rischtisch glücklisch! Was ist es?

(Pause. Er steht erwartungsvoll da.)

Nein? Nun, da haben Sie's. Mein Bumerang kommt auch nicht zurück.

(Er trinkt noch mal, ist jetzt furchtbar betrunken.)

Nun ja, ich habe die Schnauze davon genauso voll wie Sie. *(Seufzt)* ... Ich dachte, ich könnte was sagen ... nicht zu *gubbas,* die irgendwelche Uniformen anhaben, sondern die vorbeikommen für 'nen Plausch. Wir könnten zusammenkommen und 'ne Elster machen.

(Pause)

Nichts Falsches an Elstern, wirklich nicht. Aber ein Teil muß schwarz sein und einer weiß, um den ganzen Vogel zu bekommen. Schwer zu erklären.

(Pause)

Wenn Sie hier noch 'n bißchen länger sitzen *(nimmt seine Flasche hoch),* versuch ich, Ihnen was zu zeigen.

(Er geht schwankend mit der Flasche ab. Der nächste Akt beginnt unmittelbar danach.)

RUBY LANGFORD
Großvater Sam Anderson

Als ich ein kleines Kind war, redeten die Leute über Dads
Vater, Sam Anderson, und seine Fähigkeiten im Kricket.
Jeder schwärmte von seinem Talent; mich hat das nicht
sonderlich interessiert. Ich war sehr jung und verstand
nicht, worum es ging. Mir wurde erzählt, wie Großvater
den großen Don Bradman ohne einen Punkt aus dem
Spiel warf. Ich hielt das für ziemlichen Blödsinn, und erst
als ich erwachsen war, verstand ich, was es bedeutete.

Als Bradman wegen Sam Anderson ausschied, nannte
Bradman ihn dafür einen schwarzen Bastard. Ich habe
lange darüber nachgedacht, was das zu bedeuten hatte.
Alle Erinnerungen an Großvater, die ich seit meiner
Kindheit hatte, ergaben allmählich einen Sinn.

Manchmal besuchte er uns in der Mission in Coraki,
aber meist war er als Viehtreiber unterwegs. Er tauchte
auf, als ich vier oder fünf war. Damals war ich ein mürri-
sches und bockiges Kind und sprach kaum. Großvater
war ein guter Reiter. Er zog mich hoch auf sein ein Meter
siebzig hohes Pferd »Känguruh«, und bald rief ich: »Laß
mich runter, Opa, laß mich runter!«

Er und Dad haben sich sicherlich Jungen gewünscht,
denn der Weihnachtsmann brachte uns immer Spielzeug
für Jungen. Ich war das älteste von drei Mädchen, und wir
bekamen nie Puppen und Puppenwagen, statt dessen
Gummidolche, Kricketschläger, aufziehbare Motorräder.
Als wir etwa neun oder zehn waren, nahm uns Großvater
Sam mit auf die Ebene und brachte uns Wurftricks bei,
wie man Ball und Schlagholz hält und wie man fängt. Er
gab uns scharfe Pfefferminzbonbons und sagte ständig:
»Prima Kerlchen, prima Kerlchen.«

Als wir in Bonalbo lebten, tauchte er ab und zu auf und
blieb eine Weile. Zweimal in der Woche ging er mit einer

Tüte Zucker ins Schlachthaus und kam mit den Einge-
weiden von Ochsen zurück, Herz, Leber, Gedärme. Er
wusch die Innereien gründlich, schnitt sie in kleine Ringe
wie Dichtungsringe, wälzte sie in Mehl und briet sie. Sie
waren sehr lecker und weiß. Er nannte sie *moggi*, das
bedeutet Geist in der Bunjalungsprache.

Mit dreizehn wurde ich zur Familie Pentlands in
Casino in Pflege gegeben, um dort die High-School zu
besuchen. Eines Nachmittags auf dem Nachhauseweg
kam ich am Kino vorbei, das oberhalb des Flußufers gele-
gen war, und sah Großvater Sam auf einer Parkbank unter
den Bäumen warten.

»Hallo, Großvater, was machst du hier?«

»Hallo, Kerlchen.« Er klopfte auf die Bank neben sich,
und ich setzte mich.

Nach einer Weile nahm er ein paar Pfefferminzbonbons aus seiner Tasche und bot mir einen an.

»Gut für deine Erkältungen«, sagte er. Wir schauten in
den Park, auf die Weißen mit ihren Kindern auf der
Schaukel, auf einige wenige Schwarze, und wir sahen den
Fluß unter den Weiden vorbeifließen. Ich kaute an meinem Bonbon und nahm noch einen.

»Wo bist du gewesen?« fragte ich.

»Viehtreiben. Kyogle. Dairy Flat. Richtung Coraki. Hör
mal zu, Kerlchen, ich möchte, daß du für mich an deinen
Vater schreibst und ihn bittest, mir Geld zu schicken.«

Ich riß einige Seiten aus meinem Schulheft, schrieb für
ihn und schickte es am nächsten Tag ab. Großvater Sam
wartete in der Nähe von Casino, bis er von Vater gehört
hatte. Dann verschwand er, und ich bekam ihn nicht zu
sehen, bis ich wieder einen Brief für ihn schreiben sollte.
Er tauchte stets im Park auf und verschwand dann wieder.

Am Ende jenes Jahres nahm Dad uns mit nach Cabbage
Tree Island um Weihnachten mit der Familie zu feiern.

Einige Tage später tauchte Onkel Sam auf, und dann
kam Großvater Sam herüber. Er stieg aus dem Boot, groß

und geschmeidig, und umarmte seine beiden großen Söhne. Er war der Liebling der Frauen, und alle Männer beneideten ihn, weil er so gut im Kricket war. Für den zweiten Weihnachtsfeiertag wurde ein Spiel organisiert, aber in der Zwischenzeit richtete sich jeder auf ausgiebiges Trinken ein. Es war das erste Mal seit Jahren, daß der ganze Haufen zusammen war – Großvater Sam und fünf seiner Kinder. Großvater war Witwer. Seine Frau Mabel Anderson war gestorben, als ich noch klein war.

Ich hatte Dad nie zuvor betrunken gesehen. Ich freute mich, daß er wieder mit allen seinen Leuten zusammen war, aber er schämte sich, so beschwipst zu sein. Er blickte unter seinen Augenbrauen hervor und rief mich beiseite. Dann legte er mir den Arm um die Schultern und beugte sich schwankend herunter, um mich anzuschauen.

»Erzähl deinen kleinen Schwestern, daß der Weihnachtsmann in diesem Jahr nicht kommt«, sagte er. Er schaute auf die Insel, die Kohlpalmen, die Häuser und die umgestülpten Boote in der Hitze.

»Sag ihnen, wir sind zu weit...«, und er zögerte und setzte sich auf einen Baumstumpf.

»...weg vom Nordpol«, half ich nach.

»...und daß...Rentiere nicht schwimmen können.« Er schüttelte traurig den Kopf. Ich hatte Mühe, ernst zu bleiben.

»Die Kinder wissen, daß die Rentiere fliegen können«, sagte ich.

Er schaute mich grinsend an und schüttelte den Kopf, die Sonne schien auf sein Gesicht.

»Sag einfach, daß er in diesem Jahr nicht kommen kann.« Er streckte die Hände zur Seite. Onkel Bob ging gerade vorbei und drückte eine neue Flasche in Dads Hand. Die Party um uns herum begann, laut zu werden; Kinder schrien und sprangen übereinander im Wasser, und die Erwachsenen liefen Arm in Arm herum, drückten sich und rissen Witze.

Dad griff in die Tasche und sagte: »Hier ist etwas Geld – geh mit ihnen zu Frau Singh und kauf ein paar Bonbons.« Ich mußte lachen, er hatte so glasige Augen, ebenso Großvater, Onkel Sam und Onkel Bob.

Am zweiten Weihnachtsfeiertag wurde alles zusammengepackt, und alle setzten in Booten zur anderen Seite über und gingen in Richtung Strand. Wir rannten die Sanddünen entlang und stopften uns mit Schweinsgesichtern voll, einer salzigen Frucht, die im Sand wächst. Die Älteren brachten das Feuer in Gang und kochten Kessel voller Muscheln, die man meilenweit riechen konnte. Die Männer spielten Kricket im Sand und behielten die schwimmenden Kinder im Auge. Der Strand war nicht bewacht; daher mußten wir vorsichtig sein.

Als ich von unserem Spiel aufsah, sah ich Dad weit draußen im Wasser. Er war durch einen Sog herausgetrieben worden, und einer der älteren Männer, der ein guter Schwimmer war, brachte ihn wieder herein. Dad stand da, zitternd und tropfend, ein dünner Mann, wie ein Schluck Wasser. Später wurde er dann richtig kräftig, nicht schlaff, sondern ein stämmiger, solider Kerl.

Ein paar Tage später schaute ich einem Kricketspiel zwischen Großvater und seinen drei Söhnen zu. Es war ein heißer Tag, und sie spielten hart. Großvater, der damals in seinen Sechzigern war, spielte für die Mannschaft von Richmond Tweed, und sie nannten ihn den Crack von Bungawalbyn. Er konnte jeden auswerfen und ausschlagen; er konnte seinen Gegner mit einem Schnippen des Querholzes täuschen. Er konnte den Ball mit einer einzigen fließenden Bewegung seines Arms fangen und ihn gegen die Torstäbe knallen lassen, wie ein Taschenspielerkunststück.

Mein Vater und meine Onkel hatten keine Chance gegen ihn, und schließlich warfen sie das Schlagholz hin. Sie wußten, daß er sie geschlagen hatte, sie waren eingeschnappt und weigerten sich weiterzuspielen. Er stand im Sand gegen die untergehende Sonne und rief: »Macht schon, Jungs, kommt und spielt Kricket mit eurem Vater. Los doch, Jungs!« Jahre später erinnerte ich mich an ihn, eine dünne, große Figur, die Art, wie er diese Worte sagte und wie seine Stimme im Sand dahintrieb. Er hatte ein Grinsen im Gesicht, und die Sonne ging hinter ihm unter wie ein gigantischer Ball in Zeitlupe. »Los doch, Jungs.«

Ich sah Großvater zum letzten Mal, als ich achtzehn war. Ich war im Krankenhaus in Kyogle mit meinem Sohn Bill, der Hirnhautentzündung hatte. Vom Fenster aus sah ich Großvater die Straße nach Stony Gully entlanggehen. Ich rannte heraus, um ihn einzuholen, und wir setzten uns auf eine Bank auf dem Krankenhausgelände und unterhielten uns. Er fragte mich, was ich mache. Ich sagte, daß ich zwei Kinder habe und mein ältestes mit Hirnhautentzündung auf der Isolierstation liege und daß sie glaubten, er würde es nicht überleben. Großvater legte seinen Arm um mich und wiegte mich.

Wie dem auch sei, mein Kind überlebte. Als ich nach Woodenbong zurückkam, las ich in der Zeitung, daß man Großvater tot in einer Viehtreiberhütte gefunden hatte. Man nahm an, er sei neunundsiebzig, und man begrub ihn in Coraki. Ich schickte den Zeitungsausschnitt aus dem ›Northern Star‹ an meinen Vater in Sydney, und danach dachte ich lange kaum an Großvater Sam, obwohl ich ihn hin und wieder »Jungs, los doch, Jungs« sagen hörte.

1986, meine Kinder waren inzwischen groß und ich zweiundfünfzig Jahre alt, fuhr ich nach Hause nach Bonalbo zu unserem Schultreffen. Ich traf einen älteren Mann, der mich fragte, ob ich eine Anderson sei. Als ich das bejahte, erzählte er mir, daß er meinen Großvater habe Kricket spielen sehen, er sagte, daß er der Größte war.

Zurück in Sydney hörte ich, daß meine Kusine ein paar Zeitungsausschnitte über Großvater hatte. Ich rief sie an und bat sie, sie mir zu schicken, damit ich sie fotokopieren konnte. Es waren zwei Artikel und ein achtstrophiges Gedicht.

Der erste Ausschnitt von 1928 ist überschrieben: »Aus für den Don in Lismore – Der große Don Bradman spielte in einem Kricketmatch in Lismore ... und wurde mit dem ersten Ball ausgeschieden! Der Ball wurde gefangen von Sam Anderson, geworfen von S. Irvine. Die Zuschauer konnten nicht wissen, daß Bradman der größte Schlagmann werden würde, den die Welt je gesehen hat.«

Der nächste Ausschnitt, mit dem Titel »Der legendäre Sam Anderson«, bezieht sich auf ihn als »den dunklen Champion von Bungawalbyn, dessen Durchschnitt bei 151 Läufen pro Runde stand. Veteranen behaupten heute noch, daß es nur Andersons Hautfarbe war, die zwischen ihm und einer steilen Kricketkarriere stand.«

Das Gedicht, von Keith Barker geschrieben, lautet:

> »Seine Taten mit Schläger, Handschuh und Balle
> waren ein Wunder an Grazie und eine Freude für
> alle ...«

Dann las ich den nächsten Vers:

> »Ich hoffe, sie pflanzen eine Akazie an,
> so daß Sam in jeder Saison sehen kann,
> wenn die verpatzten Bälle vorüberziehen,
> daß er seine Schärpe hat aus Gold und Grün*,
> und daß sie in Anerkennung seiner berühmten Taten
> den Hügel immer bewachsen halten.«

Am Ende des Gedichts heißt es, daß ein Denkmal auf dem Friedhof von Coraki errichtet wurde, um das Gedenken an Sam Anderson zu ehren. Ich rief unter Tränen meine Schwester Rita an und las ihr das Gedicht vor. Sie weinte auch, und ich dachte mir, da haben wir nun unser ganzes Leben lang geglaubt, wir seien nichts, aber das ist etwas, auf das wir immer stolz sein können.

---

* Grün und Gold – Farben der australischen Nationalmannschaften.

Oodgeroo
Die Linkshänderin

Ich war Linkshänderin. Das schien nichts weiter auszumachen... bis ich in die Schule kam. Dort wurde mir
schnell klar, daß die Erziehungsbehörde es damals für
falsch hielt, wenn ein Kind mit der linken Hand schrieb
oder nähte. Wenn ich mich weigerte, den Bleistift in der
rechten Hand zu halten, kam es zu schmerzlichen Aus-
einandersetzungen: Oft landete das Lineal des Lehrers
mit voller Wucht auf den Knöcheln meiner linken Hand.
Ich mußte nachgeben und schrieb, so gut ich konnte, mit
rechts. Aber ich habe es lange geschafft, die Tatsache, daß
ich die linke Hand zur Handarbeit benutzte, vor meiner
Handarbeitslehrerin zu verbergen.

Wenn die Handarbeitslehrerin meine Arbeit nahm, um
mir den Anfang zu zeigen, hielt sie Nadel und Faden in
der rechten Hand und nähte von rechts nach links. Dann
übergab sie mir das Muster, in dem Glauben, ich würde
auf dieselbe Art und Weise weiternähen. Ich hatte ziemlich schnell raus, daß ich von links nach rechts mit der
linken Hand nähen konnte, wenn ich das Stück einfach
umdrehte.

Immer vergewisserte ich mich vorsichtig, daß mir niemand dabei zusah. Ich senkte den Kopf und hielt meine
Arbeit zum Nähen unter das Pult. Ich war gut in Handarbeit, und die Lehrerin konnte sich darauf verlassen, daß
ich ein gutes Stück abgab. Sie pflegte meine Arbeit zu
loben.

Bis zu einem Vormittag, als ich wie üblich mit dem
Kopf über die Handarbeit gesenkt dasaß, ging alles gut.
Ich sehnte mich danach, draußen im warmen Sonnen-
schein zu sein. Ich hörte die Märzfliegen gegen die Fensterscheiben brummen, sie waren wie ich im Klassen-
raum gefangen. Sie flogen mit dem Wind herein und

schafften es nie, wieder herauszukommen. Einmal war ich ans Fenster gegangen und hatte versucht, es zu öffnen, um die Fliegen freizulassen. Aber der Direktor hatte mich an meinen Platz zurückbeordert und wollte wissen, warum ich ohne Erlaubnis aufgestanden war. Ich konnte es nicht erklären. Keiner der weißen Lehrer hätte mich verstanden. Ich starrte ihn einfach nur an, und er sagte mir, daß ich mürrisch und stur sei.

Während meine Hände die Nadel von links nach rechts führten, träumte ich von der Welt draußen. Ich konnte das Kreischen der blauen Bergpapageien hören, die riefen und riefen und versuchten, mich herauszulocken... Ich dachte an mein kleines Boot und meine Angelschnur und an die Stellen, wo ich die fetten Sandwürmer ausgraben konnte, denen der große Weißfisch nicht widerstehen konnte, wenn er mit der Flut hereingeschwommen kam. Ich dachte, noch zwanzig Minuten, dann habe ich frei und kann die Meile nach Hause laufen. Die Flut stünde dann gerade richtig, um den großen Weißfisch zu fangen.

Ich hatte nicht bemerkt, daß die Handarbeitslehrerin ihren Tisch verlassen hatte und neben mir stand. Plötzlich wurden zwei weiße Hände fest auf mein Pult gelegt. Meine Gedanken wurden aus den Träumen vom Fischen herausgerissen. Ich richtete meinen überraschten Blick auf die kleine Uhr am Handgelenk meiner Lehrerin.

»Sieh mich an«, forderte die Lehrerin.

Ich hob die Augen und senkte meinen Blick dann schnell wieder.

»Du weißt doch, daß du nicht mit links nähen darfst!« sagte mir die Lehrerin mit lauter, ärgerlicher Stimme. »Wie lange hast du mich schon so betrogen? Du bist ein sehr stures, ungezogenes Mädchen!«

Ich konnte spüren, wie alle anderen Kinder mich ansahen. Die Lehrerin schimpfte mich weiter aus; zuerst schämte ich mich, dann war es mir peinlich — und zuletzt wurde ich sehr wütend. Ich biß grimmig die

Zähne zusammen, ließ meine Handarbeit auf den Boden fallen und legte meine geballten Fäuste auf das Pult.

»Untersteh dich, deine Fäuste zu ballen«, sagte die Lehrerin.

Aber mir war es mittlerweile egal, was sie sagte. Ich sah meine linke Hand an, die fest zusammengeballt war. Immer brachte sie mich in Schwierigkeiten. Plötzlich hob ich die linke Faust und schlug auf das glänzende Zifferblatt der Uhr meiner Lehrerin. Ich spürte die Nässe von Blut. Auf der Hand meiner Lehrerin war Blut. War es nur mein Blut, fragte ich mich.

Die Lehrerin schrie vor Schmerz auf und zog schnell ihre Hände zurück. Sie drehte sich um und floh aus dem Klassenzimmer.

Kurz darauf kam der Direktor herein. Ich mußte an der ganzen schockierten Klasse vorbei nach vorne gehen. Ich stand schweigend vor ihm, während er den Rohrstock schwang. Er schlug mich sechsmal auf jede Hand. Ich dachte daran, daß mein Vater einen Brief bekommen würde, der die Bezahlung der zerbrochenen Armbanduhr verlangen würde. Ja, sie würden ihn für den Schaden zahlen lassen, den ich angerichtet hatte.

JOY WILLIAMS
Schatten

Sie fahren vorüber in Zügen,
Hocken ernst hinter Zeitungen,
Sitzen gewichtig in Bussen,
Reden ohne Grund,
Rennen wenn nötig.
Sie schlafen mit ihren Frauen –
Wenn sie keine andere finden können.
Sie schmeicheln den Reichen
Und ignorieren die Armen.
Sie trampeln die Empfindsamen nieder
Und verletzen die Schutzlosen,
Sie verspotten die Obdachlosen
Und äußern nichts als selbstgefällige Verachtung
Für die Verzweifelten, sie geben den letzten Stoß
In eine endlose Ewigkeit,
Aber sind nie gewillt,
Eine rettende Hand auszustrecken
Den Einsamen.

Sie fahren vorüber in Zügen,
Hocken ernst hinter Zeitungen,
Sie sitzen gewichtig in Bussen,
Sie leben...
    Sie sterben...
        Sie scheren sich einen Dreck!

PATSY COHEN
Patsys Geschichte

Ich wurde in Woolbrook als Kind einer aboriginischen
Mutter und eines weißen Vaters geboren – wir haben
dort ungefähr zwei Jahre gewohnt. Ich wurde 1937 gebo-
ren, und wir zogen irgendwohin nach Sydney so um die
Zeit, und mein Vater – der Krieg brach 1939 aus – mein
Vater, Ted Schmutter, wurde einberufen, und er ging weg.
Zuerst zogen wir alle nach Yarra Bay in Sydney und leb-
ten dort für eine Weile, Vater ging nach Übersee in den
Nahen Osten, er war eine Tobrukratte.*

In der Zwischenzeit, als er dort drüben war, nahm uns
die Behörde (Ministerium für die Wohlfahrt des Kindes)
unserer Mutter weg. Ich glaube, sie führten damals Raz-
zien bei ein paar Familien da draußen durch, aber ich
kann mich nicht wirklich daran erinnern, da gewohnt zu
haben. Meine Erinnerung beginnt im Gericht mit der
Wohlfahrts- oder Polizeifrau, und ich schaute rüber – ich
weiß nicht, ob meine Schwester oder mein Bruder mir
gesagt hatten, daß meine Mutter auf der anderen Seite des
Gerichtssaals saß –, jedenfalls schaute ich rüber. Ich war
damals vier Jahre alt, und meine Schwester war älter, zwei
Jahre älter, und mein Bruder war zwei Jahre älter als sie,
er war ungefähr acht, sie war sechs, und ich war vier.
Sobald ich meine Mutter entdeckt hatte, brach die Hölle
los, und ich krallte nur und kratzte und tat alles, um von
dort wegzukommen. Ich ... ehrlich, es ist, als ob es heute
wäre, gerade jetzt, ich erinnere mich daran so klar wie nur
was. Ich werde das niemals je vergessen.

Wir wurden zu vernachlässigten Kindern erklärt und
wurden 1941 zu Landesmündeln gemacht. Ich weiß noch,

* Tobrukratte – Angehöriger des australischen Regiments, das im
Zweiten Weltkrieg in Afrika kämpfte.

wie mein Bruder — danach erinnere ich mich nicht mehr an viel — mein Bruder wurde weggenommen, von uns beiden Mädchen getrennt, er wurde in ein Heim für Jungen gesteckt, und wir kamen nach Bidura (ein Mündelheim in Sydney). Glaube ich wenigstens, denn ich kann mich erinnern, als Kind in Bidura gewesen zu sein, in der großen Badewanne und so — Kerosin über mein Haar geschüttet und mit Kernseife gewaschen und so weiter. Dann kamen wir zu irgendwelchen Pflegeeltern. Ich weiß nicht, wo das war, aber ich blieb dort eine Weile, und dann schickten sie mich zurück nach Bidura. Aus Bidura ging ich rein und raus wie aus einem Bienenstock. Zu ein paar andern Leuten und dann wieder zurück nach Bidura wegen meiner Ausflipps. Ich kratzte und ich war sehr boshaft — zu mir selber auch, ich zerkratzte auch mich selbst und klaute.

Ich erinnere mich, daß ich die Küste Richtung Süden runter zu einer Familie kam, ich glaube, es könnten Schwarze gewesen sein, der Art, wie sie lebten, nach: Aber die waren nicht der unterdrückte Typ, er war ein Mechaniker bei der Eisenbahn. Ich muß da so auf die sechs zugegangen sein, und ich weiß noch, wie ich den Berg angesteckt habe, den großen Bullipaß. Wir lebten auf den Hügeln von Wollongong, und ich wurde zu den Läden runtergeschickt. Ich hatte eine Schachtel Streichhölzer, und ich hüpfte da lang und zündete einfach ein Streichholz an und warf es in den Busch, als ich nach Wollongong oder so runterging, dahin, wo der Laden eben war. Als ich aus dem Laden wieder rauskam, rannten die Leute herum wie verrückt, wie blöde — Feuerwehr, Leute mit Eimern und, du liebe Güte, was sonst noch alles. Als ich nach Hause ging, wußte ich noch nicht, was das bedeuten sollte, es dämmerte mir da noch nicht, daß ich das verursacht hatte. Das war erst, als ich zu Hause war und anfing nachzudenken, als ich hörte, was die Leute sagten. Niemand hat je erfahren, daß ich den Bullipaß in Brand gesteckt habe.

Ja, ich blieb eine Weile bei ihnen, aber dann wurde ich zurück nach Bidura geschickt, weil sie schon älter waren. Ich war in Bidura, und dann machten sie einen Intelligenztest mit mir, irgend so 'n verdammten Test. Sie kamen damit raus, daß ich minderbemittelt war, ich war zurückgeblieben, und ich wurde in ein Heim in Eastwood geschickt – die Brush Farm, da wurden alle zurückgebliebenen Kinder hingeschickt. Ich wußte das damals nicht, und ich verhielt mich genauso wie all die andern Kinder da. Ich blieb da eine Zeitlang, und dann kam ich wieder nach Bidura, und ich gab an mit dem Heim und erzählte ihnen, wie nett es da sei und so. Und die Kinder sagten: »Was, du warst auf der Brush Farm? Das ist doch, wo die ganzen minderbemittelten Kinder hinkommen.«

Als ich von der Familie an der Südküste wegkam, ging ich nach Newcastle ins King Edward-Heim, und dort kam mein Vater mich besuchen. Er hatte seine Armeeuniform an, und, ach – ich liebe meinen Vater, und ihn zu verlieren war so was, und meine Mutter zu verlieren –, als er jedenfalls kam, haben wir beide geweint, und das war – ich glaube nicht, daß das bei Kriegsende war. Ich war da noch sehr klein. Ich sah ihn wieder – er versuchte jedesmal, wenn er zurückkam, nach uns zu suchen, und jedesmal waren wir woanders. Er kam zu mir auf die Brush Farm, als ich da noch war, und dann passierte etwas, und sie schickten mich zurück nach Bidura, und dann kam ich woanders hin, ich weiß nicht mehr, wie das hieß. Danach habe ich meinen Bruder und meine Schwester nicht mehr gesehen.

Vom Gericht ging mein Bruder dahin und wir dorthin. Wir wurden vom Gericht getrennt, und meine Schwester und ich kamen nach Bidura, und dann wurden wir beide zusammen in Pflege gegeben. Wo wir auch hinkamen, Dad fand uns immer. Er muß nämlich ein paarmal zurückgekommen sein, während er weg war, und dann wurden wir getrennt, Joan und ich. Wir wurden getrennt, und das hat mich umgehauen, weil sie wie eine Mutter zu mir war. Sie war heller als ich, und Norman hatte blaue Augen, ich war die dunkelste von uns dreien und bereitete jedem großes Kopfzerbrechen. Aber sie war wie eine kleine Mutter zu mir. Sie war zwei Jahre älter als ich, und sie versuchte, mir zu sein, was wir verloren hatten.

Ich muß ungefähr neun Jahre gewesen sein. Ich wußte, daß ich anders war als die andern Kinder, aber ich wußte nicht, warum. Es gab zwei chinesische Kinder und ein paar richtig schwarze, so richtig dunkel halt. Es gab einen Jungen namens Joey Goolagong, der war pechschwarz, und sie sagten immer, er sei Aborigine. Ich wußte, daß chinesisch was anderes war, aber ich konnte nicht verstehen, warum ich so 'ne Hautfarbe hatte, denn ich war nicht so schwarz wie Joey Goolagong, und es dämmerte mir nie, daß ich so eine sein könnte.

Dann kamen sie eines Tages und sagten: »Möchtest du – wir schicken dich nach Hause zu deiner Großmutter Clara, möchtest du gerne nach Hause?« Ich wußte nicht, daß ich eine Großmutter oder einen Großvater hatte, weil ich natürlich die Familie von meiner Mutter oder meinem Vater nicht kannte. Der einzige Mensch, der mit mir in Kontakt geblieben war, war mein Vater. Ich muß neun gewesen sein, da sagten sie mir, daß ich zu meiner Großmutter kommen würde.

Ich kann mich nicht erinnern, vorher je aus Sydney raus gewesen zu sein, das einzige Mal war Wollongong. Der Weg jetzt nach New England rauf, weißt du, das war weit draußen für mich, die alten, toten Bäume, die sich über den Zug streckten, die Schafe und all so was. Ich hatte Riesenangst und war neugierig auf meine Großeltern, und mit mir im Zug war eine Wohlfahrtsfrau, und sie müssen meinen Großeltern ein Telegramm geschickt haben, denn sie kamen und die ganzen Cousinen und Tanten. Ich weiß nicht, ob du je den Bahnhof von Woolbrook gesehen hast, ein kleiner Buschbahnhof ist das, nicht so wie 'n Hauptbahnhof, wo es hübsche, große Lichter und so gibt. Sie wollten mich alle abholen, denen war ja nicht klar, was sie da anrichteten, und als der Zug einfuhr, war der Bahnhof einfach schwarz, weißt du, mit all den Cousinen – Jessie Davison, weißt du, oh Jessie, die hatte eine rötliche Farbe, aber meine Großmutter und mein Großvater – Pop war reichlich schwarz, und Granny war nicht viel besser, sprach auch noch gebrochenes Englisch.

Jedenfalls hielt der Zug an, und ich schaute nach einer weißen Großmutter und Großvater, und in der nächsten Minute kam so eine alte, schwarze Frau zum Zugfenster, und ich sah, wie sie die alten, schwarzen Arme nach mir ausstreckte. Die Wohlfahrtsfrau drehte das Fenster hoch, und ich klammerte mich an sie und fragte: »Was machen diese Leute hier?« Und sie sagte: »Das ist deine Großmutter.« Und ich sagte: »Ich geh nicht mit denen.« Und dies und das. »Ich geh nicht mit denen.« Dann streckte meine Großmutter ihre alten, schwarzen Arme nach mir aus und weinte: »Ich bin doch deine Granny«, mit diesem alten, schwarzen Mann neben sich. Sie redeten auf mich ein, und die Wohlfahrtsfrau redete auf mich ein und versuchte, mich zu überzeugen, und zuletzt sagte meine Großmutter: »Wir haben auch deinen Bruder Norman bei uns.« Denn den hatten sie auch rausbekommen, ich glaube, er machte auch Ärger, und so hatten sie ihn schon vorher zu ihnen rausgeschickt. Sie sagte: »Wir nehmen dich mit nach Ingelba, wo's Schafe und Kühe und Pferde gibt.« Jedenfalls stieg ich dann aus, denn ich wußte, ich mußte entweder aussteigen oder zurückfahren.

Ich hatte Angst vor den Schwarzen, denn es war das erste Mal, daß ich *blackfellas* sah, Joey war ja der einzige *blackfella* gewesen, den ich je in den Heimen gesehen hatte. Wir blieben über Nacht bei meiner Tante in Woolbrook, und danach kann ich mich nicht erinnern, ob ich im Pferdekarren oder im Einspänner nach Ingelba gefahren bin. Sie hatten Einspänner damals. Ich erinnere mich nicht daran, aber wir kamen nach Ingelba und, oh je, was für eine alte Hütte und das Klo erst! Die alten Klos waren nur ein in die Erde gegrabenes Loch; und das alte Haus, diese Hütte, Pop hatte die gebaut – das war schon sehr anders als die Nordküstenheime, die ich gewohnt war. Ein alter Kessel hing über der Feuerstelle, ich hatte so was noch nie gesehen, und die Lampen – eine alte Öllampe oder eine Kerosinlampe. Sie hatte eine gute Lampe, die nie aus dem Wohnzimmer genommen wurde – ein kleines Wohnzimmer hatte sie, ein besonderes Zimmer, in dem der alte Radiokasten stand. Wir mußten unser Wasser vom Bach rauftragen und unsere Wäsche unten im Bach waschen, und wenn man baden wollte, mußte man sich in eine runde Blechwanne setzen.

Als ich nach Ingelba kam und sah, daß so viele Leute da oben in Hütten wohnten – es gab Tanten und Cousins und Cousinen und all so was –, da kapierte ich nach einer Weile, daß das mein Zuhause war – weißt du, das hatte ich irgendwie im Gefühl. Ich wußte, daß ich nicht in diese schicken Heime paßte und daß ich hier einfach zur Familie gehörte, und ich wußte, daß ich geliebt wurde. Sie waren arm, sehr arm, meine Großmutter und mein Großvater.

Großmutter war auf Rationen, damals noch Lebensmittelkarten, und Pop – Pop hatte Verträge mit ungefähr sieben oder acht Männern, und er ging mit den Männern in den Busch eine Woche oder vierzehn Tage lang oder so. Ein Onkel blieb zu Hause bei meiner Großmutter und kümmerte sich um die Schafe und das Vieh und die Puten. Das war meine Aufgabe, die Puten, denn die Kühe melkte meine Großmutter immer selber. Mein Job waren die Puten, aufpassen, daß die nachts eingesperrt wurden und so.

Meine Großmutter ging alle vierzehn Tage oder einmal im Monat einkaufen. Also, wir bekamen dreimal die Woche frisches Brot aus Woolbrook mit der Post, aber für alles andere mußte sie einmal im Monat oder alle vierzehn Tage nach Walcha fahren. Alleine kam sie da nicht hin. Die kleinen Farmer dort nehmen einen mit in die Stadt und bringen einen zurück, wenn man dahin muß. Wenn es zu viele waren, nahmen sie einen Lastwagen. Es gab immer reichlich Gelegenheiten, mit den Farmern mitzufahren.

Bis ich mich richtig eingewöhnt hatte, versuchte ich, alles zu verstehen, wer meine Verwandten waren und so. Ich hatte eine junge Tante, die nicht viel älter war als ich. Sie erklärte mir eine Menge, und ich brauchte dazu wohl etwa zwei Monate, aber ich glaube, ich hätte es nicht geschafft, wenn diese junge Tante nicht bei mir gewesen wäre – sie erzählte mir eine Menge Dinge, die es mir leichter machten. Wir schliefen im selben Zimmer und so.

Ungefähr zwei oder drei Monate, und mir gings gut. Es war wunderschön. Besonders die Freiheit im Reservat selber. Wir hatten das ganze große Reservat nur für unsere Familie, und die Familie war groß – siebzehn –, alle Verwandten, die nicht in Woolbrook wohnten. Es war gut. Wir hatten unsere kleinen Tänze und unsere Kirche, und wir mochten mal jemanden zum Essen dahaben und solche Dinge.

Nachdem ich von dort weg bin, bin ich oft hingefahren und habe Großmutter besucht. Das erste Mal, daß ich etwas Übersinnliches sah, war dort, als ich sechzehn war – als Kind hab ich so was nie gesehen. Ich sah diese Lichter erst, als ich sechzehn war und schwanger zurückgekommen war. Es waren damals fremde Leute da, die in einer der alten Hütten ungefähr fünfhundert Meter entfernt lebten, von wo wir wohnten. Sie fuhren immer nach Niangala und kamen nachts betrunken zurück und prügelten sich, und sie schrien immer, machten einen Riesenlärm – Pop sagte immer: »Ja, jetzt streiten sie sich wieder, laß sie nur machen, eines Nachts werden sie schon ihren Meister finden.« Am nächsten Abend hörte ich alle sagen: »Sieh mal da, was geht denn da vor sich?«

Und Pop ging raus und sagte: »Ach, das sind doch diese Leute, die die ganze Zeit schon so 'n Rabatz veranstalten.« Als sie dann »Geister«, *»goonge«*, sagten, raste ich raus, aber meine Großmutter fing mich an der Tür ab und drängte mich zurück. Sie sagte: »Du gehst zurück ins Bett, und da bleibst du auch.« Ich wollte aus dem Fenster klettern, aber mein Bauch war zu dick, deshalb mußte ich drinnen bleiben. Am nächsten Abend war Onkel Fokey* immer noch da. »Da ist er wieder, der alte Knabe ist wieder da unten.« Bevor meine Großmutter mich aufhalten konnte, war ich draußen. Ungefähr zehn von uns schauten bereits zu, da konnte sie nichts machen. Es war eine dunkle Nacht, und wir hatten nur eine Fettlampe, eine Kerosinlampe, an, also da kam kein großer Schein raus, um die Leute zu sehen, die da draußen rumstanden. Ich stand neben Pop und Granny, ich paßte auf, daß ich in ihrer Nähe blieb, und ich sah Pop langsam mit dem Arm winken, und es gab keine Möglichkeit, daß man dieses Winken von fünfhundert Meter Entfernung aus hätte sehen können, unmöglich, den alten, schwarzen Arm zu sehen. Pop sagte: »Wenn Granny und ich reingehen, wird es für euch heller werden.« Dann gingen sie einfach rein, um es uns zu zeigen, und es hellte sich auf, einfach so. Sie kamen direkt wieder raus, und es wurde wieder schwächer. Es war kein Licht, nur ein Glühen, nicht das Licht selber, sondern nur das Glühen von drei Lichtern, zwei kleinen und einem großen in der Mitte, und sie waren bläulich (die *min-min*-Lichter). Es gab damals kein elektrisches Licht in Ingelba, und es war kein Scheinwerfer. Es war so unheimlich. Jedenfalls haben wir uns das angeschaut, bis es einfach langsam verlosch.

Ich war ungefähr neun Jahre alt, als ich dorthin kam, und ungefähr dreizehn oder vierzehn, als ich wegging. Meine Großmutter hatte Zucker. Sie war sehr krank und immer wieder im Krankenhaus. Und alle Älteren, die

---

* Onkel Fokey — Geist

meisten Onkel und Tanten, gingen fort, um irgendwo anders zu arbeiten. Als die Kinder heranwuchsen, gingen sie auch fort, Norman ging fort – das nahm mir etwas weg. Er ging zur Eisenbahn, ich habe ihn dann nicht mehr viel gesehen. Und diese Tante, sie wurde erwachsen und heiratete – sie heiratete mit sechzehn oder so. Es war gut, als alle noch dort waren, aber meine Großmutter wurde sehr krank und war die halbe Zeit im Krankenhaus, deshalb ging ich schließlich nach Linwood Hall (ein Heim für ältere weibliche Landesmündel).

Dort traf ich dann meine Schwester wieder, aber es war nichts mehr zwischen uns. Sie war halt meine Schwester, und ich war ihre Schwester, aber das bedeutete nicht viel. Ich fragte sie, ob sie mal zurückgegangen und Großmutter und Großvater oder Mutter gesehen hätte, aber sie sagte: »Nein, ich bin keine Aborigine, ich will da nicht hin. Ich möchte nichts mit denen zu tun haben.« Sie war weißgewaschen worden, und sie hatten Norman halb weißgewaschen. Ich weiß nicht, was bei mir schiefgegangen ist. Ich glaube, ich war emotional zu fertig. Zwischen meiner Mutter und mir ist heute nichts, ich respektiere sie als meine Mutter, aber das ist auch alles, keine Liebe.

Mit sechzehn kam ich wieder nach Ingelba. Meine Großmutter fand heraus, daß ich schwanger war, und ich war nicht verheiratet. Sie hatte es erzählt bekommen, daß ich schwanger war, also kam sie und holte mich und nahm mich mit zurück. Ich besuchte sie überhaupt nicht mehr, und sie zwang mich mitzukommen. Ich war ein dummes, junges Ding damals und wollte nur in Armidale sein. Ich erinnere mich, wie die Wohlfahrt, der Typ vom Schutzkomitee, rauskam, er hatte davon gehört und kam mich suchen, denn ich war immer noch ein Mündel. Ich machte mir nicht so viele Sorgen wegen dem, aber als sie sagten, daß er mit Polizei gekommen war – natürlich dachte ich an Schlafen mit Minderjährigen und so –, da rannte ich rein und sagte zu Granny: »Gib mir ein altes Korsett von dir«, und sie warf mir eines ihrer alten Korsetts zu, weißt du, diese alten Fischbein-Dinger, die man so umschnallt. Sie warf mir eins zu, ich war damals nicht so dick wie heute –, ungefähr fünfzig Kilo – und die Dinger waren viel zu weit. Mein Bauch sah dadurch viel größer aus, als er war, und ich sagte: »Granny, bitte sag denen nicht, daß ich hier bin.« Aber das war ja der Hauptgrund, warum sie gekommen waren, daß sie mich holen wollten. Also ging ich dann doch raus, und sie stellten mir Fragen und nahmen ein Protokoll auf, und alles, was sie zu mir sagten, war: »Du kannst hier nicht bleiben, du gehörst an einen Ort, wo man sich richtig um dich kümmert.« Also ging's wieder in ein Heim, diesmal war's das Heim für ledige Mütter.

Was falsch an dem Heim war? Ich war empört, daß sie ... es waren ungefähr zwölf Mädchen da drin, und sie fragten mich, ob ich das Baby behalten wollte, und ich sagte: »Aber mit Sicherheit, auf gar keinen Fall geb ich mein Baby weg.« Ich wußte, daß ich kein Zuhause hatte, und ich sagte: »Sehen Sie, ich weiß zwar nicht, wohin, aber ich laß dieses Baby nicht durchmachen, was ich durchgemacht habe.« Und noch ein anderes Mädchen von den zwölfen – nur wir zwei behielten unsere Babys. Den anderen zehn wurde es nicht erlaubt. Es wurde ihnen nicht erlaubt, die mußten einfach ihre Babys aufgeben, weil sie entweder – sie waren alle Inzestopfer, weißt du – Onkel, Bruder, Väter – das hat mich total schockiert. Und ich weiß, daß einige von ihnen ihre Kinder behalten wollten, aber es wurde ihnen nicht erlaubt.

Als das Schutzkomitee mich nach Sydney in das Heim für ledige Mütter schickte, traf ich meinen Bruder im Zug, und er setzte sich zu mir. Wir sagten erst eine ganze Weile lang nichts, und als er endlich mit mir redete, meinte er: »Du weißt, daß Dad sich über dich aufregt.« Und ich sagte: »Na und, das ist mir doch egal.« Ich war ihm ja auch egal. Also war ich im Heim für ledige Mütter, und Norman sagte zu mir am Telefon: »Was soll ich ihm erzählen?« Ich sagte: »Sag ihm nur, er soll mir nicht zu

nahe kommen. Ich will nichts mit ihm zu tun haben.«
Als ich ungefähr eine Woche dort war, schneite meine
Schwester rein, sie war Krankenschwester im Armeelager
in Ingleburn, sie war zwei Jahre dort. Und sie fragte: »Pat,
wie ist dein Freund? Ist er nett?« »Ja, er ist nett, aber
schwarz.« »Du kannst das Kind nicht bekommen. Komm
mit mir, tritt in die Armee ein, komm mit mir.« Also hab
ich ihr zugestimmt: »Ja, ja, ich mache dies, ich mache
jenes.«

Sie ging dann nach Hause, und am nächsten Tag
schneite mein Vater rein, und er sagte zur Hausmutter:
»Fragen Sie sie lieber, ob sie mich sehen will.« Also kam
die Hausmutter zu mir und fragte mich, sie sagte: »Du
hast Besuch da draußen – es ist dein Vater. Er hat mich
gefragt, aber du brauchst ihn nicht zu sehen, wenn du
nicht willst.« Ach, ich brach in Tränen aus und sagte:
»Natürlich will ich ihn sehen.« Und ich ging runter, und
er hatte seine Schwester bei sich. Sie kam auch oft und
besuchte uns in den Heimen, seine Schwester – und wir
weinten alle ein bißchen und umarmten uns und so, und
dann setzte er sich und begann zu reden. »Pat, weißt du«,
sagte er, »du kannst dieses Kind nicht bekommen.« Bevor
ich etwas antwortete, sagte seine Schwester: »Ted, sag ihr
nicht, was sie tun soll. Wenn sie das Baby haben will, laß
sie es haben, laß sie das Baby behalten.« Jedenfalls ist er
sehr aggressiv geworden, aber ich habe ihm gleich
Bescheid gestoßen: »Ich gebe dieses Baby für nichts und
niemanden auf.« Danach habe ich meinen Vater nicht
mehr gesehen, bis ich verheiratet war. Da kam er und
wollte meinen Mann umbringen, denn er hatte natürlich
gehört, daß der mich verprügelte und trank und sich
nicht so um uns kümmerte, wie er sich das vorstellte. Ich
wandte mich direkt gegen meinen Vater, nachdem er das
gesagt hatte, und gegen meine Schwester. Mein Baby war
mein Baby, ob es nun schwarz oder weiß war oder sonst
was für 'ne Farbe hatte. Ich habe mich irgendwie gegen sie
alle gestellt, ach, ich bin zwar meine weiße Tante besu-

chen gegangen, aber ich wußte, daß sie meine Kinder nicht akzeptieren würden. Ich liebte meinen Vater, ich habe ihn wirklich geliebt, und daß er so was sagt, nachdem ich doch erwachsen war! Natürlich wollte er, daß ich einen weißen Jungen heirate und so und dasselbe mache wie Joan, denn sie war fein raus als Krankenschwester. Sie war in ihrem zweiten Jahr als Krankenschwester, als sie starb, Hepatitis – sie war die erste Aborigine, die ein militärisches Begräbnis bekommen hat.

Pop war nicht mein richtiger Großvater, er war mein Stiefgroßvater. Aber für mich war er alles, was ein Großvater nur sein kann, und ich liebte ihn. Die alten Häuser, in denen ich gelebt hatte, waren von Händen gebaut worden, die mich liebten, und das, nachdem ich so lange zu kurz gekommen war – neun Jahre. Er hat mich nie ganz von meinen Ausflipps geheilt, aber ich glaube, ich wäre sonst noch viel schlimmer geworden, und ich war schon schlimm genug, und ich glaube, deshalb mache ich das hier heute.

Ich verließ Linwood Hall und kam zurück hierher nach Armidale, und ich heiratete Jimmy Widders und bekam fünf Kinder – dann heiratete ich Jack Cohen. Ich bin nicht zurück nach Ingelba, bis wir Ronboy* verloren haben. Ich bin durchgedreht. Nichts hat mir geholfen, also ging ich zurück. Ich blieb drei Wochen – ich und Jack und Angie**, und es war wunderschön dort, friedlich, die Ruhe dort, weißt du – nur die Vögel, das hat mir unwahrscheinlich gut getan.

Und dann bevor Pop starb – ich habe ihn halt dort zum Sterben rausgebracht. Ich wußte, daß er sterben würde, und ich brachte ihn für ungefähr zwei Monate dort raus, und er ging immer spazieren. Natürlich sind da heute keine Schafe mehr oder sonst irgendwas, aber er lief immer in seinem Garten rum und sagte: »Nun, ich geh

* Ronboy – Patsy Cohens Sohn.
** Patsys sechstes Kind aus ihrer zweiten Ehe.

mal runter und seh, wie's den Schafen geht, und dann hinten zu den Kühen, was die machen.« »Gut«, sagte ich, »geh nur, aber geh nicht zu weit.« Aber er ging quer über die ganze Mission und kam wieder und erzählte mir, daß mit den Schafen alles in Ordnung war da oben in der kleinen Ecke. Er wurde irgendwie ein anderer Mann, als wir ihn nach da draußen brachten. Als ich ihn in der Claude Street besucht hatte, saß er die ganze Zeit nur auf der Veranda, aber nachdem ich ihn nach draußen gebracht hatte, hat er alles noch mal durchlebt.

Ich wollte das alles rausfinden, weil ich irgendwie weiß, daß wir alle ein Klan sind, und es ist zum Teil, weil mein richtiger Großvater und Tante Sara irgendwie Cousin und Cousine waren, ich weiß nicht, wie und wo das alles zusammenpaßt. Das möchte ich für meine Kinder rausfinden — einfach um zu wissen, daß man irgendwohin gehört, nachdem man so lange nirgendwohin gehört hat, immer nur von Pontius zu Pilatus geschoben wurde, fünf Jahre lang, und in den fünf Jahren ist mir furchtbar viel passiert. Ich habe danach *blackfellas* mit weißen Augen gesehen, und das gibt's immer noch. Aber als ich neun war und ich durch weiße Augen auf die *blackfellas* schaute, und sie sahen alle dreckig aus, dieses Stereotyp, weißt du — aber ich konnte es ja nicht besser wissen, denn ich war ja nie da, wo Aborigines waren. Aber ich würde sagen, daß ich heute eine stolze Schwarze bin, ich bin eine sehr stolze Schwarze.

Weint doch nicht, Kinders!

Anfang der sechziger Jahre wurden jede Menge Mädchen und Jungen im ›Wandering‹-Heim nach guter, christlicher Art erzogen. Eines Abends saß unsere Clique auf Sallys Bett und erzählte sich beim flackernden Licht der Laterne die üblichen Geistergeschichten. Zwei Neulinge in der Gemeinde hatten sich uns angeschlossen, Nicky und Bella. Wie oft der Fall bei Neuen, waren sie Schwestern.

Ich bekam immer furchtbare Krämpfe auf dem Bett, weil man sich einfach nicht ausstrecken konnte. Wir waren wie Sardinen in der Dose gestapelt, besonders bei den Gruselgeschichten. Wenn ein Mädchen sich rührte oder dich jemand von hinten anfaßte, schriest du: *baalay*! Und alle purzelten durcheinander. Wir waren ziemlich gute Akrobaten.

An diesem Abend erzählten Nicky und Bella uns eine Geistergeschichte über ihre Mutter, einen Onkel und einen älteren Cousin. Sie hatten in einem Reservat außerhalb von Boolaring gelebt, nicht weit von der Mission. Ihr älterer Cousin hatte einen Armeemantel, der ihm viel bedeutete. Ob es regnete oder die Sonne schien, ob es eiskalt war oder kochend heiß, Clinton trug seinen Mantel.

»Clinton fand ihn, als er mit Mum, Tante Sissy und unseren kleinen Geschwistern die Müllkippe absuchte, oder, Nicky?« Bella drehte sich zu Nicky um.

»*Yeah*, Kinders, diese Weißen schmeißen echt klasse Sachen weg, Teller, Töpfe und Pfannen und Matratzen, haben wir alles zu Hause, die sind bescheuert, was?«

»*Choo*, wenn wir da wären, wir würden diese Kippe total ausräumen«, sagten wir. Bella fuhr mit ihrer Geschichte fort.

»Einmal hatte Mum kein Mehl mehr, um Fladenbrot

zu backen. ›Clinton‹, sagte sie, ›geh runter in Onkel Clives Lager und bitt ihn um zwei Schillinge. Er sollte was haben, er hat doch für diesen *wadjala* gearbeitet, hat Wolle von toten Schafen gerupft. Beeil dich und erwisch ihn als erstes, bevor er heimlich Fusel von dem *wadjala*-Suffkopf Jim kauft. Er wird noch da sein, es ist früh am Tag. Los jetzt, beeil dich. Sag ihm, daß ich vielleicht selber später auf einen Plausch vorbeikomme.‹

Clinton zog seinen schweren Armeemantel an, er hielt sich für klasse, und Kinders, ihr hättet das Fahrrad sehen sollen, das er auf der Kippe gefunden hatte. Natürlich fand er sich *moorditj*, wie er mit dem Fahrrad zur Stadt aufbrach und der weite Mantel im Fahrtwind hinter ihm herwehte.«

»War das Fahrrad bescheuert?« piepsten wir dazwischen. Bella warf die Hände in die Luft und wäre vor Lachen bald gestorben.

»Schwester, erzähl ihnen von Clives Fahrrad.« Nicky lachte auch.

»Total *winyarn*«, platzte sie heraus und beschrieb, daß sie immer noch diesen rostigen Rahmen in die Ferne wegeiern sehen kann.

»Clinton kam den ganzen Tag nicht zurück«, sagte Bella. Ihre Mutter hatte ihnen erzählt, daß er eine *yorga* getroffen hatte, auf die er *mardong* war, und deshalb hatte er die Tüte Mehl vergessen. Wir verstanden nicht, was Bella mit *mardong* meinte. Wir wußten, daß *yorgas* Mädchen waren.

»Was heißt *mardong*?«

»Sag Sprattie, was das heißt, Nicky, du solltest wissen, was *mardong* heißt. Wer war der hübsche Kerl, den du in Boolaring im Schwimmbad getroffen hast?«

Nicky wurde rot.

»Mensch, Bella, sei nicht albern, wer will schon so 'n bekloppt aussehenden Typen.« Wir lachten alle, als Bella fortfuhr, wie vernarrt ihr Cousin in diese *yorga* gewesen war und wie ihre Mutter sich Sorgen gemacht hatte.

»Sie lief im Lager herum und sagte: ›Mädchen, wenn Clinton sich doch nur beeilen würde, ich warte mit dem Kochen auf ihn, ich frage mich, was ihn aufgehalten hat?‹ Onkel Allan war auch gerade da, und er sagte: ›Hör auf, dir Sorgen zu machen, Maun‹, was die Abkürzung von Maureen ist, ›du weißt doch, wie Clinton ist, wenn's um Frauen geht. Wahrscheinlich küßt er ihr gerade die Lippen wund.‹ Mum wurde wütend. ›Hör auf, so zu reden, Allan, du solltest dich was schämen, er ist doch dein Sohn, dein eigen Fleisch und Blut.‹

Onkel Allan hat Mum immer gerne geärgert. Er stand auf und stieß ihr zum Spaß in die Rippen.

›Gerade weil er mein Sohn ist, Maun, verstehst du das nicht? Ganz der Vater.‹

›Puh, dann tut der Junge mir aber leid.‹

Sie setzte sich auf das Feldbett und machte sich Sorgen, weil es nun dunkel wurde. Sie zündete die Kerosinlampe an, hängte sie an den Zeltmast und machte sich bettfertig, da sie ja nichts anderes machen konnte. ›Los, Mädchen, wascht euch. Onkel Allan, füll die Wanne für sie, und dann geht ihr alle ins Bett. Ich weiß nicht, was mit eurem Cousin Clinton ist, aber ich bringe den Bengel um, wenn ich ihn zwischen die Finger kriege.‹

Glücklicherweise hatte Onkel Allan etwas Brot über, das er uns geben konnte. Also haben wir uns gewaschen und sind ins Bett gekrabbelt, ich ans eine Ende und Nicky ans andere, und Mum blies das Licht in der Laterne aus und ging dann raus, um sich ans Lagerfeuer zu setzen, das der Onkel für sie angezündet hatte. Sie plauderten und hörten den anderen *nyungars,* unseren Verwandten, zu und quatschten und lachten, und ich weiß nicht, wann Mum ins Bett kam.

Wir wachten davon auf, daß Mum schrie. Sie versuchte, Clinton zu beruhigen. Er sah fürchterlich aus, wie er mitten auf Mums Bett saß. Er hatte keinen Mantel mehr, die Haare standen ihm zu Berge, und er sah aus, als ob ihm sehr schlecht war. Normalerweise ist er richtig schwarz, aber es sah so aus, als ob er die Farbe gewechselt hätte. Im Mondlicht schien sein Gesicht ganz weiß zu sein. Wir dachten, er wäre tot.«

Wir drückten uns alle näher an Bella heran, als uns die ersten Schauder den Rücken herunterliefen. Die Flamme in unserer Laterne flackerte, als ein plötzlicher Windstoß an den Fensterscheiben rüttelte und ein Heulen den Kamin herunterschickte. Wir klammerten uns fester aneinander.

»Hey, ich bekomm's ja mit der Angst zu tun, Mädels! Wollt ihr, daß ich weiterrede, oder soll ich es morgen bei Tageslicht zu Ende erzählen?«

»Nein, mach schon weiter, Schwester, erzähl ihnen, was passiert ist. Ihr Mädels habt doch keine Angst, oder?«

»Nee. Los, Bella, erzähl uns, was passiert ist, wir haben keine Angst.« Jackie schlug meine Arme von ihrem Nacken. Ich hatte sie fast erwürgt.

»In Ordnung. Die arme Mummy, was, Nicky?« fuhr Bella fort. »Sie hatte die Panik und sagte heulend zu uns: ›Ihr zwei Mädchen lauft runter ins untere Lager und holt eure Tanten Mabel und Sissy her und holt auch Onkel Allan und eure Cousins. Beeilt euch, holt alle her und sagt ihnen, sie sollen sich beeilen, weil euer Cousin Clinton im Sterben liegt. Holt auch Onkel Jack, er ist der Medizinmann.‹

›Sollen wir den Arzt aus der Stadt rufen?‹

›Nein, wir wollen keinen *wadjala*, er gibt Clinton womöglich Gift. Die sind ein bißchen komisch, wenn es darum geht, sich um *blackfellas* zu kümmern. Wir haben unsere eigenen Ärzte; ich erklär dir das später, Mädchen, wenn du älter bist. Jetzt lauf schnell.‹

Wir rannten wie verrückt los, denn wir hatten ja gesehen, wie Clinton dalag und was vom Friedhof stammelte. Er hatte seinen schweren Mantel nicht mehr, und auch sein Fahrrad war weit und breit nicht zu sehen. Es dauerte nicht lange, und wir hatten fast das ganze Reservat zusammen. Onkel Jack, der Medizinmann, kam als letzter. Tante Mabel und Tante Sissy hielten Clinton und Mummy fest und wiegten sie und weinten dabei. Dann kam Onkel Jack.

›Seid jetzt alle mal ruhig, hört auf zu heulen und geht raus und wartet da. Du auch, Maureen. Er wird schon wieder. Sissy, nimm das alte Mädchen mit runter ins Lager und gib ihr einen Tee. Und die Kinder.‹

Tante Sissy sammelte uns alle ein, und wir gingen mit ihr. Als wir in ihrem Lager angekommen waren, sagte sie: ›Ihr Mädchen kriecht zu eurem Cousin Billy auf die Matratze da auf dem Boden; ich kümmere mich um eure Mum.‹ Als wir aufwachten, waren wir immer noch in Tante Sissys Zelt. Dann fiel uns plötzlich wieder ein, was am Abend passiert war. Alle waren weg, sogar Billy. Wir standen auf und rannten zurück zu Mum und fragten uns, ob Clinton gestorben war. Mum weinte und lachte zugleich. Cousin Clinton saß da und lächelte. Alle vom Abend zuvor waren noch da. Wir rannten benommen herein und umarmten Mum und Clinton fest, als sie uns an sich zogen. Wir saßen jede auf einem Schoß, ich auf Clintons. Mensch Kinders, wir wußten wirklich nicht, was los war.

Ich drehte mich zu Clinton um und fragte ihn: ›Was ist passiert? Wir dachten gestern abend, du stirbst.‹ Er wischte sich die Tränen aus den Augen: ›Mach dir nichts draus, Mädchen, ich dachte selber, ich wäre tot. Sieh mal da drüben auf der Erde.‹ Er erstickte immer noch fast vor Lachen. Nicky und ich sprangen vom Schoß und rannten zu einem schattigen Baum. Dort sahen wir Clintons Fahrrad, es war total verbogen, der tolle Armeemantel war im Rad verklemmt, und alles war völlig verdreht. Wir fragten uns, was passiert war, und rannten zurück zu Clinton.«

An diesem Punkt der Geschichte bekam erst Nicky und dann Bella einen unkontrollierbaren Lachanfall. Wir anderen auf dem Bett lehnten uns übereinander und warteten gebannt.

»Hört auf zu lachen, ihr beiden, und erzählt uns, was so komisch ist.« Also rissen sie sich zusammen, und Bella erzählte weiter.

»Okay, Kinders, ich versuch, nicht mehr zu lachen. Also folgendes hat uns unser Cousin erzählt, was ihm passiert ist. Als er in der Stadt war, war er mit seiner *yorga* zusammen. Er gab Mummys Schillinge für diese *yorga* aus, was, Nicky? Sie kauften sich eine Büchse Dosenfleisch und ein Brot.«

»Mum war deswegen sauer auf ihn«, unterbrach Nicky sie. »Sie schlug ihn mit dem Besenstiel auf den Rücken, weil er nicht an uns Kinder gedacht hat, die zu Hause vor Hunger umkamen. Er war den ganzen Tag unten am Fluß und fütterte diese *yorga*. Mum schrie ihn an: ›*Choo*, das muß ja eine grausame Frau sein. Und du Clinton-Baby, du bist echt klasse. Hey, die Flamme muß ja ziemlich hoch für sie lodern.‹ Clinton sagte verlegen zu ihr, weil wir alle zuhörten: ›Halt den Mund, Maun, red nicht so vor den Kindern.‹

Jedenfalls hatte Clinton nicht mitbekommen, daß es schon so spät war, und um dann schneller nach Hause zu kommen, nahm er die Abkürzung über den Friedhof. Nicht daß Clinton den Friedhof je gemocht hätte, wir alle haßten es, auch nur in die Nähe davon zu kommen. Mum erzählte uns, daß es da jede Menge Geister und Teufel gäbe und es spuken würde.

Clinton nahm all seinen Mut zusammen und eierte an den Grabsteinen entlang, als er plötzlich spürte, daß etwas an seinem Mantel zog. Er versuchte weiterzutrampeln, aber nichts passierte. Da ist er dann abgesprungen und nichts wie davon. Er hatte so einen Schock, daß er beinahe in Ohnmacht gefallen wäre. Und wißt ihr, was passiert war?«

Wir warteten alle gespannt.

»Dieser klasse Armeemantel. Tja, der verfing sich im Hinterrad von seinem *winyarn* Fahrrad. Und er dachte, der Teufel hätt ihn erwischt.«

Alles brach in Gelächter aus. Bella und Nicky seufzten tief: »Ach, ich wünschte, wir wären zu Hause! Wir vermissen unser Zuhause und Mum und Onkel und Clinton.«

Plötzlich verwandelten sich Bellas Seufzer in große, tiefe Schluchzer. Nicky umarmte sie, auch sie weinte, und wir hörten alle auf zu lachen. Wir dachten, Bella hätte Schmerzen.

»Was ist los mit euch, Kinders?« Alle machten großen Wirbel um sie. »Was fehlt euch, soll ich die Schwester im Kloster wecken gehen, daß sie euch eine Tablette gibt?«

»Nein, nein, nein«, sie schüttelten den Kopf, »wir wollen nur wieder nach Hause.«

Natürlich hatten Banner, Zelda, Sally, ich und der Rest von unserer Clique Mitleid mit ihnen, und wir legten die Arme um sie.

»Weint doch nicht, Kinders, sonst fangen wir noch alle an.« In all den Jahren, die wir in der Mission aufwuchsen, litten wir immer mit, wenn ein Kind verletzt oder traurig war, besonders wenn es jemandem aus unserer Clique passierte.

»Ich kann nicht aufhören zu weinen, ich vermisse Clinton, und ich vermisse Onkel und Mum so sehr«, platzte Bella heraus und wischte sich die Augen mit ihrem Schlafanzugoberteil. »Ich frage mich, was sie jetzt wohl machen, Schwester?« Nicky griff ihre Hand und drückte sie.

»Schwester, laß uns von hier weglaufen.«

»*Choo*, dann bekommen wir aber alle Ärger.«

»Es ist mir völlig egal, wenn ich verprügelt werde, das ist nichts, das Brennen hört nach einer Weile auf, aber der Schmerz, den ich habe, der geht nicht weg, bis ich wieder zu Hause bei Mum bin.«

Wir konnten sehen, daß sie unruhig wurde. Sie beugte sich vor, zog die Knie an, umfaßte sie mit gekreuzten Armen und schaukelte auf dem Bett hin und her. Nicky umarmte sie und streichelte ihr schwesterlich übers Haar, und dann fragte sie uns: »Wie ist es mit euch? Wollt ihr nicht mit uns nach Hause kommen? Mummy und Clinton und die ganze Truppe aus dem Reservat wird sich um euch kümmern. Einige von denen könnten vielleicht sogar mit euch verwandt sein.«

Wir schauten sie alle verblüfft an, während sie fortfuhr: »Nicht, Schwester, setz dich und erzähl es ihnen. Los schon, hör auf zu weinen und sag's ihnen.« Bella schniefte noch, richtete sich aber auf und zog den Ärmel ihres Schlafanzugoberteils so lang, daß sie sich damit die Nase putzen konnte.

»Ich, Zelda und Thelma kommen mit euch«, sprach Banner.

Von diesem Ausbruch völlig überrascht stimmten Zelda und Thelma zu: »Ja, wir kommen mit.« Zelda sah meinen entsetzten Gesichtsausdruck, als sie ja sagen hörte. Die brave Zelda, die nie irgend etwas falsch machte, ich dachte, sie wäre die letzte, die auf so etwas ansprang. Bella blickte in meine Richtung.

»Was ist mit dem Rest? Sprattie, kommst du mit?«

»Nee, mein Zuhause ist hier.«

Daraufhin legte Bella die Hände auf meine Schultern und schaute mich direkt an. »Das ist nicht dein Zuhause.« Sie schüttelte mich.

»Wo ist deine Mum, Sprattie?«

»Sie weckt uns jeden Morgen.«

Ich bemerkte, wie Bella wieder die Tränen in den Augen standen, als sie die Arme um mich legte und mich an ihre Brust preßte. Alle saßen ruhig da. Ich spürte, wie mein Hinterkopf naß wurde.

»Bella, du machst mich ganz naß.«

Sie tätschelte mir sanft mit ihrem Schlafanzugoberteil den Kopf.

»Sprattie, ich weine um dich.«

CHARMAINE PAPERTALK-GREEN
Will weiß sein

Mein Mann ist gestern abgehauen
mit einer Weißen
Er verließ mich und die Kinder
um was zu werden in der Welt
sagte, er hat genug davon
schwarz und arm zu sein, ausgelacht zu werden
Sagte, er will weiß sein
mit besseren Kleidern, einem schicken Wagen
und feinem Essen
Sagte, ich und die Kinder
brächten ihn in Verruf
weil wir auch schwarz sind
Also ging er mit einer Weißen.

LALLIE LENNON
Der Staub von Maralinga*

Damals war ich verheiratet, hatte drei Kinder, und mein
Mann Stan baute Zäune auf der Mabel Creek-Farm. Wir
fuhren runter, es lief eine neue »Ghan«-Lok — zum ersten
Mal — vorher war's 'ne alte Dampflok. Wir war'n ganz
aufgeregt mit in dieser schicken neuen »Ghan« zu fahren — versteckten unsre Teekessel und das ganze andere
Zeug — jedenfalls heulten die Kinder. Und wir versuchten alles mögliche, damit die Leute nicht mehr so guckten — war uns wohl peinlich —, mir jedenfalls — der Teekessel fiel raus, und wir versuchten, ihn zu verstecken.
Banjo Walkington und seine Frau waren mit uns im Zug.
Sie war auch schwanger, glaube ich.
    Wir fuhren nach Mabel Creek zurück. Wir stiegen in
Kingoonya aus, und Mr. Dingle, der Postbote, nahm uns
mit, er fuhr das ganze Benzin — hochgestapelt war das —
vierundvierzig Gallonen — einige drunter und einige
obendrauf — und mein Bauch war riesig — kurz vor der
Geburt. Jedenfalls mußte ich ganz da hochklettern —
stieg aus dem Zug aus und mußte auf diese Fässer rauf.
Ich glaube, das war denen egal, daß 'ne Aboriginefrau da
oben auf den Fässern saß. Er war ja noch fast ein Kind,
der Mr. Dingle — und ich mußte die Kleinen festhalten.
Stan half mir nicht — sie saßen alle vorne — und ich versuch, mich festzuhalten — »Kannst du den hier halten?«
frag ich Stan. »Ach, halt's Maul!« antwortet der. Wie dem
auch sei — ich mußte es einfach aushalten, und der Hintern von den Kindern brannte vom Benzin — das Benzin
lief aus — meiner brannte auch. Ich saß da auf einem
Fleck und konnte mich nicht rühren mit meinem dicken
Bauch, versuchte, die Kinder festzuhalten und die Seile —

* Maralinga — Schauplatz britischer Atombombenversuche 1956—57.

weißt du, da war'n Seile um die Tonnen gebunden, um sie zu halten — es war wirklich grausam. Jedenfalls kamen wir zur Nummer sieben, und sie sagten: »Komm auf einen Tee herein, Dingle.« Jedenfalls — die gingen rein — und eine Frau kam raus, aber ich konnte nicht runter, ich war ganz steif, und alles brannte, die Haut brannte vom Benzin. Ich war stinksauer auf Stan, die stiegen ab und bekamen ihr Teegebäck und so und ihren Tee, und ich trank meinen da oben mit den Kindern.

Jedenfalls fuhren wir dann weiter nach Mable Creek — kamen gegen zwölf Uhr nachts an, glaub' ich — Mensch, war ich froh, da runterzukommen — es brannte so von diesem Benzin. Hab Vaseline auf uns geschmiert und war so sauer auf Stan. Jedenfalls sind wir dort für 'ne Weile geblieben. Wir lebten unten am Bach — ich war kurz vor der Geburt — ich sagte: »Kann ich nicht zurück nach Port Augusta? Das Baby kommt.« Ich hätte nicht nach Mabel Creek fahren sollen. Jedenfalls lebten wir da im Bachbett — ich dachte mir, nun denn, wenn das Kind kommt, wenn irgendwas passiert, es nützt nichts — keine Hilfe, verstehst du. Wie dem auch sei, die Wehen gehen los — das war '53 — jedenfalls bin ich den Bach hoch gegangen und hab das Baby alleine gekriegt, die Nabelschnur durchgeschnitten und alles, hab sie umwickelt. Stan hat mir nicht mal ein Glas Wasser oder so gegeben — ich mußte einfach da liegen bleiben. Ich dachte, wenn die Aboriginefrauen sie so bekommen, kann ich das genauso; blieb für 'ne Weile liegen, und Mavis brachte mir etwas Wasser und so. Ich hatte zwar Desinfektionszeug bei mir, aber kein Wasser, verstehst du.

Da kamen die Laster dann durch mit diesen großen Dingern, wußte nicht, was das war. Ich war soweit, daß ich mit meinem Baby nach Hause gehen konnte — und die ganzen Laster kamen vorbei — mit so vielen Leuten, weißt du — in Uniformen. Sie waren überall. Ich wußte nicht, was los war. Es stand so ein großes Ding oben auf einer Anhöhe, da war ich dann im Camp. Alles war voller

Staub von den Lastern, die da durchkamen. Stan ging zur Farm hoch, aber er kam nicht zurück, um mir zu erzählen, was es war — als ich versuche, ihn zu fragen, sagt er: »Ach, ich weiß nicht, Laster halt, nichts weiter.« Ich hab mir auch nichts weiter gedacht — jedenfalls in der nächsten Minute fuhr ein riesiger Kriegspanzer vorbei! Es war das erste Mal, daß ich einen sah — da standen Kanonen raus, weißt du. Es war schrecklich — ich hab mich gefragt, ob die uns umbringen wollen. Das hab ich mir immer gedacht — weil ich konnte ja nirgendwo was rauskriegen. »Ach, die fahren dahin, um Bomben zu testen«, sagte Mavis — das hatte Stan ihr erzählt. Jedenfalls bin ich für 'ne Weile unten am Bach geblieben. Stan lief mit denen herum — weit weg von uns — jedenfalls sind die dann weitergefahren.

Sie sagten, es wär'n Bomben. Danach, wie die da rauf sind — ein paar Tage später —, sagten sie: »Gleich gehen die Bomben hoch.« Mavis sagte, daß Stan ihr erzählt hat, daß sie einen Test durchführen, und ich sagte: »Oh, Gott, die werden uns in die Luft jagen.« Ich hatte Angst, ich sagte: »Was wird denn jetzt mit uns passieren?« »Ach, die geht nur gleich hoch — laß uns mal zugucken.« Ich hatte Angst — ich bin hingegangen und habe mir um die Kinder Sorgen gemacht. Was wird passieren, sie werden bestimmt schreien — dachte ich mir, weißt du. Ich nahm an, sie würden schreien, sonstwas denken und zu mir gerannt kommen — ich weiß nicht. Das ging mir halt alles durch den Kopf. Die andern machten sich alle keine Sorgen, aber ich wußte ja nicht, weißt du. Versuchte, Stan zu fragen, aber das war nichts — also hab ich nichts weiter gemacht. Ich dachte, na gut, wenn sie hochgeht, geht sie eben hoch.

Jedenfalls sind wir am Nachmittag raus, um zuzugucken — das muß so gegen drei oder vier gewesen sein, wir haben alle zugeguckt, weißt du, und ich hab mich gefragt, ob uns das alle in die Luft jagt. Sie ging los, und ein enormes Grollen kam bei uns an — ganz um uns rum — großer Lärm — ein Grollen — der Boden und alles schwankte. Jedenfalls — sahen wir dieses große Pilzding aufsteigen, und das stand da einfach im Himmel, weißt du. Es war einfach wie ein weißer Himmel — wie eine Wolke — man sah eine weiße Wolke, die da einfach stehenblieb, genau so war das, am nächsten Tag, als wir aufgestanden sind, war sie weg.

Danach jedenfalls, ich bin mir nicht sicher, ob drei oder zwei Wochen später, sind wir zurück nach Mintabie. Und diese Bombe — sie redeten davon, daß sie noch eine zweite hochgehen lassen würden. Da machte ich mir schon keine Sorgen mehr, weil ich wußte ja, daß sie genau so wie die andere hochgehen würde. Jedenfalls sind wir nach Mintabie in den Urlaub, um nach Opalen zu suchen. June war noch klein. Sie hatte wohl gerade erst angefangen zu laufen — genau weiß ich es nicht, ist so lange her. Fuhren jedenfalls dahin und suchten nach Opalen.

Wir frühstückten — standen früh auf, weil wir ja Opale suchen wollten. Frühstückten gerade. »Heute morgen wird eine Bombe hochgehen.« Ach ja. Ich hatte wirklich anderes im Kopf. Und ich hatte nicht so 'ne Angst. »Na ja, dann geht sie eben heute morgen hoch.« Wir hörten Radio, frühstückten und wuschen unsre Teller ab — packten alles weg, und dann war's fast soweit, daß sie hochgehen sollte — wir guckten zu — es machte denselben Lärm, war diesmal nur ein bißchen näher dran. Es hörte sich ein bißchen nah an, aber sehen konnten wir nichts — wir waren in einer Senke — konnten nur die Spitze sehen. Kurze Zeit später — hat nicht lange gedauert — nehme an, das war so um sieben — konnte man den Rauch durch die Bäume und über den Himmel kommen sehen — weißt du, er kam herbeigeweht — vorbeigeweht. Er kam irgendwie langsam herunter, rauf ging's irgendwie schneller. Aber, Mensch, wir konnten jedenfalls das Pulver riechen, und Alec Woody war da bei uns, und keiner von uns war sich allzu sicher. Er sagte: »Schnell, halt dir 'nen Lappen vor die Nase.« Und er hatte ein Taschentuch über der Nase — er hatte Angst davor — hat gelacht.

Gleichzeitig habe ich so einen Baum entdeckt — die Sorte ist voll Zucker, weißt du, und ich wollte daran lutschen, läuft wie Honig da raus — ich wollte es den Kindern geben, aber Alec sagte: »Faß das nicht an — es könnte giftig sein.« So 'n Glück, daß der das gesagt hat. Da habe ich dann gemerkt, daß der Staub auf den Bäumen lag. So grau-schwarz, weißt du — nicht viel — aber man konnt ihn auf den Bäumen sehen — wie er sich auf sie legte. Das könnte giftig sein, meinte er — faß das nicht an. Jedenfalls hab ich das dann nicht angefaßt — hatte Angst davor. Nur durch ihn hatte ich ein bißchen Angst, daß es giftig sein könnte, weißt du — wenn die weißen Kerle diese Dinger loslassen. Ich wäre nie auf die Idee gekommen. Und Stan sagte: »Ach!« — Er hat gelacht und ist auf den Hügel gegangen und hat nach Opalen gesucht. Aber Mensch, jedenfalls — da wurden dann die Kinder krank — weißt du. Sie mußten sich übergeben und hatten Ausschlag, und ich dachte, die kriegen 'ne Grippe — hatte die Bombe vergessen — die kriegen wohl wieder 'ne Grippe. Und ich fühlte mich auch irgendwie krank, weißt du, und dann haben die Kinder sich übergeben und so. Sie hatten ein bißchen Ausschlag — irgendwie rot — und ich hab sie gebadet. Wir durften nicht so viel Wasser verbrauchen, wir hatten nur eine Tonne mit Wasser und wenn der Laster kaputtgeht, kriegen wir womöglich wochenlang kein Wasser. Also hab ich sie in einer Schüssel gewaschen und ihnen dann dieselben dreckigen Sachen wieder angezogen — hat sich nicht gelohnt — die rote Erde war überall. Jedenfalls — sagte ich: »Die Kinder sind krank.« June war ja noch klein und hatte so 'ne Art Anfall — sprang herum — ich denke, sie war überhitzt oder so — zu heiß. Jedenfalls haben wir unsre Sachen gepackt und sind zurück nach Mabel Creek — über Welbourn Hill. Wir kamen zurück, und ich habe Joan erzählt, wie krank die Kinder war'n. Sie hat gesagt:

»Warum gibst du ihnen nicht was?« – Ich hatte ihnen Rizinusöl gegeben, bevor ich da weg konnte, aber ich hatte nur noch ein bißchen in der Flasche. Ich dachte mir, das wird ihnen jedenfalls den Bauch durchspülen – dachte ich – ich gab ihnen das und hab Mrs. Giles erzählt, daß sie krank war'n und so, und hab ihr gesagt, muß wohl die Grippe sein, bißchen trockener Husten, weißt du – mir ging's auch nicht so gut.

Jedenfalls hat sie gesagt, gib ihnen weiter Rizinusöl. Sie hat mir noch 'ne Flasche gegeben, und sie gab uns – das ist so 'n braunes Zeug – man gibt zwei Tropfen auf Zucker – ich weiß, wie das heißt – fällt mir nur nicht ein. Es ist für Erkältungen oder so was ähnliches. Oder wenn man sich geschnitten hat, kann man das drauftun – dieses braune Zeug. Nicht Jod – es ist dieses andere Zeug, so wie Jod – riecht gut, finde ich, hat 'nen angenehmen Geruch. ›Friar's Balm‹! Genau – das haben wir die ganze Zeit genommen. Jedenfalls wie wir nach Mabel Creek gefahren sind – ich hatte Durchfall – die Kinder hatten Durchfall – alle krank – es war furchtbar. Jedenfalls kamen wir erst spät an, deshalb haben wir im Bachbett gecampt, und davon hatte ich die Nase so voll, weißt du. Ich habe Stan gesagt, er soll was von der Farm holen, und die haben mir so weiße Tabletten gegeben, gegen den Durchfall – haben uns einige davon gegeben – viermal am Tag nehmen oder so, weißt du – hab das sowieso nicht verstanden – hab sie aber trotzdem genommen. Das hat geholfen. Jennifer ging's gar nicht gut – sie war sehr krank. Sie hat uns irgendwie nicht mehr erkannt – sie hat sich selber angeguckt – hat ihre Hand angeguckt – hat von jedem die Hand angeguckt – sie war irgendwie komisch. Ich hab mir Sorgen gemacht. Und June bekam diese Anfälle. Ich hatte alle Hände voll zu tun.

Wir wollten nach Coober Pedy fahren. Stan fing an rumzuknurren: »Ich weiß nicht, was du da willst.« Ich sagte: »Hier gibt's keine Ärzte, es gibt gar nichts.« Ich wollte Hilfe, denn die Leute von der Farm — die haben uns nicht sehr geholfen — sind nicht mal runtergekommen, uns besuchen. Diese Mary Rankin, die ist nie runtergekommen, um zu sehen, was mit uns los war. Jedenfalls war ich unzufrieden — ich wollte nach Coober Pedy fahren. Stan hat mich dann hingebracht — er war nicht gerade begeistert —, aber ich machte mir Sorgen wegen der Kinder. Wir sind dann dahin, und Mrs. Brewster hat uns Hustensaft gegeben und gesagt, wenn sie dann immer noch diese Anfälle haben, bade sie in Senfwasser — also hab ich das gemacht — Senfwasser — 'nen Eßlöffel voll ins Wasser. Verstehst du, ich hab die Leute ja nicht gekannt. Sie war eben die Ladeninhaberin — die Mrs. Brewster. Sie hat mir halt gesagt, steck sie in ein Senfbad, und da hab ich das gemacht, und sie waren wirklich krank.

Ich wußte nicht, was ich tun sollte — ich dachte, nun gut — mach eben einfach weiter so, dich einfach um sie zu kümmern, und dann hat sie uns Eukalyptus gegeben. »Wenn dieses braune Zeug nichts bringt, dann gib ihnen lieber Eukalyptus mit Zucker — zusammen — vermisch es und reib sie überall ein mit Eukalyptus und Olivenöl — oder gib ihnen kein Eukalyptus — gib ihnen Olivenöl — reichlich Olivenöl mit Zucker.« Das haben sie gegessen — weißt du — das mochten sie. Sie konnten nicht viel essen — hab ihnen nur Milch gegeben — sie haben alles erbrochen, weißt du. Jennifer hatte Anfälle. June hatte Anfälle. Es war sehr schwer für mich. Das muß nur ein paar Tage — nein, eine Woche nach diesen Tests gewesen sein.

Wir sind im »Blitz« hingefahren. Das ist ein großer Laster — ein Armeelaster — Stan hatte den — der war von Stans Vater. Der Laster — den »alten Blitz« haben sie ihn genannt. Wir hatten ein kleines Haus auf dem — so 'ne Art Zelt, und wir hatten den Tank auch unter einer Zeltplane, die war um die Tonne gebunden — du stiegst nur einfach auf die Tonne und dann rauf ins Zelt. Wir lebten da drin. Sie waren wohl so eine Woche lang krank. Ich glaube, wir waren nur eine Nacht in Mintabie. Welbourn Hill, ich kann mich nicht genau erinnern – ich glaube, wir haben nach Mintabie irgendwo an der Straße gecampt – am nächsten Tag sind wir nach Welbourn Hill, von dort dann nach Mabel Creek und dann Coober Pedy – und sie waren die ganze Zeit krank.

Sie waren irgendwie schwach – ich war ja selber krank – eine alte Frau hat sich um zwei Kinder gekümmert – die alte Toddy. Sie hat in so 'ner Erdwohnung gewohnt. Die hat mir also mit den Kindern geholfen. Sie hat eines genommen. Sie war schon alt, und ich hab sie gar nicht gekannt – eine Fremde, aber sie hat mir geholfen. Sie hat gesagt: »Ich kümmer mich um das Baby und du dich um die andern.« Das war 'ne große Hilfe – sie hat sie immer eingerubbelt und ins Bett gesteckt. Ich hab mir erst Sorgen gemacht, weil sie in diesem Erdloch wohnte, weißt du – da drinnen – dachte, die Kinder könnten ersticken, aber es war in Ordnung. Ich bin reingegangen und hab es mir angeguckt – man ging die Stufen runter und dann so rein. Sie hat mir geholfen. Barney und seine Leute war'n auch da, aber denen ging's gut – nur wir waren krank.

Ich erinnere mich an diesen Typen MacDougall, der hat versucht, die Leute von Maralinga wegzuholen – sie woanders hinzubringen – denn der wußte von den Tests – dem haben sie nicht gefallen, überhaupt nicht gefallen, aber sie haben's einfach gemacht. Er hat hart gearbeitet: hat nie gepredigt oder so. Er ging da rauf und hat versucht, den Leuten das klarzumachen, aber er hat deren Sprache nicht gekonnt und so. Aber er hat einen alten Mann da oben gehabt, der hat für ihn in Maralinga und ringsherum gesprochen – er war es leid, den Leuten zu erzählen, daß sie wegbleiben sollten, hat denen erzählt, daß es ein großes Feuer geben würde – aber die Leute, sobald er weg war, sind die wieder dahin zurück. Hat den

Leuten erzählt, sie sollen weggehen, und die Leute gingen zurück, und sie wurden nie mehr gesehen — das hab ich jedenfalls gehört. Mr. MacDougall hat davon geredet. Und Mr. Bartlett war da. Er war so müde, der arme Kerl, und ganz alleine. Hatte rotes — nein, blondes Haar, helle Haut und Sommersprossen — der arme Kerl. Er hat sein Bestes versucht. Er kam zurück, als alles vorbei war — er hat alle diese Leute nach Woomera gebracht — wir mußten dahin und unsre Brust gemacht kriegen und so. Ich glaube, das war für Tb, der Test. Röntgen oder so was. Sie haben uns nicht erzählt, wofür das war. Ich hatte Ausschlag, aber die haben mir nichts davon erzählt. Ich hab immer noch diesen Ausschlag — der bleibt, bis ich sterbe. Am Kopf auch. Ich ging hin, um mit denen darüber zu reden, aber die wollten mir nichts sagen. Behaupten, mein Vater hätt das auch schon gehabt, aber mein Vater hat das nicht gehabt. Wir können keine Seife benutzen — da geht die Haut von ab. Bruce hat es schlimm, schlimmer als ich. Bruce war draußen mit mir — wir haben beide den Ausschlag. Jennifer war drinnen im Zelt und hat mit dem Baby gespielt, als es passierte — ich hatte Bruce auf dem Arm — wir haben zugeguckt.

Da waren noch andere Leute, aber mit denen hatten wir nichts zu tun. Dieser Giles aus Welbourn Hill, der ist an Leberkrebs gestorben. Mrs. Giles konnte was erzählen. Der Rauch ist auch über die rüber. Sie hat sich Sorgen um ihre Orangenbäume gemacht. Die Orangenbäume sahen nicht gut aus — hat sich gefragt, ob das von dem Rauch kam. Danach sind wir dann zurückgegangen.

Wir sind immer wieder zurückgegangen, weil wir einsam waren. Wir wußten ja nicht, daß es gefährlich war — haben nur gedacht, daß halt Bomben hochgehen. Mr. MacDougall hat uns oft geholfen, Spritzen für die Kinder besorgt, und Mr. Bartlett, die waren gut zu den Aborigines — sie waren die einzigen.

Es gab nicht viele Abos in unserer Stadt, nur die Corrigans und Herbies Clan, und da die Corrigans und Herbies Cousins schon erwachsen waren, war Herbie der einzige *boong,* der mit uns zur Schule ging. Vielleicht war das der Grund, warum wir ihn alle verspotteten und ärgerten, weil er anders war, denn Kinder mögen nichts, was anders ist.

Da es hier um Herbie geht, versuche ich wohl am besten, ihn zu beschreiben. Aber das ist ganz schön schwer, denn er war sozusagen nur Kopf: Ich meine halt, er schaute einen aus seinen großen, braunen, finsteren Augen an, und er sah direkt in einen hinein, so daß er alles wußte, was man selber wußte. Seine Augen schienen fast sein ganzes Gesicht einzunehmen, und der Rest war Nase, platt wie ein Brett und nur Nasenlöcher. Auf seinen Mund achtete man nie, weil er selten sprach und nie lächelte. Er huschte im Schatten herum wie eine Krähe – und er war auch so schwarz wie eine Krähe. Seine Beine waren so lang und dünn wie bei einem Kranich, und seine Arme waren lang und dürr. Seine Hände waren absonderlich groß und seine Finger lang, deshalb war er ungeschickt. Herbie war weder groß noch stark, wahrscheinlich, weil er nie genug zu essen bekam. Aber er war ein Abo, und bei denen ist das immer so.

Wenn er in die Schule kam, schlief er immer nur, daher hatte es eigentlich nicht viel Sinn, doch er kam. Und wir Typen richteten ihn in jeder Pause übel zu. Einmal haben die drei Morganjungs ihn im Jungenklo eingesperrt und den ganzen Tag dort dringelassen. Am nächsten Tag bekam er den Stock wie für sechs Leute auf einen Schlag wegen Schule schwänzen, aber er hat nicht gepetzt. Das war das Gute an Herbie: Egal, was mit ihm passierte, er hat uns nie verpetzt – nicht mal mich, und ich war einer der Schlimmsten.

Herbie war ein schlechter Schüler, aber er konnte viele andere Dinge, und die konnte er gut. Keiner außer Herbie wußte, wo die wilden Bienen ihren süßen, starken, braunen Honig versteckten. Keiner außer Herbie wußte, wo man im Frühling Kaninchenjunge herbekam oder wo sich die Füchse in ihren Löchern in den Dongeran Hills versteckten. Nur Herbie wußte, wo die Enten ihre Eier legten oder wo die Känguruhs grasten. Nur der dünne, schweigsame *outcast* konnte in die Spitze der höchsten Bäume klettern und die jungen Vögel oder die Eier aus den Nestern holen. Und er wußte, wo die wenigen Emus, die wir noch in der Gegend hatten, sich zwischen den lachsfarbenen Eukalyptusbäumen versteckten. Aber vor allem verstand von all uns Typen, die wir unser Leben lang im Busch gelebt hatten, nur Herbie die heimliche Seele unseres Landes – oder seines Landes eigentlich, nehme ich wohl an. So verbrachte er Stunden damit, eine Pflanze oder eine hübsche Blume anzustarren; er konnte ganz ruhig daliegen, im hohen gelben Gras versteckt, und den ganzen Tag lang die wilden Tiere beobachten, und sie merkten es nicht. Oder, wenn sie es merkten, rannten sie nie davon. Sie waren seine Kumpel, und auch sie schienen vor uns weißen Kerlen zurückzuschrecken: schüchtern, still und wild.

Yeah, wir machten dem Kind das Leben zur Hölle. Und was wir alles mit ihm anstellten: ihn an den Fußballtoren vergraben oder ihn an den alten, krummen, rötlichen Eukalyptusbaum binden, an der Hütte in der Mitte des Spielplatzes, wo wir immer unser Lunch aßen. Einmal haben Joey Gruger, das deutsche Kind, und ich ihn in ein Benzinfaß gesteckt und den Mile Hill heruntergerollt. Er rollte unten volle Kante gegen einen schwarzen Baumstumpf, was ihn beinahe umgebracht haben muß. Dann hingen wir alle um ihn herum, während er auf den Knien lag und den ganzen Boden vollkotzte. Wir lachten, und

Ally Moore rieb Herbies Gesicht in die Kotze, und wir lachten noch lauter. Jetzt kommen wir uns wohl alle schlecht deswegen vor.

Wir jagten ihn immer über den Fußballplatz, aber meistens gaben wir vor ihm auf, denn er war ein guter Läufer. Nur Herbie konnte zehn Meilen nonstop rennen — na ja, das mußte er wohl auch, um vor uns Typen abzuhauen. Aber einmal, als Kelly Ryan die beste Viehpeitsche von seinem Dad mit in die Schule brachte, haben wir ihn voll erwischt. Wir rannten alle hinter ihm her und peitschten ihn, genau wie der alte, verrückte Jay Hiskee es mit den Pferden vor dem Gespann machte, mit dem er immer noch fuhr.

Einmal gingen wir zu weit, als Alfie Morgan Herbies Bücher mit »*boong*« vollschrieb; dann malten seine zwei Brüder »*boong*« quer über Herbie und zogen den verschreckten Jungen dazu nackt aus, »so, wie ein ordentlicher Nigger sein sollte«, sagte Jimmy, der Schlaumeier von den Morgans. Am Abend brachte Dad aus der Kneipe das Gerücht mit nach Hause, daß die Warandas (das ist Herbies Familie) eine Schlägerei mit den vier Morgans, dem alten Evan und seinen drei Jungs, hatten und daß sie auch noch gewonnen hatten. Aber weil Dad so betrunken war wie nur was, hatte ich ihm nicht geglaubt. Aber am nächsten Morgen, als ich Alfs Gesicht sah und wie Jimmy humpelte und die Tatsache, daß Mick, der immer zur Schule kam und wenn auch nur, um Herbie zu ärgern, fehlte, wußte ich, daß mein Alter recht hatte. Natürlich hat keiner von uns die Morgans danach gefragt, aber es ging in der Schule herum.

Danach hatten wir wohl ein bißchen Angst, aber der Sommer kam, und Willy Harris ertränkte Herbie beinahe im Wasserloch, und nichts passierte den Harrises. Natürlich nicht, wenn die Warandas nur etwas Grips hatten. Sie waren nur vier Warandas, seit Dallas in Freo* war,

* Freo — hier synonym für Gefängnis.

und zehn Harrises. Außerdem hat die Angst uns nie richtig davon abgehalten, den dünnen, schweigsamen Herbie zu quälen, nur die Morgans hielten sich ein wenig zurück.

Die Morgans wohnten auf der anderen Seite der Bahnlinie gegenüber von den Warandas. Der alte Evan besaß zwei Schafe und eine Kuh und einen bösartigen Elsässer Labrador. Der Hund war ein richtiger Rassist, der haßte die Warandas. Eines Tages ging Herbie verträumt die Straße entlang, da kam der Hund aus dem Schatten der Ladenmauer hervor und ging auf ihn los. Herbie bekam einen schlimmen Biß am Bein ab, der eine weiße, halbrunde Narbe hinterließ. Der Hund jagte den Jungen einen Eukalyptusbaum herauf und hielt ihn eine Stunde lang da oben, bevor er wegging. Am nächsten Morgen fand man ihn steif wie einen betrunkenen Mann, in ihm steckte ein dreckiger, großer Stock. Natürlich wußte keiner wirklich, wer es gewesen war, nur der alte Morgan meinte, es zu wissen. Deshalb hatten die Morgans und die Warandas Krieg.

Wie ich schon sagte, wir größeren Typen mochten Herbie nicht, aber nicht alle in der Schule waren gegen den einsamen *outcast*. Die kleineren Kinder mochten ihn, und er liebte kleine Kinder. Er zeigte ihnen Kaninchenjunge und Füchse und Vögel, er schnitzte ihnen Spielzeug aus Holz — er war nämlich ein guter Schnitzer. Er hat meinem Bruder einen richtigen Top-Dingo gemacht, der auf einem Felsen steht, und ich glaube, daß all sein Können in diese kleine Figur eingegangen ist. Und zwar deshalb, weil er meinen kleinen Bruder richtig anhimmelte. *Yeah*, Herbie liebte die Kleinen in unserer Stadt.

Dann kam der Tag, den ich nie vergessen werde. Es war heißer als in der Hölle, und alles schien im heißen, weißen Glitzern der Sonne zu verdorren. Es war nach der Schule, und wir Kinder hingen alle um Herbie herum; wir schubsten ihn durch die Gegend, bis ihm schwindelig wurde und er hinfiel. Wir Jungs gaben alle vor den Mädchen an, die wie ein Haufen Kakadus Beifall quietschten. Plötzlich riß der große, zottige Kevin Andrews, der ein Gehirn von der Größe eines Schafsschisses und ein Gesicht wie ein Kuhfladen hat, das verängstigte Kind auf die Füße und trompetete: »Du kletterst jetzt auf Big Smokey, *boong,* oder ich bepiß dich von oben bis unten und schlag dir deine verdammte Fresse ein. Verstanden, du schwarzes ...?«

Natürlich hatte der große Schwachkopf beides schon mal gemacht, aber diese neue Folter hörte sich nach einem Superspaß an, daher machten wir uns alle mit Andrews, der die bemitleidenswerte, dünne Figur mit sich zerrte, auf den Weg zu Big Smokey.

Ich sollte Ihnen wohl erzählen, was Big Smokey ist, ansonsten verstehen Sie die ganze Angelegenheit mit der neuen Quälerei für das Kind nicht. Wissen Sie, eine Meile außerhalb der Stadt gibt es eine alte Kiefer, tot wie Banjo Patterson*. Keiner weiß, wie die da hingekommen ist, aber sie muß an die hundert Jahre alt sein, und sie ist gut dreißig Meter hoch. Als sie noch grün war, hatte ein großes Buschfeuer sie ausgebrannt. Man sagt, sie hat drei Monate lang gequalmt, und ob das nun Quatsch ist oder nicht, jedenfalls gaben wir Kinder ihr den Namen Big Smokey. Aber, wissen Sie, wir durften nicht darauf klettern, weil sie verrottet war.

Na ja, wir kamen dort an, und das zersplitterte Gerippe von Big Smokey ragte turmhoch in den Himmel auf. Das höchste Gebäude in der Stadt war die Kneipe, die zehn Meter hoch war, und nur Ally Moore, der sich knallhart vorkam, war mal auf das Dach geklettert. Wir waren alle still und warteten darauf, daß Kevin etwas unternahm. Ich nehme an, der blöde Kerl kam sich schlecht dabei vor, das Kind den Baum heraufzuschicken, aber jetzt aufzuhören, hätte bedeutet, von einem *blackfella* geschlagen worden zu sein. Deshalb knurrte er: »Rauf auf den Baum

* Banjo Patterson — australischer Dichter des 19. Jahrhunderts.

und kletter bis zur Spitze, du schwarzer Bastard. Und wenn nicht... ich und die andern, wir warten hier auf dich, verstehste? Und diesmal nehmen wir dich richtig in die Mangel.«

Herbie hatte die Hosen gestrichen voll, aber er hastete den Baum hoch. Als er außer Reichweite war, drehte er sich um und drohte uns und rief Schimpfworte, deshalb schmissen wir mit Steinen und Eukalyptusnüssen nach ihm. Mick Morgan traf Herbie direkt an der Birne, also kletterte er noch höher.

Er kletterte immer weiter, bis er weit über die Hälfte war, bis er nur noch ein schmaler, schwarzer Fleck auf dem größeren, dickeren, schwarzen Baumstamm war. Wir Kinder waren alle totenstill, wir waren irgendwie ehrfürchtig, daß er uns weiße Typen alle geschlagen hatte, indem er so hoch geklettert war.

Und dann passierte es natürlich. Keiner von uns sah ihn nach dem verrotteten Ast greifen, weil uns die untergehende Sonne blendete, aber wir sahen ihn die dreißig Meter herunterfallen. Er kam runter, zerbrach dabei die kleineren Äste und prallte an den größeren ab, dann traf er auf dem Boden auf – platsch! Sein Schrei hörte irgendwo auf halber Strecke auf, und unten war dann nur noch Stille. Nur ein paar Mädchen schrien. Wir Typen hielten den Atem an, und Kevin Andrews kotzte.

Natürlich hatten fast alle von uns schon einmal ein Tier sterben sehen, und die Harrises und die Ashtons hatten Menschen sterben sehen – Harris' Mum brauchte einen Monat, um an Krebs zu sterben, und Johnny Ashtons Bruder kam unter den Pflug. Wir waren alle alt genug, um zu wissen, was der Tod bedeutete. Aber das mit Herbie war anders, weil wir alle wußten, daß er nie auf den Baum hätte klettern dürfen, und weil wir alle wußten, daß wir ihn umgebracht hatten.

Ich weiß nicht, ob Sie sich unseren Rückweg in die Stadt ausmalen können. Zuerst hatten wir zu große Angst, den bewegungslosen, verrenkten, schwarzen Körper anzufassen. Dann zog Joey Gruger seinen grauen Mantel, den sein Vater noch aus der deutschen Armee hatte, aus und legte ihn über Herbies Körper. Danach holten Skinner Flynn, dessen Vater Känguruhjäger ist, und Mick Morgan ihre Schermesser heraus, und wir machten eine Art Bahre. Wir legten ihn darauf, und dann gingen wir irgendwie nach Hause.

Es war komisch, aber das einzige, woran ich, als wir nach Hause gingen, denken konnte, war der Tag vor etwa zwei Jahren, als ich das neue Hemd des Jungen vermurkste. Der alte Waranda war nämlich arbeitslos, er hatte nie viel Geld, und alles, was er bekam, ging für Bier oder Portwein drauf. Herbie trug immer, Sommer wie Winter, ein Paar dreckige, blaue Levis und ein altes T-Shirt. Dann kam er eines Tages mit einem neuen, rotweiß karierten Hemd in die Schule. Er war richtig stolz auf das Hemd: Das konnte man an der Art sehen, wie er es immer wieder mit den Händen berührte, als wäre es ein junges Kaninchen oder ein Fuchs oder ein Vogel oder irgendwas. Nun ja, in der Pause haben wir Kinder ihn eingekreist und ihn ein bißchen geprügelt, dann habe ich ihn auf die Füße gerissen und so was gesagt wie: »Dieses Hemd ist zu gut für einen dreckigen, schwarzen *boong* wie dich, deshalb finde ich, daß ich es haben sollte.« Dann riß ich es ihm vom Leib und verhunzte und zerriß es und lachte ihm dann ins Gesicht. Er weinte ein wenig, aber er war ein Abo, also weinte er nicht lange – aber danach haßte er mich. Heute ist mir klar, daß es das einzig absolut Neue gewesen sein muß, das er jemals von seiner Familie oder sonst wem bekommen hatte.

Die Kinder der Stadt beschlossen, am Samstag zum Haus der Warandas zu gehen. Sie wußten selbst nicht, was es war: Neugierde, eine Gelegenheit, »Entschuldigung« zu sagen, oder vielleicht einfach nur, um irgend etwas zu tun. Die hängenden Eukalyptusbäume entlang der staubigen Hauptstraße warfen planlose Schatten auf die braunen Grasflecken und das heiße, gleißende Pflaster. Unten im rosa Teich am Bahnübergang war das Wasser ruhig und flach, ungetrübt durch die üblichen glücklichen, kleinen Kinder, die sonst dort fischten oder schwammen. Heute waren alle Kinder beim Haus der Warandas auf der anderen Seite der Geleise.

Sie waren schon öfter dort gewesen, an dem tristen, verblichenen Holzhaus. Dann hatten sie gelacht, die Taschen voller Steine, um sie auf die große, schwerfällige Mrs. Waranda in dem rotgepunkteten Kleid, das sie immer anhatte, zu schleudern. Aber heute gab es keine Rufe wie: »*Boong, boong;* die Warandas sind alle *boongs*!« oder »Tommy Waranda ist ein betrunkener, alter *boong*-Arsch!« oder »Kommt raus und kämpft, ihr muffigen, schwarzen Bastarde!«

Heute schauten die Kinder verstohlen, schuldbewußt und schweigend drein, weil Herbie tot war und sie ihn umgebracht hatten.

Das Haus stand auf karger, grauer Erde. Drüben beim Holzhaufen lag alleine und verlassen eine Kettensäge. Der Pfefferminzbaum an der Veranda welkte in der Mittagssonne, die unbarmherzig aus einem grausamen, blauen Himmel schien. Der zerbeulte, alte, vielfarbige Pritschenwagen, das Transportmittel der Warandas, stand unter dem krummen, verdrehten Baum. Dort war auch einmal ein Hühnergehege gewesen, aber die Hühner waren alle gestorben oder gegessen worden; jetzt war nur noch der kaputte, verrostete Drahtzaun da, ein schiefer Blechschuppen, in dem Schlangen und Spinnen lebten, und ein großer, weißer Haufen Dünger.

Alles war ruhig mitten am Tag.

Die Kinder standen herum und glotzten. Da drinnen, in dem dunklen, dreckigen Haus lag Herbie. Es war schwer zu verstehen, daß ein Junge, der gestern nachmittag noch so lebendig gewesen war, jetzt tot sein sollte.

Plötzlich erschien die alte Mrs. Waranda in dem kaputten, grauen Türrahmen. Die Kinder zerstreuten sich wie

Spreu im Wind, und nur eine gelbe Staubwolke von ihren Füßen blieb zurück. Der Staub und der Junge.

Er war groß, stark und braungebrannt, der Junge, aber jetzt, da alle seine Freunde gegangen waren, wirkte er klein in der Leere. Er war fast ein Meter achtzig groß und hatte lockiges Haar und Haselnußaugen, von denen eines ein wenig nach unten schielte.

Einen langen Augenblick starrten er und Mrs. Waranda einander an, der Junge mit einem unsteten, schuldbewußten, vielleicht beschämten Ausdruck; sie mit einem bitteren, traurigen, geschlagenen Blick. Plötzlich sah der Junge auf und ging auf den schiefen Zaun zu. Die Aboriginefrau schien sich ein wenig ins Haus zurückzuziehen. Der Junge rief: »Hey, Missus Waranda, ich hab was für Herbie. Für sein Grab halt, von uns zu Hause.«

Mrs. Waranda zögerte ein wenig, dann bewegte sich die dicke, alte Frau die Holzstufen herab und watschelte über das braune, staubige Stückchen Land. Sie ging zu dem Jungen und sah mit Angst in ihren Augen zu ihm auf — und mit einer leisen Spur Haß. Mrs. Waranda hatte nie wirklich jemanden gehaßt. Sie war zu bescheiden und ängstlich, um die weißen Kinder zu hassen, die sie neckten, oder die weißen Männer, die ihren ältesten Jungen aufgrund einer falschen Anschuldigung ins Gefängnis gebracht hatten, oder die weißen Frauen, die sie anstarrten, als wäre sie der letzte Dreck. Aber ich wußte, daß sie die weißen Kinder haßte, die ihren jüngsten Sohn getötet hatten.

Der Junge faßte in seinen Fahrradkorb, zog einen Strauß Wildblumen, die in der Sonne welk geworden waren, hervor und drückte ihn in die narbigen, schwarzen Hände. Verlegen murmelte der Junge jetzt: »Von mir und Malcolm, Missus Waranda.«

Die winzige Andeutung eines Lächelns huschte über die dicken, lila Lippen der Frau, und sie sagte weich und mit Tränen in den großen, braunen Augen: »Du bist ein

guter Junge, Davey Morne, du und dein kleiner Bruder
Malcolm.«

Und wie wünsche ich mir, daß das die Wahrheit über
mich gewesen wäre.

Eva Johnson
*Murras**

Man schreibt das Jahr 1970. Die Familie ist in die Stadt umgezogen. JAYDA *ist Stationshilfe in einem Krankenhaus,* WILBA *geht noch zur Schule. Jayda saugt den Boden im Wohnzimmer. Wilba kommt mit einer Cola in der Hand und seiner Schultasche herein. Er schleudert die Tasche wütend über den Fußboden und setzt sich dann mit hängendem Kopf aufs Sofa.*

JAYDA: *(macht den Staubsauger aus)* Was ist los?

WILBA: Nichts, mir geht's gut.

JAYDA: Geht's dir nicht, los schon, Wilba. Du siehst richtig sauer aus. Sieh dich doch an. Aber gut, wenn du's mir nicht erzählen willst.

(Schaltet den Staubsauger an)

WILBA: Okay, okay, ich erzähl's dir.

(Jayda schaltet den Staubsauger wieder aus.)

JAYDA: Ich wußte doch, daß was los ist.

WILBA: Ich hatte Ärger mit dem Direktor. Hab den Stock bekommen.

JAYDA: Wofür diesmal? Hast du dich wieder geprügelt?

WILBA: Ist mir egal, nächstes Mal mache ich ihn richtig fertig. Dieser Kerl hat mich einen dreckigen Nigger genannt, einen Abobastard. Aldo hat ihm gesagt, er soll die Klappe halten, aber er hat einen in die Fresse gekriegt.

JAYDA: Aldo tritt immer für dich ein.

WILBA: Genau, deshalb bin ich dazwischengegangen. Ich wollte nicht, daß er meinetwegen Schwierigkeiten kriegt, also habe ich den Kerl umgeworfen.

JAYDA: Was hast du mit ihm gemacht?

WILBA: Hab ihm nur ein blaues Auge und Nasenbluten

---

* Murras — Hände

verpaßt. Hätte ihn weiß Gott richtig fertigmachen sollen, das wäre besser gewesen.

JAYDA: Also ihr drei habt wirklich den Stock verdient. Sich so zu prügeln...

(Jayda zieht den Stecker aus der Steckdose und rollt das Kabel auf.)

WILBA: Wovon redest du denn, Jayda? Ich war der einzige, der den Stock bekommen hat. Dieser *wudjella*-Direktor macht mich wirklich wütend. Er sagt: ... »Du mußt lernen, dich zu benehmen. Wir können dich hier nicht brauchen, wenn du dich wie ein Nomade verhältst.«

JAYDA: Jetzt hör mir mal zu, Wilba, das ist bei mir auch nicht anders. Ich arbeite in der Küche mit Russen, Italienern, Griechen, was es nur gibt, aber ich bin die einzige Aborigine, und, Junge, krieg ich's ab. Die ganzen Dreckjobs und immer herumkommandiert, und ich muß mich zusammenreißen, um nicht sauer zu werden. Ich will meinen Job nicht verlieren, also gehe ich einfach weg, ohne was zu sagen.

WILBA: Ich nicht, ich wehre mich.

JAYDA: Es ist, weil wir anders sind, die verstehen uns nicht. Die haben noch nie *blackfellas* gesehen, haben wahrscheinlich Angst vor uns. Die würden sterben, wenn die so im Busch leben sollten wie wir. Komm schon, Wilba, wir lassen uns nicht fertigmachen.

WILBA: Ich geh morgen nicht hin, ich spiel krank oder irgendwas.

JAYDA: Mach das nicht, das hilft doch nichts. Sei einfach der Beste in den Dingen, die du gut kannst! Du bist doch der beste Läufer, Fußballer, Zeichner, oder nicht? Also dann... pst! Das muß Mum sein.

(Ruby kommt mit einer Tasche voller Kleider herein. Sie läßt sich aufs Sofa fallen.)

RUBY: Hallo! Bin ich fertig, puh. Diese *boogadies* tun mir an den Füßen weh.

JAYDA: Mum, sieht aus, als ob du gut was an Geld unter die Leute gebracht hast.

RUBY: Ich war nur in der Mission. Jessie und ich sind herumgefahren und haben Kleider bei anderen *nungar*-Familien vorbeigebracht. Für euch beide habe ich auch ein paar. Seht mal.

(Wilba öffnet die Tasche und breitet die Sachen auf dem Boden aus.)

WILBA: Wow, sieh dir das an, Pullover, Jeans, Socken, und hier, sieh mal, *gundies*, richtig schick, wie?

JAYDA: Der Pullover steht dir gut, Wilba, und guck mal, das Kleid ist wirklich hübsch, aber zu klein für dich, was, Mum?

RUBY: *(steht auf und nimmt das Kleid)* Nein, Jayda, das Kleid habe ich extra für dich mitgenommen, damit du es morgen zu Jessie und Tom anziehen kannst, wenn...

JAYDA: *(ärgerlich und laut)* Mum, das habe ich dir doch schon mal gesagt. Ich arbeite jetzt, und ich kann mir meine eigenen Sachen kaufen. Ich kann so was nicht anziehen. Das ist eben so in dem Job.

RUBY: Was, bist du dir jetzt zu gut dafür? Ich habe die Sachen immer daher bekommen. Da hast du nichts gesagt.

JAYDA: Das ist es nicht. Ich muß mich genauso anziehen wie...

WILBA: Mum, ich gehe zu Aldo fernsehgucken. Bis später, ihr zwei.

(Wilba ab)

JAYDA: Das ist es nicht, Mum. Ich muß mich genauso anziehen wie meine Freundinnen. Ich muß genau gleich sein, Mum, sonst lachen sie mich aus.

RUBY: Die lachen? Du solltest diejenige sein, die lacht, Jayda. Jetzt hör mir mal zu, ich schäme mich nicht. Laß sie doch denken, daß wir anders sind. Ich nehme denen alles ab, was sie anbieten. Jayda, die wollen uns doch so behandeln. Ich nehme jede Unterstützung, Ration, Freikarte, jeden Penny. Solange die nicht denken, daß wir sie mögen, stehen wir doch gut da.

JAYDA: Aber du verdienst nagelneue Sachen, nicht abgelegte. Du wirst immer ein Niemand bleiben, wenn du dich so behandeln läßt. Verstehst du das denn nicht, Mum?

RUBY: Wenn man kein Geld für nagelneue Sachen hat, muß man eben in irgendwelchen Sachen stolz sein. Ich bin mir nicht zu schade, Jayda, ich bin mir nicht zu schade. Ich kenne eine Menge *nungas,* die sich nicht zu schade sind.

JAYDA: Sie mögen es auch nicht, wenn man sich wie ein *blackfella* verhält. Manchmal muß ich besser sein, mich besser anziehen, alles besser machen als die. Ich kann nicht anders sein, Mum.

RUBY: Ich bleibe dieselbe, ob in einem alten Kleid oder in einem nagelneuen. Ich verändere mich dadurch nicht. Aber du, Jayda, du veränderst dich, gewöhnst dir neue Dinge an. Du wolltest nicht in die Stadt kommen, weißt du noch? Willst du jetzt zurückgehen, Jayda? Sie sind alle weg, Jayda, alle unsere Leute sind weg.

JAYDA: Ich habe mich verändert, Mum, ich bin älter, ich bin anders geworden.

RUBY: Du machst keine Körbe mehr.

JAYDA: *(greift nach dem Korb, der an der Wand hängt)* Niemand hier will Körbe. Die bedeuten denen gar nichts...

RUBY: Das müssen sie auch nicht! *(Sie greift den Korb von Jayda.)* Das gehört zu dir! Das mußt du deinen Kindern eines Tages beibringen.

JAYDA: Ich bekomme keine Kinder.

RUBY: Wenn du irgendwann heiratest, wirst du welche bekommen, und dann...

JAYDA: Ich kann keine Kinder bekommen, Mum.

RUBY: Was? Was sagst du da, Jayda? Wer hat dir das gesagt?

JAYDA: Der Arzt im Krankenhaus. Ich hatte eine Untersuchung, einen Test, er hat's mir erzählt.

RUBY: Untersuchung? Test? Wofür denn?

JAYDA: Es war eine Routineuntersuchung. Der Arzt rief mich eines Tages zu sich. Er hatte ein paar besondere Unterlagen, er sagte, sie wären von der Regierung, sagte, daß ich Teil eines Programmes war oder so was, ist schon lange her. Hatte was mit den Spritzen zu tun, die die Schwester mir und Jessie gegeben hat.

RUBY: Spritzen? Du hast mir nie was von irgendwelchen Spritzen erzählt.

JAYDA: Mum, sie hat gesagt, es wäre alles in Ordnung. Ich dachte, du wüßtest es. Sie hat gesagt, sie hätte es dir erklärt. Sie hat gesagt, es wäre, um Krankheiten zu verhindern.

RUBY: Sie hat gelogen. Spritzen, um Krankheiten zu verhindern, Spritzen, um Babys zu verhindern! Sie haben uns angelogen, was fällt denen eigentlich ein. Bestimmen über dich, bestimmen über mich, deine Mutter?

JAYDA: Mum, es war ein Experiment. Wir können nichts mehr dagegen machen. Mir geht's ja gut, es ist schon in Ordnung.

RUBY: Nein, es ist nicht in Ordnung! Jayda, du warst doch erst vierzehn, warst doch noch mein Kleines. Was für Gesetze haben die eigentlich? Die mischen sich in unsere Frauenangelegenheiten ein, die bringen Tod in unser Land, Schande über unsere Kinder ...

JAYDA: Ich war bei einer Frau von der Wohlfahrt, die hat gesagt, daß ich nichts machen kann. Aber ich habe vor, Krankenschwester zu werden, Mum, und dann gehe ich zurück, um zu verhindern, daß die das immer noch machen.

RUBY: Diese dreckigen *wudjella*-Hunde! Die wußten, wer diese Spritzen bekommen hat. Deshalb haben sie dich und Jessie gejagt.

JAYDA: Woher sollen die das denn gewußt haben, Mum?

RUBY: Ich weiß es noch, ich weiß noch, wie die Schwester vorbeikam, als das Vieh zusammengetrieben wurde. Sie hat mit denen in der Kneipe getrunken, daher wußten die das.

JAYDA: Mum, komm mal her. Weißt du noch, wie Granny gesagt hat, daß *wudjella*-Frauen anders sind als *gadjeri*-Frauen? Sie haben keine Frauentraumzeit, keinen eigenen Tanz, kein *inma*. Dann hat sie gesagt: »Jayda, du vergiß deine Geschichten nicht, halt sie heilig für deine Kinder, nicht für *wudjellas*.« Granny hat sie Niemande genannt, die haben keine Seele.

RUBY: Das sind alles Niemande. Granny und ich haben dich deine eigenen Frauenangelegenheiten gelehrt. Und diese Schwester, die hat uns alles genommen.

JAYDA: Nein, Mum, niemand kann dich mir wegnehmen oder Granny. Mum, setz dich, ich mache dir eine Tasse Tee. Mum, ich werde eine gute Krankenschwester, wart's nur ab. Du wirst noch richtig stolz auf mich sein. Ich muß zurück zur Arbeit. Geht's dir besser?

(Sie nimmt ihre Arbeitstasche und setzt sich neben ihre Mutter.)

Mach dir keine Sorgen um mich... Mir wird es schon gutgehen. Ich hab dich lieb, Mum, ich hab dich lieb.

Ich wurde am dritten November 1920 als Kathleen Jean
Mary Ruska geboren, das zweitjüngste von sieben Kindern. Mein Vater lehrte uns, unsere Identität als Aborigines zu wahren, indem er uns in der Lebensart unseres
Stammes unterwies.

Ich bin vom Noonuccalstamm, mein Totem ist *kabool,*
die Rautenschlange, mein Stammesland Minjerribah, das
die europäischen Invasoren in Stradbroke Island umbenannt haben.

Wir haben uns durch Jagen ernährt. Da wir auf einer
Insel lebten, gab es Fisch und Meeresfrüchte im Überfluß. Unser Seegeist Quandamooka, den die Europäer in
Moreton Bay umbenannt haben, hielt uns gut versorgt:
Fisch, Austern, Krebse, *quampee* und *eugaree* (verschiedene Muscheln) und *dugong* (Seekuh). Außerdem stellten
wir Fallen auf und aßen Beuteldachse, Känguruhs, fliegende Hunde und Loris wie den blaugrünen Bergpapageien.

Unser Essen erhielt uns glücklich und gesund.

Mein Vater war Vorarbeiter eines Aboriginetrupps in
Dunwich. Er arbeitete sechs Tage die Woche und erhielt
dafür 3 Pfund. Er arbeitete für das Dunwicher »Wohl-
tätigkeitsasyl für Ältere und Gebrechliche« der Queenslander Regierung auf der Insel.

Der Trupp übernahm alle untergeordneten Aufgaben
in Dunwich: Holz sammeln und hacken, Straßen bauen,
Abflüsse reinigen und Frachten entladen. Die europäisch-australische Belegschaft betrieb das Heim.

Zugpferde wurden schweren Rollwagen vorgespannt,
und das Schiff der Landesregierung »Otter« brachte zweimal in der Woche Fracht, die für das Heim benötigt
wurde, aus Brisbane.

Ich besuchte die staatliche Grundschule von Dunwich. Im Alter von dreizehn Jahren ging ich von der Schule ab, um als Hausangestellte für zwei Schillinge und sechs Pennys zu arbeiten.

Die Queenslander Landesregierung bezahlte die Aboriginearbeiter mit einem kleinen Lohn und durch Rationen, die aus Reis, Sago, Tapioka, Streichhölzern, Mehl und einem Stück Seife bestanden und die alle vierzehn Tage ausgeteilt wurden. Am Geburtstag der Queen wurden Decken und ein Plumpudding ausgegeben.

Aborigines durften sich an keiner der Geselligkeiten der europäisch-australischen Belegschaft beteiligen.

Uns waren ihre Tanzlokale verboten, und wenn wir ins Theater gingen, mußten wir mit den »Insassen« des Heimes auf langen, harten Bänken sitzen. Die europäisch-australische Belegschaft saß auf Korbstühlen hinten im Theater.

Es wurde von uns erwartet, daß wir regelmäßig den Gottesdienst besuchten.

Als der Zweite Weltkrieg ausbrach, gingen meine beiden Brüder zur Armee und wurden, ohne einen Schuß abgefeuert zu haben, nach Singapur verfrachtet, wo die Japaner sie in Kriegsgefangenschaft nahmen. Sie kehrten nach dem Krieg nach Hause zurück — einer mit einem Bein weniger. Beide starben an ihren Kriegsverletzungen und sind auf dem Friedhof von Dunwich bestattet.

Ich schloß mich dem ›Australian Women's Army Service‹ an und wurde in Chermside, Brisbane, als Telefonistin ausgebildet.

Ich heiratete Bruce Raymond Walker, dessen Stamm von Logan und Albert River kommt. Ich bekam zwei Söhne, und zehn Jahre nach der Hochzeit ließ ich mich von meinem Mann scheiden und zog meine beiden Söhne alleine auf. Ich nahm Wäsche und Bügeln an und arbeitete wieder als Hausangestellte, bis ich mich für einen Rehabilitationskurs für Armeeangehörige bewarb.

Ich ging aufs College und wurde als Stenotypistin ausgebildet. Stenographie, Schreibmaschine und Buchhaltung bestand ich ohne große Schwierigkeiten.

Anfang der Sechziger entstand in Victoria eine Gruppe mit Pfarrer Doug Nicholls und Gordon Bryant an der Spitze, die versuchte, das Interesse an den Belangen der Aborigines zu steigern. Als sie beschlossen, eine Konferenz an der Universität von Queensland abzuhalten, begann ich mich dafür zu interessieren.

Als die Konferenz des ›Federal Council for the Advancement of Aborigines and Torres Strait Islanders‹, FCAATSI – 1960 an der Universität abgehalten wurde, schloß ich mich ihnen an, wurde die Landessekretärin für Queensland und hatte diesen Posten zehn Jahre lang inne.

1970 kam Königin Elizabeth II. nach Australien, um »die Entdeckung Australiens durch Captain Cook zu feiern«. Die Mitglieder des FCAATSI trafen sich in La Perouse, Sydney, um einen Gottesdienst für die toten Stämme abzuhalten, die von den frühen englischen Invasoren ausgemerzt worden waren, und um Kränze in die Botany Bay zu werfen aus Protest gegen die »Feier«.

Bei dem Treffen saß Pfarrer Don Brady neben mir, während wir auf die Ankunft der übrigen Mitglieder des FCAATSI warteten.

Er sagte, wie überrascht er wäre, daß meine Gedichtbände sowohl von europäischen Australiern wie auch von Aborigines gekauft und gelesen wurden, und er sagte zu mir: »Kathy, du mußt eine Stammesschwester der Papierrindenbäume sein, weil du so gut schreiben kannst. Du könntest das nicht ohne ihre Hilfe. Dein richtiger Name muß Oodgeroo sein. (Das ist unser Name für die Papierrindenbäume.) Du bist ein und dasselbe, du mußt eine Stammesschwester von ihnen sein. Für mich wirst du immer Oodgeroo sein, das ist viel hübscher als dein englischer Name.«

Nachdem die englische Königin nach Hause zurückgekehrt war, bekam ich einen Brief mit Sonderpost, in dem ich gebeten wurde, den Orden des ›Member of the Order of the British Empire‹ MBE — für Dienste an der australischen Gesellschaft anzunehmen.

Ich rief die Brisbaner Aborigines zusammen, um den Brief zu diskutieren. Es wurde von ihnen beschlossen, daß ich die Ehre annehmen sollte, da, wie sie meinten, »das Türen öffnen könnte, die den Aborigines bisher noch verschlossen sind«. Ich beschloß, den MBE deshalb anzunehmen.

Seit 1970 lebte ich in der Hoffnung, daß die Parlamente von England und Australien sich beraten und versuchen würden, für den furchtbaren Schaden, der den australischen Aborigines zugefügt worden ist, Ausgleich zu schaffen: das Verbot unserer Stammessprachen, die Morde, Vergiftungen, das Skalpieren, die Verweigerung des Rechtes auf unser Land, besonders auf unsere spirituellen sakralen Orte, die Zerstörung unserer heiligen Plätze, besonders unserer *bora*-Ringe.

Dieses Jahr, 1988, ist für mich Zeichen für zweihundert Jahre der Vergewaltigung und des Gemetzels, für all die furchtbaren Dinge, unter denen die aboriginischen Stämme leiden mußten, ohne daß die Parlamente von England wenigstens eine Schuld anerkennen würden.

Vom Standpunkt der Aborigines, was gibt es da zu feiern?

Mögen während des Jahres 1988 die Aborigines zu ihren Stammesnamen zurückkehren, die zwischen dem vergossenen Blut und Staub verkümmern; mögen sie ihre herrliche, fließende Sprache zurückfordern, ihre zerstreuten Stammesleute versammeln und für unabhängige Selbstbestimmung arbeiten, mit oder ohne die heutigen englischen oder europäischen Australier.

Mehr Kraft für alle Stämme, die es noch gibt.

Ich habe deshalb beschlossen, daß ich aus Protest gegen das, was die Zweihundertjahr»feiern« verkörpern, nicht länger reinen Gewissens die Ehre eines MBE akzeptieren kann, und werde ihn daher durch ihren Repräsentanten, den Gouverneur von Queensland, Sir Walter Campbell, an Ihre Majestät Königin Elizabeth II. von England zurückgeben.

JACK DAVIS
Eine Lobrede auf den Frieden — von einem alten
Aborigine

Warum sitzt der weiße Mann nicht am Feuer und gibt
    Ruh?
  Sondern steht herum und streitet immerzu.
Was redet der *whitefella* denn bloß vom Kampf daher?
  Jeder hat reichlich und will immer noch mehr.
Er hat ein großes Haus,
  Die Tasche voller Knete,
Doch ist er nicht zufrieden
  Und baut 'ne größere Rakete.
Eines Tages, und ich wette, er ist drauf und dran,
  Geht die Rakete ab wie ein Speer
Und bringt zum Mond 'nen Mann.
  Und dann, wette ich, gibt's Grund zur Beschwerde,
Wie Blasen zerplatzen werden Mond und Erde.
  Leute fliegen 'rum wie im Wirbelwind,
Raufen sich die Haare,
  Es tut ihnen leid, sie waren ja so blind.
In der Stadt stirbt der *whitefella* und mit ihm seine Kin-
    der,
  Der *blackfella* im Busch, der leidet nicht minder.
Whitefella falsch, sich zu streiten immerzu
  Hätt' am Feuer sitzen solln, in aller Ruh.

YVETTE ALGER
Die Zeiten ändern sich

Die Sonne brachte Leben in das kleine Sozialbau-Holz-
haus in der großen Stadt. Kimberley sprang aus dem Bett
und rannte in die Küche. Heute war sein erster Schultag.
Seine frisch gebügelten Sachen hingen ordentlich gefaltet
über der Lehne eines Stuhles. Der alte Holzofen brannte
am anderen Ende der Küche.

»Mum! Mum!« rief Kimberley unruhig.

In der Tür erschien eine kleine, dunkelhäutige Frau in
einem ausgeblichenen Morgenmantel, in den sie dreimal
hereingepaßt hätte, und ohne Schuhe. Ihr Haar war ein
Wust verfilzter Locken.

»Was ist los mit dir, Kimmy? Du wirst noch deinen
Onkel Jim aufwecken, wenn du so herumschreist. Und
du weißt ja, was dann passiert.«

Während Madiga sprach, bemühte sie sich zu lächeln,
um ihrem Sohn zu zeigen, daß sie wußte, warum er so
aufgeregt war. Sie ging zu ihm und legte liebevoll den
Arm um den kleinen Jungen.

»Nun, mein großer Schuljunge, endlich ist der große
Tag doch gekommen, wie?«

Kimberley konnte die besondere Zuneigung, die seine
Mutter ihm entgegenbrachte, nicht ganz verstehen und
ebensowenig, warum sein Magen sich so anfühlte wie im
Moment.

»Mir ist ganz komisch im Bauch, Mum«, sagte Kim
leise.

»Ja, mein Junge«, sagte sie traurig. »Ich weiß. Jetzt geh
und wasch dich gründlich, während ich was mache, damit
du was in deinen Bauch bekommst.« Sie gab ihm eine
Emailleschüssel mit warmem Wasser, die er ins Badezim-
mer mitnahm.

Während Madiga das Porridge umrührte, das sie mit

dem restlichen Wasser aus dem Kessel gemacht hatte, wanderten ihre Gedanken zurück zu ihrem eigenen ersten Schultag.

Genau wie Kim heute morgen war auch sie ganz aufgeregt und voller gemischter Gefühle gewesen. Wie ungeduldig sie gewesen war, die schönen neuen Kleider anzuziehen, die ihr der Mann von der Wohlfahrt geschickt hatte. Sie konnte es gar nicht erwarten, in die Schule zu kommen und lauter neue Freunde kennenzulernen. Aber die ganze Vorfreude wurde zunichte gemacht von diesen grausamen, gemeinen ...

»Mum? Mum? Was ist los mit dir? Weinst du?«

Madiga schüttelte den Kopf, als sie in die Gegenwart zurückkam. »Nee, ich habe nur Dampf in die Augen bekommen.«

Kim setzte sich vor die Schüssel Porridge, die seine Mutter auf den Tisch stellte. Zu viele unbeantwortete Fragen beschäftigten ihn, als daß er Appetit gehabt hätte.

»Glaubst du, daß ich heute viele neue Freunde finde, Mum?«

Madiga brachte keine Antwort zustande, aber sie lächelte so zuversichtlich, wie sie nur konnte.

Konnte sie es denn wissen? Der Gedanke an all die Freunde, die sie in der Schule hatte kennenlernen wollen, und an die grausamen Blicke der Kinder, als sie ins Klassenzimmer kam, kehrte zurück.

Noch einmal blinzelte Madiga gegen ihre Tränen an und sagte sich, daß dies Jahre her sei und die Zeiten sich geändert hatten. Hatten sie das?

Kim zog sich besonders sorgfältig an, und ein zufriedenes Grinsen überzog sein Gesicht, als er sich im zersprungenen Spiegel betrachtete. Stolz stand er vor seiner Mutter und wartete auf ihre Zustimmung. Madiga lächelte breit. Er sieht hübsch aus, dachte sie, und für einen Moment waren alle Ängste um ihren Sohn an seinem ersten Schultag vergessen.

»Geh mit dem Kamm durch deine Rattenschwänze,

und du bist das bestaussehende Kind in der Schule«, neckte sie ihn.

So sehr sie sich auch bemühte, es zu vergessen: Das Bild von den Kindern, die sich über ihre Kleider lustig machten, drängte sich ihr auf. Sie konnte noch sehen, wie sie auf sie zeigten und sie auslachten. »Schau mal die *boong* im Kleid ihrer Mutter« und »Hey, *boong*, meine Schwester hatte auch mal so 'n Kleid. Aber meine Mutter hat es zur Kleidersammlung gegeben, weil es zu alt war.« Madiga erinnerte sich, wie die Tränen ihre dicken, braunen Wangen herunterliefen. Automatisch fuhr sie sich mit der dünnen, schwarzen Hand über die Wangen und war überrascht, daß sie feucht waren. Sie griff nach dem Tuch, das sie zum Geschirrabtrocknen benutzte, und wischte sich schnell und ärgerlich über das Gesicht.

Sie nahm ihr bestes Kleid aus dem Schrank, zog es an. Sie wollte so respektabel wie möglich aussehen, wenn sie Kimmy in die Schule brachte.

Kim war fertig; er hatte seine neue, schicke Schultasche, die Tante Lena ihm mitsamt Pausensnack geschenkt hatte, schon am Abend zuvor gepackt.

Er redete ununterbrochen von dem Augenblick an, als sie durch das Gartentor gingen. Madiga lächelte leise oder nickte abwesend zu seinem unablässigen Fragefluß, während sie die zwei Blocks zur Schule gingen. In Gedanken hoffte und betete sie für ihren kleinen Sohn an diesem besonderen Tag.

Als sie den Schuleingang erreichten, suchte Madiga vergeblich unter den Gesichtern der Eltern nach weiteren Aborigines. Dann hätte Kim den grausamen, weißhäutigen Kindern wenigstens nicht alleine entgegentreten müssen.

Madiga wartete ruhig, bis ihr Sohn in einer Tür verschwunden war. Den ganzen Morgen arbeitete sie angestrengt im Haushalt; versuchte an etwas Positives zu denken. Jim schlief immer noch den Rausch aus, den er sich am Abend zuvor angetrunken hatte. Madiga hörte aus der Ferne das lange Schellen der Schulsirene und dachte an ihren Sohn. Sie stellte sich vor, wie er im Gras saß und die anderen Kinder um ihn herumrannten, mit den Fingern auf ihn zeigten und gemeine Schimpfwörter riefen, gerade so, wie sie es mit ihr vor über zwanzig Jahren gemacht hatten.

»Eine Stunde mußt du noch überstehen, mein Sohn«, flüsterte sie.

Madiga war die erste Mutter am Schultor. Sie begann, über all die Fragen nachzudenken, die Kimmy ihr stellen würde, auf die es keine Antwort gab. Sie konnte sich erinnern, wie sie ihrer Mutter dieselben Fragen gestellt hatte. »Warum wollen die Kinder nicht mit mir spielen? Warum zeigen sie mit den Fingern auf mich und lachen? Was heißt *boong*?« Und sie fragte sich, was sie wohl antworten würde.

Madiga war so in Gedanken versunken, daß sie nicht bemerkte, daß inzwischen viele andere Mütter eingetroffen waren. Die Sirene tönte, und Sekunden später rannten die Kinder zum Tor. Kimberley war unter ihnen; seine zarte, braune Haut glänzte deutlich sichtbar in der Sonne. Seine Mutter breitete die Arme für ihn aus, um ihren Sohn nach seiner schweren Prüfung zu trösten.

Kimberley lief seiner Mutter in die Arme, aber etwas stimmte nicht.

Kim stellte keine der Fragen, die sie erwartet hatte; statt dessen lachte er und sprudelte die Ereignisse des Tages hervor.

»Bis morgen, Kim«, klang die Stimme eines kleinen, weißen Jungen.

Madigas Augen brannten, als sie sich mit Tränen füllten. Kim schaute zu seiner Mutter hoch, hörte einen Moment auf zu schwatzen und fragte: »Was ist los, Mum, wolltest du auch in die Schule gehen?«

Zum ersten Mal seit Wochen konnte Madiga wirklich lachen.

Bidjibub kochte vor Wut, als sie zu Hause ankam.

»Diese verdammte blöde Kuh von einer Schlampe von Lehrerin. Wie kann sie es wagen. Wie kann sie es wagen!«

Bidjibub hatte einen prima Tag in der Schule gehabt, das heißt, prima bis zur letzten Stunde mit Gordy (Miss A. Gordon – A für Anna), dieser widerlichen, lästigen Frau. Bidjibub konnte sie noch sagen hören: »Sie werden Ihre Einstellung ändern müssen, Miss King.«

Bidjibub war in sich zusammengesackt, sie konnte es überhaupt nicht ausstehen, herausgestellt zu werden, weder im Guten noch im Schlechten. »Wenn Sie in die weite Welt hinauskommen, wird es nicht viele Leute geben, die Schwarze einstellen, und besonders nicht jemanden, der so dreist ist wie Sie.«

»Herrgott noch mal! Wart nur ab, bis Mum das hört. Sie wird Gordy fertigmachen.« Bidjibub hing dem Gedanken nach. »Nichts hält Amelia King auf, wenn sie wütend wird, und besonders nicht, wenn ihre Kinder Schutz brauchen. Die alte Gordy wird nicht wissen, was über sie gekommen ist.« Diese Vorstellung ließ Bidjibubs Augen aufleuchten.

Das Lachen verging ihr schnell, als sie durch die Haustür gekommen war. Sie konnte ihre Mutter wütend gegen die dröhnende Stimme ihres Vaters anschreien hören.

»Du lieber Gott, was macht der denn zu Hause? Sucht wohl Streit.«

Bidjibub ließ automatisch ihre Schultasche vom Arm rutschen, während sie den Flur entlanglief. Bis sie die Küche im hinteren Teil des Hauses erreichte, hatte ihr Magen schon mehrere Purzelbäume geschlagen und stand ihr bis zum Hals. Von der Küchentür aus konnte Bidjibub ihre Mutter und ihren Vater streiten sehen. Ihr

Vater hob die Hand, aber als er ausholte, wich Amelia King dem Schlag aus, und statt dessen bekam ihre Tochter (die ihre Mutter schützen wollte) den Schlag quer übers Gesicht. Amelia hatte nicht einmal mitbekommen, daß ihre Tochter zu Hause war, bis ein Stück Schuluniform verschwommen an ihr vorbeirauschte – und da rutschte sie nun langsam die Schranktür herab.

»Los, 'Bub, laß uns gehen.« Halb Ermutigung, halb Aufforderung. Bidjibub ließ sich nicht lange bitten. Sie raffte sich vom Boden auf, schlängelte sich auf ihrem Weg aus der Küche um ihren Vater und ein paar leere Bierflaschen herum in den Flur, schnappte ihre Tasche und nahm Reißaus. Ihre Mutter hielt die ganze Zeit mit Bidjibub Schritt. Sie sprangen über den Zaun und liefen weiter, bis sie beim Bahnhof waren.

Ein schnelles Überprüfen der Finanzen, zwei Dollar und fünfzig Cents für sie beide. Genug für den Zug zu Tante Win und dann den Bus zur Schule morgen früh. »Scheiße!« Ihr Gesicht tat weh. Na ja, wenigstens hatte sie ihre Mutter vor einem Faustschlag bewahrt.

Bei ihrer Tante wusch Bidjibub ihre Strümpfe und ihr Hemd aus. In der Nacht teilte sie sich mit ihrer Mutter ein Bett im Zimmer ihrer Kusine. Aber sie schlief nicht gut, das Gesicht tat ihr weh, und sie konnte nicht aufhören zu weinen. Bidjibub wurde ganz schlecht, wenn sie an die vielen Jahre der Trinkerei und der Streitereien dachte. Sie konnte es einfach nicht mehr aushalten. Bidjibub hatte vor, nach diesem letzten Schuljahr wegzugehen, ob mit oder ohne Job!

Am nächsten Morgen in der Schule bemerkten nicht viele den Bluterguß. Gott sei Dank. Sie wollte es nicht jedem erklären. Der Bluterguß zeigte sich nur als schwache, grüne Linie ums Auge und am Kiefer. Aber am Vormittag wurde er dann dunkler und in der fünften Stunde offensichtlich.

»Was ist passiert, Lucy?«

»Ach nichts, hatte einen Zusammenstoß mit der Schlafzimmertür. Los jetzt, ich kann nicht hier rumstehen und quatschen; Gordy bringt mich um, wenn ich zu spät komme!« Bidjibub hielt das Gesicht gesenkt, obwohl diese Position schmerzhafter war, um keine weiteren Fragen zu provozieren.

Aber nach zwanzig Minuten bemerkte es Gordy.

»Soso, Miss King, ich sehe, Sie haben sich geprügelt.«

»Aber ...«

»Erzählen Sie mir nicht, daß dem nicht so war, ich kenne euch doch! Ihr könnt nicht anders, wie? Die aggressivste Rasse, die ich je erlebt habe. Und Sie sind nicht anders.«

Das brachte das Faß zum Überlaufen. Bidjibub verließ den Kunstsaal.

»Und wohin gedenken Sie zu gehen, junges Fräulein?«

»Ich weiß nicht, Miss Gordon, aber ich sage Ihnen eines: Ich werde nicht hierbleiben und mir diesen Scheiß anhören.«

Bidjibubs Freundinnen fanden sie zusammengekauert im Untergeschoß. Sie hatte so sehr geweint, daß ihre Schuluniform vorne ganz feucht war. Sie hatten keine guten Nachrichten.

»Los, Luce, du mußt ins Büro gehen. Erzähl Miss Lawson einfach deine Version. Sie ist in Ordnung. Du wirst keinen Ärger bekommen. Sie wird dir zuhören.«

Überraschenderweise stellte Bidjibub fest, daß Miss Lawson ihr tatsächlich zuhörte, und bevor sie wußte, wie ihr geschah, erzählte Bidjibub ihr alles. Die Streitereien und die Trinkerei, alles. Miss Lawson zeigte Mitgefühl, sie war ernstlich beunruhigt. Bidjibubs Laune stieg wenigstens ein bißchen, da sie jetzt davon ausgehen konnte, daß Gordy sich so etwas nicht mehr allzu oft erlauben würde. Damit blieb ihr Vater übrig, und der würde in sechs Monaten auch kein Problem mehr sein, da die Airforce ihn dann versetzen würde. Bidjibub schwor sich, daß Alkohol nie ihr Familienleben beherrschen würde.

Manchmal kann ich die Augen schließen und so tun, als wäre ich völlig weg, ganz alleine in den sich auftürmenden Wolken hoch am Himmel, wo es friedlich ist und ruhig und die warme Sonne neben mir liegt wie meine Freundin und mich küßt, bevor sie zu Bett geht. Alles wäre weich und rot-gelb-lila wie alles Gute, das sich über den Himmel ergießt. Ich wäre genau mittendrin und spielte mit dem Wind und erzählte alle meine Geheimnisse (die ich niemandem erzählen kann, noch nicht einmal Mum) dem Mond und den Sternen.

Dann fängt Tante Nira an, sich mit Mum oder Onkel William zu streiten, und ich bin wieder zu Hause.

Meistens wohnen wir zu sechzehnt bei uns zu Hause. Wir Whittys bleiben alle beieinander: Wenn wir nicht zusammenhalten, haben wir keine Chance. Mum war eine Erwell, aber sie ist jetzt eine von uns.

Gwendoline kam nach Hause, nachdem sie weggelaufen war, und Dad gab ihr eine gehörige Tracht Prügel. Ihre Beine waren schwarz und blau und total angeschwollen. Ihr Geheule war mir zuviel. Ich ging fernsehen, bis ich an der Reihe war, verprügelt zu werden.

Darryl und Louis sind gerade hereingekommen, richtig zufrieden mit sich, weil sie in ein Haus eingebrochen sind und fünfhundert Dollar gefunden haben. Morgen wird es ein tolles Gelage geben, und darüber bin ich froh, denn ich habe seit gut drei Wochen nicht richtig gegessen. Sie haben herausgefunden, daß Dad zu Mum zurückgekommen ist, deshalb haben sie ihr die Sozialhilfe gestrichen. Und wir sind halb am Verhungern, weil Dad sein Arbeitslosengeld nur für sich selber ausgibt.

Darryl erzählt, wie Louis, als ein großer Hund hinter ihm herkam, zu brüllen anfing. Darryl meint, Louis schwang in dem Baum wie ein kleiner Affe. Onkel William platzte bald vor Lachen darüber. Louis ist Onkel Williams Kind. Er ist erst etwa neun, aber er raucht wie ein Schlot, und wenn er betrunken ist, will er mit jedem kämpfen, sogar mit Dad oder Clancy, die beide über ein Meter achtzig sind. Ich kann dir sagen, dieser kleine Louis kann einen zum Lachen bringen. Jetzt zeigt Darryl ihm, wie man in Geschäfte einbricht und Autos stiehlt. Er macht das auch ganz gut, denn er ist so klein und schwarz, daß ihn niemand sieht.

Lachen ist das einzige, was Onkel William den ganzen Tag lang macht. Sogar als Tante Nira ihm gestern abend eine Flasche auf dem Kopf zerschlagen hat, lachte er nur. Wahrscheinlich ist er verrückt. Ich hätte es Tante Nira aber gegeben. Sie kommandiert uns Kinder herum und ist frech zu Mum, wenn Dad nicht da ist. Jimmy sagt, er käme ihr mit der Machete eines Tages, aber ich glaube nicht, daß er das je tun würde. Er hört sich nur gerne selber reden. Er ist jetzt in Fremantle, und ich vermisse ihn richtig. Er konnte vielleicht nicht kämpfen, aber er war ein guter Tänzer: Seine Beine waren wie aus Gummi, und sein Körper war geschmeidig, sagt Mum. Du hättest hören sollen, wie er Elvis Presley oder Humphrey Bogart nachahmte. Aber er ist über einen Polizisten hergefallen, der ihn in eine kleine Gasse zog, um ihn zu verprügeln.

Peter und Coran sitzen zusammengekauert am Fenster. Sie reden nicht, lachen nicht, machen gar nichts. Sie sind vom Freigang abgehauen. Ein Whitty ist immer gerade auf der Flucht; so ist eben das Leben. Coran will sich die Haare schwarz färben, damit er eine bessere Chance hat zu entkommen. Seine Haare sind echt blond und lang, so schön wie ein Mondstrahl oder das Sonnenlicht, das durch die Bäume kriecht. Er war so stolz auf sein blondes Haar, das wirklich wie eine Krone ist, besonders weil wir alle von oben bis unten schwarz sind. Jetzt muß er seine Krone abgeben, denn es laufen nicht allzu viele blonde *nyoongahs* herum, und er ist so leicht auszumachen. Die

Bullen werden dafür sorgen, daß Corry Blut pißt, haben sie Darryl und mir erzählt.

Peter ist nur dünn und dreckig und verängstigt. Peter ist Onkel Williams anderes Kind, mein älterer Cousin. Er ist im selben Alter wie Jimmy, und sie sind gute Kumpel. Als Jimmy abgeholt wurde, ist Peter völlig durchgedreht. Er wollte den starken Mann markieren und Coran helfen, ein Auto zu stehlen. Sie rollten es den Hügel herunter, als Coran die *munadj* ihnen entgegenkommen sah. Also sprang er heraus und ließ Peter zurück, der sich an der Beifahrertür festhielt. Der Polizeiwagen sah ein führerloses Auto an sich vorbeischießen mit einem dünnen Haufen Knochen, der im Wind flatterte wie eine Fahne auf Halbmast. Witzig? Wir lachten wochenlang darüber. Sogar jetzt noch. Wenn jemand Peter nach gestohlenen Autos fragt, platzen alle vor Lachen.

Aber sie wurden doch geschnappt.

Jetzt sind sie jedenfalls für eine Weile draußen. Coran starrt auf die Füße und brütet, während Peter nicht mal Karten spielt; so viel Angst hat der. Er kann ja vielleicht nicht allzu gut lesen – keiner von uns kann das außer den Älteren –, aber er kann einfach alles mit einem Päckchen Karten. Er ist der beste Falschspieler, den ich kenne, außer Clancy. Clancy hat das im Gefängnis gelernt, als er nichts Besseres zu tun hatte. Dann kam er heraus und hat es Peter beigebracht, der nie etwas Besseres zu tun hatte. Coran und Peter hatten nur noch einen Monat, aber sie haben es nicht länger ausgehalten. Jetzt sitzen sie den ganzen Tag am Fenster und warten darauf, daß die Polizei kommt.

Dad ist von Thursday Island, ein großer Kerl und ehemaliger Boxer. Er kann immer noch kämpfen, aber nur wenn er sauer wird. Dann sollte man besser aufpassen. Onkel Joey war auch ein guter Kämpfer, bis er von einem *featherfoot* getötet wurde. Gestern abend haben die Mädchen so ein Geisterspiel gespielt und ihn zurückgebracht. Ich habe die ganze Nacht an Geister gedacht, und als ein

Bettuch draußen auf der Leine flatterte, wäre ich beinahe für immer bleich geworden. Danach bin ich dann zu Clancy ins Bett.

Sally hält sich für richtig wichtig, weil sie die Schule geschafft hat und jetzt einen Tippjob hat. Aber sie gibt uns kein Geld; sie will nichts mehr mit uns zu tun haben. Sie hat jetzt eine Wohnung ganz für sich alleine und bekommt ein Kind von einem weißen Kerl. Glaubst du, der kümmert sich um sie? Er ist rauf in den Norden gegangen und wird auch nicht wiederkommen. Sally wird jedenfalls zurückkommen. Sie kann ja nicht für immer von zu Hause wegbleiben. Keiner kann das.

Gloria hat zwei Babys, und sie ist erst siebzehn.

Sie ist Onkel Williams einzige Tochter (wenigstens, solange er und Tante Nira nicht aufhören, sich zu streiten und wieder zusammenkommen). Ihr Mann ist gerade in Fremantle wegen Autodiebstahl. Er ist gut zu Glory und schlägt sie fast nie. Wenn er herauskommt, will er sich einen Job als Mechaniker suchen und sich in einem Haus niederlassen; nur die zwei und die Kinder. Das ist sein Traum.

Diese kleinen Babys machen Spaß, und wir alle lieben sie, besonders Clancy. Er kann eines in jeder Hand hoch in die Luft halten, so daß sie wie kleine, braune Bienen aussehen, die um eine schwarze Blume schwirren. Clancy bringt sie immer zum Lachen, und dann wandert ein langsames Lächeln über sein ruhiges Gesicht.

Vor sechs Monaten ist er auf Bewährung freigelassen worden, nachdem er seine Zeit abgesessen hat, weil er einen dieser Moores umgebracht hat. Die Moores sind unsere Feinde seit einem Kampf vor langer Zeit. Jedenfalls haben die Moores Onkel Joey getötet, und sie haben Cousin Paulies Magen ausgebrannt, so daß er auch gestorben ist. Eines Abends in der Stadt kamen die Moore-Jungen und brachen einen Streit vom Zaun mit Clancy und Coran und einigen anderen Cousins von uns. Puh, Junge! Clancy rastete aus und fing an, Billardkugeln zu werfen und mit Billardqueues auf die Moores einzuschlagen. Ich war erst zehn, deshalb hat Clancy mich unter den Billardtisch geschoben. Aber den Kampf habe ich gesehen.

Coran schlug auf zwei Kerle ein und legte sie beide flach. Einer meiner Cousins bekam den Kopf mit einem Billardqueue eingeschlagen. Dann bekam Clancy den dicken Gary Moore zu fassen und schleuderte ihn quer durch den Raum. Er trat ihn solange, bis Blut aus dem Mund des Jungen spritzte. Dann griff Clancy sich eine Flasche, zerschlug sie auf Gary Moores Kopf, und rammte sie ihm in den Magen. Das Blut floß wie ein Fluß aus Gary Moores Kopf, und ich sah meinen ersten Toten. Paulie war nämlich Clancys Lieblingscousin gewesen, und er war furchtbar aufgebracht, als Paulie getötet wurde. Gary Moore war einer von den Kerlen, die Zeitungspapier in Paulies offenen Bauch steckten, dann Kerosin hineinschütteten und ihn abfackelten.

Clancy war fünf Jahre im Gefängnis. Jetzt ist er erwachsen, mit kurzem Haar und langen Koteletten. Er sagte zu mir, als er herauskam: »Artie, geh nie ins Gefängnis, Junge. Laß die weißen Kerle dich in Dreck stecken, auf dich spucken, sogar auf dich scheißen. Aber bleib aus dem Gefängnis. Da drinnen ist es schlimm, Bruder.«

Clancy ist so groß wie Dad und redet nicht viel. Keiner weiß, was er denkt oder was er tun wird, deshalb ist er der gefährlichste von uns Whittys. Seinem Gesicht kann man nicht ansehen, ob er lächelt oder die Stirn runzelt oder was.

Unsere Nachbarn wollen nichts mit uns zu tun haben. Mum versucht, das Haus sauberzuhalten und uns auch. Wir baden jeden Abend, aber, wie Darryl scherzt, wir werden nie weißer. Aber es ist nicht wirklich lustig. Egal, was wir machen, um wie Weiße zu werden, wir bleiben doch immer Schwarze, und das ist das Problem. Wir können uns nicht mal prügeln oder unsere Verwandten zu Besuch haben, ohne daß die Nachbarn sich einmischen.

Sie sagen, wir sollen uns einen Job suchen.

Dad hat bei der Eisenbahn gearbeitet, bis er von den Erkältungen, die wir immer kriegen, eine schlimme Lunge bekam. Darryl hat in einer Metzgerei gleich bei uns um die Ecke gearbeitet, aber er hat sich beinahe die Finger abgeschnitten mit einem der großen Messer dort, also gab er den Job auf. Es war das erste Mal, daß Darryl gearbeitet hat, er schleppte so große, gefrorene Känguruhs herum. Ich brachte Darryl sein Mittagessen, deshalb weiß ich darüber Bescheid. Die hatten Kugeln im Kopf, im Bauch, überall – aber meistens im Kopf. Und diese toten Augen beobachten einen und verfolgen einen durch den ganzen Raum. Ich würde nicht in einer Metzgerei arbeiten.

Als Darryl dort aufhörte, ging er noch am selben Tag wieder hin und stahl die Kasse. Er hatte sie in einem Regal stehen sehen. Diese weißen Kerle lernen nie dazu. Aber die Polizei kam direkt zu uns nach Hause und schnappte ihn. Sie kommen immer zuerst zu den *nyoongah*-Häusern. Darryl ging damals nach Riverbank, aber sobald er herauskam, zogen er und Louis los, um in Häuser einzubrechen. Darryl hat immer einen Scherz parat; ihm ist alles egal.

Unser Haus ist wie unsere Welt. Manchmal ist es dreckig, und manchmal ist es sauber. Keiner von uns hat ein eigenes Bett. Wir teilen alles, was wir haben. Hinter dem Haus hat Mum ein bißchen Rasen wachsen, und sie sprengt ihn jeden Tag. Es liegen immer reichlich Flaschen bei der Mülltonne herum, weil Tante Nira säuft wie ein Loch. Dad und Onkel William auch, ein bißchen weniger. Hinten, wo mal der Zaun war, liegen zwei Autowracks. Darryl hat mittlerweile alle Fenster eingeworfen, nur um irgend etwas zu tun zu haben. Sie sehen ein bißchen so aus, wie wir wohl alle einmal sein werden. Vielleicht umgeben wir uns deshalb mit altem Abfall. Wir werden alle alter Abfall sein, wenn wir sterben, oder vorher.

Im Haus ist alles kaputt oder dreckig, egal wie sehr

Mum versucht, die Dinge in Ordnung zu halten. Sie tut mir leid, weil ich weiß, wie frustrierend das sein muß. Aber man kann ein Haus nicht sauberhalten mit sechzehn oder mehr Leuten drin und wenn nur Mum die ganze Arbeit macht.

Also sitzen wir in unserem Haus herum: spielen Karten oder trinken oder prügeln uns oder lachen. Manchmal gehen ein paar von uns los und besuchen unsere Cousins. Wir haben überall Cousins; wir wären nichts ohne Cousins. Ein paar von uns sind immer im Gefängnis, in Riverbank oder Bandyup – oder irgendwo. Die Whittys kommen viel herum, aber dennoch kommen wir nie weiter: Wir bewegen uns nie vorwärts. Es wird immer eine Whitty-Familie geben, so eine wie uns.

Das Geräusch, das ich am meisten hasse, ist das Klopfen an der Haustür, wenn die Polizei kommt. Mit diesem Geräusch bin ich aufgewachsen. Die Polizei kommt immer, um Fragen zu stellen oder jemanden festzunehmen. Als sie wegen Jimmy kamen, waren es fünf, alle mit Pistolen. Jimmy lief der Schweiß nur so herunter, und er schrie nach Dad. Er zitterte, als wäre er hundertundzehn und nicht gerade erst achtzehn. Heute lachen wir alle darüber, über den Abend, als die *munadj* Jimmy mitnahm; denn Lachen ist wirklich das einzige, was wir da machen können.

Nun denn, jetzt haben wir ein bißchen Geld, und es gibt eine Sendung über Charlie Pride* im Radio. Alle sind glücklich, und es läuft ein guter Film im Fernsehen.

Morgen zum Abendessen gibt es Fisch mit Pommes.

Das reicht mir allemal.

* Charlie Pride – schwarzer amerikanischer Country- und Westernsänger.

KEVIN GILBERT
Großvater Koori

Es schien mir angemessen, ihn im Zwielicht seines Lagerfeuers zu treffen, wo sich im Widerschein des Feuers aller
Schmerz spiegelte, den er je gesehen hatte. Und doch
hatte er überlebt und gesiegt trotz aller Stacheln, die in
ihn gesteckt worden waren, und in seinen Augen spiegel-
ten sich alle nur erdenklichen Schrecken.

Die sonnenverdorrten Grasbüschel saßen merkwürdig
auf kleinen Erdwällen, die aus der verwitterten Ebene
hervorstanden. Es war ein krankes Land, das an der Über-
weidung starb und durch Habgier vernarbt war. Die
Flußbäume am Lachlan waren älter, grauer und müder,
als ich sie in Erinnerung hatte. Das Leben war aus diesem
Land gesogen worden, oder vielleicht zog es sich ja auch
nur in die Niederlage zurück. Früher war dies Wiradjuri-
land, das Land, das meine Vorfahren freudig in Ehren
gehalten hatten. Vielleicht war es nur Einbildung oder
mein Pessimismus, aber der Anblick von dem alten
Großvater Koori an seinem Lagerfeuer half auch nicht
gerade. Als ich näher kam, knurrte er einen Gruß und
wollte dann wissen, warum ich kam.

Großvater Koori: Was willst du? Warum kommst du
her? Willst wohl, daß ich dir eine Geschichte erzähle, wie
früher, als du eine kleine Rotznase warst, wie? Hast du
die Sprache verloren, oder bist du einfach nur ungeho-
belt?

Es herrschte Schweigen. Seine Aggressivität erstarb nur,
um sich wieder zu entfachen.

Großvater Koori: Erzähl mir keinen Scheiß; du
schreibst doch jetzt Bücher, wie? Du bist doch kein *black
power*-Mann, was? Ich habe bestimmt mehr Power in
einem schlaffen, alten Haar an meinem Arsch als jeder

black power-Junge in seinem ganzen Körper ... oder in der ganzen Meute, die ihm hinterherrennt, wo wir schon dabei sind. Gelbbauchige Bastarde seid ihr alle. Steht vor der Fernsehkamera, jammert, daß die schwarzen Kinder verhungern, und dann ab in die Kneipe mit euren weißen Freunden! Wie die Kerle vom NACC*, die schreien, daß sie nicht genug Spesen kriegen, um in ihre Wahlbezirke zu fahren und ihre Leute zu besuchen. Wofür wollen die denn mehr Spesen? Die kommen doch sowieso nie in die Nähe von ihren Leuten! Das ist doch nur eine Nebeneinkunft, wenn sie nichts zu tun haben zwischen ihren Treffen voller heißer Luft! Nee! Sich selbst der nächste, das ist das Problem.

Die Führer? So 'n Tier gibt's doch gar nicht! Die reden vom Kampf, aber machen sich dann in die Hose vor Angst ... keine Männer, sondern ein Haufen schmarotzender, betrunkener, großmäuliger Bastarde, die über das Elend der eigenen Leute herumpöbeln und mit seiner Hilfe große Männer werden! Guck nicht mit hängendem Kopf! Wenn ich nicht recht hätte, würdest du mich zum Schweigen bringen oder einfach weggehen. Wenn ich nicht recht hätte, würden diese Jammerlappen ihren persönlichen Streit und Haß vergessen und gemeinsam an einem Weg arbeiten, der ihrem Volk wachsen hilft.

Jeder Mensch wird mit einem Sinn für Recht und Unrecht geboren. Jeder kennt das Gesetz menschlicher Gerechtigkeit und wie mit denen umzugehen ist, die es brechen. Es hat keinen Sinn, nach Rechtschaffenheit, Gerechtigkeit, Mitgefühl zu schreien, wenn ihr sie selber nicht praktiziert. Ihr fordert Würde für die Aborigines! Ha! Sieh doch, wie unwürdig ihr euch in der Botschaft** verhalten habt! Habt euch betrunken herumgewälzt, auf

* NACC — National Aboriginal Consultative Committee.
** Botschaft — 1972 errichteten Aborigines eine Zeltbotschaft vor dem Parlamentsgebäude in Canberra, um auf ihre Forderungen aufmerksam zu machen.

alte Frauen geflucht, junge, schwarze Mädchen vergewaltigt, Schnapsgeld geschnorrt! Herrgott, ihr habt unser Volk in einem seiner stolzesten Momente beschämt. Ihr Bastarde, man kann nur große Forderungen stellen, wenn man auch aufrecht und gerade zu stehen lernt. Man wird euch nur mit Würde behandeln, wenn ihr euch würdig benehmt. Ihr bekommt nur Gerechtigkeit, wenn ihr euch vereint und voller Stolz für die gerechte Sache kämpft. Der weiße Mann hat euer Land genommen, mein Land. Er hat den Thron geraubt und sich selbst zum König gemacht. Wird er auf Sklaven hören? Auf ein Nichts? Wird er euch zuhören, wenn er doch weiß, daß ihr Dreck seid? Daß ihr feuchter Dreck seid, die Asche eines erloschenen Lagerfeuers? Ihr müßt euch wieder entzünden, müßt lodern.

Um Gerechtigkeit zu bekommen, müßt ihr Gerechtigkeit ausüben. Um Respekt zu gewinnen, müßt ihr euren Feind zwingen, euch und eure Rechte zu respektieren. Damit er euch sein Ohr und seine Bewunderung schenkt, müßt ihr ihn mit Menschlichkeit einwickeln, denn die Menschen sind immer und überall gleich. Ihr wollt weder schwarze noch weiße Macht, sondern menschliche Macht, menschliche Gerechtigkeit, menschliches Recht.

Ich werde dir nichts über das Gesetz erzählen, denn in seinem Herzen kennt jeder Mensch das Gesetz. Du bist damit geboren, und wenn du heranwächst, wächst auch dein Wissen über das Gesetz. So ist das Leben, oder nicht? Initiation? Du bist doch schwarz, oder? Hörst du den Vogel rufen? Du schaust dich also noch um und horchst, wie? Das ist dein Vogel, dein *nulli!* Deine Seele weiß das. Sie redet in deinem Kopf. Der Geist ist in deinem Kopf und spricht zu dir und genauso zu jedem anderen Aborigine, der innehalten will und horchen.

Was ist mit den Aborigines falsch gelaufen? Wir waren einmal im Einklang mit unseren Geistern, den großen Schöpfern. Es gab eine Zeit, in der waren wir davon berauscht und nicht von diesem Giftschnaps! Alles, was die Geister geschaffen hatten, war heilig. Steine, Gras, Bäume, Tiere, Menschen — alles war heilig, wertvoll und wurde als Heiliges geliebt. Wohin du auch gingst, war heiliger Boden. Nichts hat sich seitdem verändert außer die Art und Weise, wie ihr das Leben betrachtet.

Durch die Geschichte hat sich verändert, wie unser Volk sich selbst sieht. Als die Weißen in dieses Land kamen, haben sie keine Verträge abgeschlossen, sie begannen, uns zu vergewaltigen und zu töten und zu vergiften. Unsere Leute haben gekämpft, bis sie sich zurückziehen und verstecken mußten. Dann bekamen sie die Pocken, Syphilis, Gonorrhöe, Grippe, Lungenentzündung, Tb, alles Krankheiten, die die Schiffe eingeschleppt haben. Sie brachten uns Alkohol, Musketen, Säbel, Strychnin, die Peitsche und Ketten. Mörderische, grausame, unheilige Menschen. Die aufgedunsenen, vergifteten Leichen unserer Männer, Frauen und Kinder konnten ihre Herzen nicht rühren, und wir waren auf die Hölle nicht vorbereitet. Wir hatten nie zuvor die Hölle gehabt. Vor ihnen war alles in diesem Land heilig, und wir waren eins mit allem geschaffenen Leben und heil, bis weiße Wilde kamen und uns »schwarze Affen« und »Primitive« nannten. Das ist jetzt Vergangenheit, aber wir sind das Produkt der Vergangenheit. Unser Volk hat vergessen, daß es einmal eine Zeit gab, in der unsere Männer gegen sie gekämpft haben und gut gekämpft haben... in den Tagen, bevor unsere Seele zermalmt wurde.

Der weiße Mann hat uns nicht den Krieg erklärt und keine Verträge mit uns abgeschlossen, denn das hätte bedeutet, daß er uns als Volk hätte behandeln und sich um unsere Rechte hätte kümmern müssen. Es war viel einfacher, unser Land zu stehlen und seine Schuld zu ignorieren, indem er uns Ungeziefer nannte. Unser Volk, beziehungsweise was von ihm übriggeblieben war, versteckte sich und verhungerte, während freundliche, christliche Weiße uns zu den Müllhalden führten, wo dann Pocken, Krankheiten und Schnaps uns zerfraßen.

So haben unsere Leute das Gesetz verloren und sich selbst. Danach haben sie den weißen Mann willkommen geheißen, der ihnen Schnaps, Tabak und Mehl brachte. Sie krochen vor ihm, wie geprügelte Hunde vor dem Mann kriechen, der sie tritt und füttert. Dann bekamen die Städte Angst wegen der Schwarzen, die auf ihren Müllhalden starben. Sie hatten Angst vor Seuchen, daher drängten sie die Leute weiter aus den Städten heraus. Und unser Volk verlor alle Werte, und die Aborigines verbrachten ihr Leben damit, nach Schnaps zu suchen und auf den Tod zu warten.

So ist es immer noch. Geh in irgendeine Mission, irgendein Reservat. Sieh dir das stumpfe und ungekämmte Haar der Mädchen an. Das ist das sicherste Zeichen einer kranken Seele, wenn die Menschen sich vernachlässigen. Sieh dir an, wie fett viele von ihnen sind, weil sie die ganze Zeit Mist essen, denn sie haben nichts anderes im Leben. Sieh dir ihre Häuser an. Überall Dreck. Hunde schlafen in der Kinderwiege. Schmutzige nasse Wäsche liegt in den Waschkübeln und stinkt und rottet vor sich hin. Auf den Tischen Fettflecken, Teeflecken, schmutzige Teller, Löffel, Tassen. Überall Fliegen. Überall Kinderscheiße wie von undressierten Hunden. Die Kindernasen sind alle gelb und laufen; Männer und Frauen stinken, weil sie im Kopf nicht alt genug sind, um sich wenigstens einmal in der Woche zu waschen. Die Köpfe voller Läuse... und die Frauen sagen zwar, daß sie ihre Kinder lieben, lieben sie aber nicht genug, um etwas dagegen zu unternehmen. Weil es ihnen wirklich scheißegal ist.

Und die Männer. Männer? Ha! Ungewaschen, stinken nach Schnaps und Erbrochenem auf ihren Kleidern. Ich kann nicht verstehen, wie eine Frau überhaupt mit ihnen schlafen kann. Sieh dir an, wie sie sich vollaufen lassen, dann eine Frau verprügeln, ihr die Zähne einschlagen, ihr ein blaues Auge hauen, und wenn sie dann zusammengeschlagen und blutend auf dem Boden liegt, sicherheitshalber noch mal mit dem Stiefel hinterher. Und die wollen Männer sein! Hast du gesehen, wie sie die Kinder hungern lassen, während sie ihre Taschen umstülpen, um Geld für Kippen und Fusel zu haben? Hast du gesehen, wie sie um die Freier herumscharwenzeln, die mit Geld in den Taschen in die Mission kommen? Hast du gesehen, wie sie sich für eine Flasche Schnaps gegenseitig betrügen und ausrauben? Hast du gesehen, wie sie, obwohl sie die Bullen hassen, dennoch wie jaulende Bastardhunde loslaufen, um sich gegenseitig zu verpfeifen? Hast du sie heulen und kotzen gesehen, elend und krank? Tja... dann hast du doch alles gesehen, oder nicht?

Wofür denn wollt ihr Selbstbestimmung? Wofür, wenn ihr noch nicht mal eure Kinder richtig ernähren, beaufsichtigen oder gar waschen könnt? So wie ihr seid, wäre Selbstbestimmung doch nur eine Freikarte dafür, euch noch ein bißchen mehr zu versauen. Was könnt ihr denn bestimmen, solange unser Volk so ist? Ihr wollt Rechte, aber habt nicht die Disziplin oder den Mumm, sie auch zu verdienen. Ihr seid selber nicht erwachsen genug, um euren Kindern beizubringen, was richtig ist. Und ihre dummen Mütter behüten und beschützen sie vor allem und jedem, so daß sie gar nicht abhärten können. Wie können die Jungen zu Männern werden mit solchen Müttern? Woher sollen sie je etwas Mumm in die Knochen bekommen, wenn nie jemand etwas von ihnen erwartet? Sie können und werden es nicht. Aber ohne Verantwortung könnt ihr keine Rechte haben.

Ihr sagt immer, ihr wollt, daß eure Kinder eine Chance haben, aber ihr selber gebt sie ihnen doch nicht. Ihr sagt, ihr wollt Land, aber das Land ohne seine Seele ist nichts. Wenn ihr sagt, ihr liebt euer Volk, dann geht in die Missionen, dahin, wo es am meisten schmerzt. Geht hin und fangt an, Regeln aufzustellen! Kinder können ohne Regeln nicht aufwachsen.

Es herrschte Schweigen, während er in den Kohlen stocherte und mich aufforderte, noch einen Ast zu holen. Als er seinen Kopf bewegte, sah ich die Markierungen auf seiner Brust, wo sein Hemd geöffnet war. Das waren seine Initiationsnarben, harte, erhabene Striemen, die ich als Kind immer angefaßt und über die ich mich gewundert hatte. Dann sprach er wieder.

Großvater Koori: Junge, wenn du dich fragst, warum die Frauen trinken, warum die Häuser dreckig sind, warum die Kinder laufende Nasen haben, Kinderscheiße, Würmer, Fliegen und Elend überall, erinnere dich, was ich vorhin gesagt habe. Wenn ein Mann oder eine Frau sich verzweifelt und hilflos fühlt, dann ist das erste Zeichen von Verrücktheit oder geistigem Zusammenbruch ihre Selbstvernachlässigung. Wenn jemand die Selbstachtung verliert, ist das ein sicheres Zeichen für eine kranke Seele. Wenn du auch nur etwas Liebe im Leib und eine Unze Mumm in den Knochen hast, dann arbeitest du jetzt mit am Heilungsprozeß. Es ist ein Problem der Seele, ein Gesundheitsproblem. Ihr müßt die einzige Medizin anwenden, die ihnen helfen kann: Regeln. Wenn ein Mann das Geld für das Essen seiner Kinder versäuft, setzt ihm den Kopf zurecht. Wenn er seine Frau verprügelt, kommt ein Haufen Frauen zusammen und schlägt ihn k.o. Wenn junge Männer zu sehr über die Stränge schlagen, bringt sie nachts so sehr unter Kontrolle, daß ihnen Hören und Sehen vergeht. Das ist Teil des Gesetzes. Wenn ein Kind auf die Türschwelle scheißt, versohl ihm den Hintern und steck seine Nase in den Dreck. Wenn ein Schmarotzer nicht arbeitet, jag ihn fort. Wenn ein Haus dreckig ist, schickt ein Komitee hin, das der Frau den Kopf zurechtrückt.

Aboriginalität, wie? Ihr sagt, ihr wollt eure Aboriginalität zurück? Dazu muß man ein paar Regeln befolgen, oder etwa nicht? Und die ersten beiden Regeln sind: teile und kümmere dich. Geh nur ein bißchen zurück in die

Tage, als wir noch nicht so gebrochen waren wie heute. Wenn ein Kind ein Fenster einwarf, frech oder gemein war, hat sein Onkel oder seine Tante ihm den Arsch versohlt. Wenn ein Kerl ständig seine Frau und seine Kinder verprügelt hat, hat einer der Männer ihn herausgerufen und ihm die Fresse poliert. Wenn er zu stark war, um ihn direkt anzugehen, hat ihm jemand eine Flasche über den Kopf gezogen. Wie auch immer, entweder man hat die Regeln befolgt, oder man hat was abgekriegt. Heutzutage, wenn du nur darüber redest, jemanden zusammenzuschlagen, oder wenn du ein Kind anbrüllst, das eine Nervensäge ist, rennen die Bastarde zum weißen Polizisten.

Es ist mir egal, wie schwierig das ist. Entweder ihr baut die Aboriginalität wieder auf, oder ihr habt gar nichts. Ihr habt keine andere Wahl. Es wird jetzt einfacher werden, da uns hier und da kleinere Stücke Land zurückgegeben wurden. Das heißt, daß es keinen weißen Manager gibt, bei dem die Leute sich gegenseitig anschwärzen können. Es bedeutet, daß ihr eure Miete selber einsammelt, um die Häuser instand halten zu können. Ihr bildet ein Komitee, das die Miete einsammelt. Wenn eine Familie nicht zahlt, schmeißt ihr sie raus. Bringt die jungen Kerle dazu, ein Jugendkomitee aufzubauen, das die Älteren unterstützt. Inspiziert die Häuser, denn Regeln retten Leben und Gesundheit und Glück. Gebt jedem Mann, jeder Frau und jedem Kind, was ihnen zusteht, denn das Leben ist heilig. Behandelt euer eigenes und jedes andere Leben so. Jeder Mensch hat das Recht, gut und mit Würde behandelt zu werden. Man stiehlt nicht von den Armen. Wer eine schwarze Familie bestiehlt, wird ausgeschlossen. Wer den Alkis Geld aus der Tasche zieht oder sie anpöbelt, wird getreten oder ihm wird eine Flasche über den Kopf gezogen. Wenn eine Frau ihre Kinder vernachlässigt, verprügeln die Frauen sie. Wenn ein schwarzer Junge ein schwarzes Mädchen vergewaltigt, wird er verprügelt und ausgeschlossen. Wenn zwei oder mehr

Männer eine Frau mißbrauchen, werden sie verprügelt und ausgeschlossen. So bleibt das Lager sauber.

Einmal im Monat kocht jede Familie Fleisch, Pickles, Fladenbrot und Nachtisch, und die Mission hält beim Schein eines Lagerfeuers einen *corroboree* ab. Jeden Sonntagabend entzünden die Männer ein Feuer im Freien und veranstalten *singsongs,* denn solche Dinge verbreiten große Zufriedenheit. Jeder Mensch auf Erden kann an der Aboriginalität teilhaben. Sie ist ein Segen, den ihr weitergeben könnt. Die Hungrigen, Heimatlosen, die Armen und Geschlagenen, alle, die unglücklich sind oder denen es schlechter geht als euch selbst, sollen an eurem Feuer willkommen geheißen werden, aber auch sie müssen die Regeln befolgen. Ihr habt die Macht, es ist nur eine Frage, allen und jedem euer *nulli* zu geben. Dieser Geist, dieser große Geist wird euch alles geben, was ihr zum Leben braucht. Das ist Aboriginalität!

Land? Unseren fünfhundert Stämmen gehört das ganze Land. Es ist uns genommen worden, aber ihr müßt jedes Gebiet erlangen, das als Aboriginesreservat bekannt ist, alle Stückchen, an die wir uns als heilige Stätten erinnern, und darüber hinaus ausreichend Land, um unserem Volk eine Grundlage für seine Bedürfnisse zu sichern, besonders in den südlichen Staaten, wo wir vollkommen von unserem Land vertrieben wurden. Das müßt ihr und das muß unser ganzes Volk erreichen. Das ist eure Selbstbestimmung.

Niemand wird euch lieben, wenn ihr nicht etwas Liebenswertes tut oder seid. Ihr könnt kein Glück finden, wenn ihr nicht zuerst Regeln macht, um die Dinge auszumerzen, die unglücklich machen. Man wird euch dann keine Würde entgegenbringen, wenn ihr nicht die Regeln befolgt, die euch helfen, euch würdevoll zu verhalten. Ihr könnt keinen Wert in euch selber finden, wenn ihr ihn nicht selbst aufbaut, indem ihr euch selber respektiert, indem ihr richtig lebt. Wenn ihr Lausigkeit, Feigheit und Gemeinheit toleriert und daß Frauen und Kinder verprügelt und vernachlässigt werden, dann werdet ihr nie die Kraft haben, aus der Hölle herauszuklettern. Ihr braucht nicht zu versuchen, als Weiße »durchzugehen«, um angesehen zu sein; ihr braucht euch auch nicht hinter dem geborgten Ansehen irgendeiner Religion zu verstecken, es sei denn, ihr bekommt es hin, daß sie für euch arbeitet und durch euch euren Mitmenschen hilft. Ihr toleriert nur deshalb so vieles um euch herum, weil ihr wollt, daß andere dieselbe Verdorbenheit bei euch tolerieren. Wenn unser Volk sich nicht untereinander ändern kann, dann werden die Aborigines nie wieder aus der Hölle heraufklettern. Jeder Aborigine muß seines Bruders Hüter sein; jeder Aborigine muß die Regeln des richtigen Lebens wahren, denn wenn wir das nicht tun, wird unsere Aboriginalität aussterben, bis nichts mehr da ist... wie die Kohlen eines längst erloschenen Lagerfeuers.

LIONEL FOGARTY
Ökologie

Ich bin eine Kragenechse
    stromere, sorge vor
Ich bin Zuflucht im königlichen braunen Taipan;
    ein prächtiger Seevogel
        erhascht das Glitzern meiner sternenfarbenen Haut.

Ich
Bin wir Pelikane des Waldriesenkranichs
    traditionelles Yamswurzelsuchen
ja Wurzeln, Nüsse
    unterscheiden sich von Gänsen, Habichten, Wachteln
        die überreich zählen.

Dennoch bin ich auch Seekuh,
    Känguruh, Kakadu und Grashüpfer.
Ja, ich bin Termite, besser noch
    Schmetterlinge sind meine Käfer, Wespen Freunde
Ihr seid die Krokodile der Natur
    sogar Pythons sind nicht unpassend oder Geckos.
Wir sind Warane,
    nachdem das Salzwasser versickerte.

Ich bin Tod
    harmlos.
Ihr seid tropische Zyklen
    Sümpfe haben eine schlechte Anziehung,
        sagt wer.

Jetzt trifft ein Dingo ein
    diese Kost verlockend für ein Wuff Wuff
später Buschnahrung
        brauche einen *barramundi.*

Später bin ich Grabestöcke
    dann bin ich Samen, geworfelt fürs Brot
Ich bin Keule, Köcher
    ein flinker, ausgeglichener Beuteldachs
fliegender Hund und ein ABORIGINE
    unsere Systeme gewebt aus einem Ökosystem
also schickt uns nicht in die Verschmutzung
    wir versuchen nur, uns dieses Leben
        unvereitelt auszumalen.

In der Schule hatten die Kinder angefangen zu fragen, aus welchem Land wir kämen. Das verwirrte mich, denn bisher hatte ich geglaubt, wir seien alle gleich. Wenn wir darauf bestanden, daß wir aus Australien kamen, erwiderten sie: »Ja, aber was ist mit euren Eltern? Ich wette, die kommen nicht aus Australien.«

Eines Tages, als Mum das Geschirr abwusch, sprach ich sie darauf an.

»Was soll das heißen, wo wir herkommen?«

»Ich meine, aus welchem Land. Die Kinder in der Schule wollen wissen, aus welchem Land wir kommen. Sie glauben nicht, daß wir Australier sind. Sind wir Aussies, Mum?«

Mum schwieg. Granny grunzte irgendwie ärgerlich, stand dann vom Tisch auf und ging hinaus.

»Sag schon, Mum, was sind wir?«

»Was sagen die Kinder in der Schule?«

»Irgendwas. Italiener, Griechen, Inder.«

»Sag ihnen, du bist aus Indien.«

Ich wurde richtig aufgeregt. »Wirklich? Indien!« Es klang so exotisch. »Wann sind wir hergekommen?« fragte ich noch.

»Vor langer Zeit«, antwortete Mum. »Schluß jetzt mit den Fragen. Du erzählst nur, daß du aus Indien bist.«

Es war gut, endlich eine Antwort zu haben. Und sie genügte unseren Spielkameraden. Sie konnten glauben, daß wir Inder waren; sie wollten nur nicht, daß wir vorgaben, Australier zu sein, wenn es doch nicht stimmen konnte.

[...]

Am Ende des Schuljahres kam ich eines Tages früher nach Hause und fand Granny weinend am Küchentisch. Ich blieb wie angewurzelt in der Tür stehen; ich hatte sie nie zuvor weinen sehen.

»Granny, was ist los?«

»Nichts.«

»Warum weinst du dann?«

Sie hob ihren Arm und schlug hart mit der Faust auf den Tisch. »Ihr verfluchten Kinder wollt mich nicht. Ihr wollt, verdammt noch mal, 'ne weiße Großmutter. Und ich bin schwarz. Hörst du, schwarz, schwarz, schwarz!« Damit schob sie ihren Stuhl zurück und eilte hinaus in ihr Zimmer. Ich stand immer noch im Eingang. Ich konnte fühlen, wie die Riemen meiner schweren Schultasche in meine Schultern schnitten, aber ich war unfähig, sie abzusetzen.

Mit fünfzehn Jahren wurde mir zum ersten Mal Grannys Hautfarbe bewußt. Sie hatte recht, sie war nicht weiß. Nun, dachte ich logisch, wenn sie nicht weiß war, waren wir es auch nicht. Was waren wir dann? Was war ich denn dann? Ich hatte nie zuvor gedacht, daß ich eine Schwarze sein könnte.

Als Jill und ich an diesem Abend unter einem Plakat von John, Paul, George und Ringo im Bett lagen, sagte ich: »Jill, hast du gewußt, daß Granny eine Schwarze ist?«

»Natürlich hab ich das gewußt.«

»Ich nicht; ich hab's gerade rausgefunden.«

»Das war mir klar. Du bist manchmal richtig blöd. Gott, du meinst immer, ich sei naiv, aber du kapierst manchmal überhaupt nichts.«

»Was . . .«

»Du weißt, daß wir keine Inder sind, nicht wahr?« murmelte Jill.

»Aber Mum hat es doch gesagt!«

»Schau dir Granny an, sieht die vielleicht indisch aus?«

»Ich hab nie richtig darüber nachgedacht, wie sie aussieht. Vielleicht kommt sie von 'nem indischen Stamm, von dem wir nichts wissen.«

»Ha! Das wird ja immer besser! Du wirst doch wohl wissen, was wir sind!«

»Nein, was denn?«

»*Boongs*, wir sind *boongs!*« Ich konnte sehen, daß Jill bei dieser Vorstellung recht unglücklich war.

Es dauerte einige Minuten, bis ich genügend Mut gefaßt hatte, um zu fragen: »Was ist ein *boong?*«

»Ein *boong*, Mensch, ein Aborigine, ein Ureinwohner! O Gott, ausgerechnet Aborigine!«

»Oh.« Plötzlich verstand ich. In unserer Schule bedeutete es ein großes Stigma, Aborigine zu sein.

»Ich kann's einfach nicht glauben, daß du noch nie das Wort *boong* gehört hast«, murmelte sie widerwillig. »Kriegst du denn nie mit, was die Kinder rufen? Wenn sie dich runtermachen wollen, sagen sie: ›Du bist doch bloß ein *boong!*‹ Ehrlich, Sally, du bist dein ganzes Leben wie benebelt.«

Jill hatte recht, ich lebte tatsächlich in meiner eigenen Welt. Sie richtete sich viel mehr nach ihrer Umgebung. Es war ihr wichtig, in der Schule akzeptiert zu sein, weil sie gern dort war. Ich wollte sowieso am liebsten zu Hause bleiben.

»Weißt du, Jill«, sagte ich nach einer Weile, »wenn wir *boongs* sind, und ich weiß noch nicht, ob das stimmt, aber wenn, dann können wir doch nichts dran ändern. Dann können wir's genausogut akzeptieren.«

»Akzeptieren? Kannst du mir vielleicht irgendwas nennen, was gut daran ist, ein Abo zu sein?«

»Hm, ich weiß nicht so viel über sie«, antwortete ich. »Sie mögen Tiere, oder nicht? Wir mögen Tiere!«

»Viele Menschen mögen Tiere. Schon mal was vom Tierschutzverein gehört?«

»Natürlich. Aber fühlen sich Abos nicht besonders mit der Erde verbunden oder so?«

»Herrgott, keine Ahnung. Alles, was ich weiß, ist, daß

keine meiner Freundinnen sie mag. Ich hab nämlich zwei Jahre lang versucht, Lee davon zu überzeugen, daß wir Inder sind.« Lee war Jills beste Freundin, und ihre Meinung war sehr wichtig. Aber Lee mochte Granny, also konnte ich nicht verstehen, was es nun ausmachen sollte.

»Erinnerst du dich noch an Susan?« fragte Jill und unterbrach meine Gedanken. »Ihre Mutter wollte nicht, daß sie sich mit dir traf, weil du einen schlechten Einfluß auf sie hättest. Sie ist der Meinung, alle Abos üben 'nen schlechten Einfluß aus.«

»Ach, das ist doch egal. Ich mochte Susan sowieso nicht so sehr.«

»Du verstehst das immer noch nicht«, stöhnte Jill ungläubig. »Es ist schrecklich, Aborigine zu sein. Keiner will dich kennen, nicht nur Susan. Du kannst Inder, Holländer, Italiener sein, alles, nur kein Aborigine! Ich nehme an, es ist okay für jemanden wie dich; dir ist es egal, was die Leute denken. Du brauchst niemanden, aber ich, ich brauche jemanden!« Jill zog sich die Decke über den Kopf und tat, als ob sie schliefe. Ich wußte, daß sie weinte, aber ich hatte zu viel Neues im Kopf, mußte über zu viel nachdenken, um sie jetzt trösten zu können. Und außerdem, was hätte ich schon sagen können?

Grannys Ausbruch über ihre Hautfarbe und Jills Behauptung, daß wir Aborigines seien, kündigten eine neue Phase in meiner Beziehung zu meiner Mutter an. Ich begann, sie ununterbrochen wegen unserer Herkunft zu löchern. Mum war eine harte Nuß und bestritt Jills Behauptung beharrlich. Sie erzählte mir sogar, daß Granny vor langer Zeit mit einem Schiff aus Indien gekommen sei. Sie war in der Tat so überzeugend, daß ich mich schließlich fragte, ob Jill wirklich recht hatte.

Wenn ich nicht Mum nervte, dann war ich damit beschäftigt, Granny zu nerven. Zu meiner Überraschung bemerkte ich, daß Granny schnell die Sicherung durchbrannte, wenn es um die Vergangenheit ging. Wenn ich versuchte, sie zu fragen, verlor sie entweder die Fassung und beschuldigte mich aller möglichen Dinge, oder sie schloß sich in ihr Zimmer ein und kam nicht eher wieder heraus, bis Mum von der Arbeit nach Hause kam. Es war eine Verschwörung.

Eines Abends kam Mum in mein Zimmer und setzte sich auf das Fußende meines Bettes. Ihr Gesicht besagte, daß es ernst war. Mit einer ungewöhnlichen Festigkeit in der Stimme sagte sie: »Sally, ich möchte mit dir reden.«

Ich ließ meinen Comic sinken. »Was gibt's?«

»Ich denke, das weißt du, stell dich nicht so dumm. Du wirst Granny nicht länger belagern. Sie ist nicht mehr die Jüngste, und deine Fragen machen sie krank. Sie weiß nie, wann du versuchst, sie reinzulegen. Es hat keinen Sinn, in der Vergangenheit zu wühlen; manche Dinge läßt du besser begraben. Hast du mich verstanden? Du wirst sie in Ruhe lassen.«

»Okay, Mum«, sagte ich leichthin, »aber nur unter einer Bedingung.«

»Welche?«

»Du beantwortest mir eine Frage.«

»Was für eine?« Arme Mum, sie war so eine arglose Seele.

»Sind wir Aborigines?«

Mum schnaubte vor Ärger und stürmte hinaus. Jill kicherte in ihrem Bett. »Ich weiß nicht, warum du nicht damit aufhörst. Warum nervst du sie immer weiter? Ich glaube, es ist besser, es nicht zu genau zu wissen, dann brauchst du dem Ganzen nicht ins Auge zu sehen.«

»Ich nerve sie weiterhin, weil ich die Wahrheit wissen will, und ich möchte sie aus Mums Mund hören.«

»Das ist verlorene Liebesmüh, sie werden es dir nie erzählen.«

»Eines Tages krieg ich sie soweit.«

Jill zuckte gutmütig die Achseln und wandte sich wieder ihrem Groschenroman zu.

Ich legte mich wieder hin und begann über die Vergangenheit nachzudenken. Waren wir Aborigines? Ich seufzte und schloß die Augen. Eine Szene leuchtete lebhaft vor mir auf. Ich war wieder ein kleines Mädchen, und Granny und ich hockten auf der Erde bei der hinteren Verandatreppe.

»Das ist eine Fährte, Sally. Sieh sie dir an.« Ich beobachtete versunken, wie sie die Spuren eines Känguruhs zeichnete. »Und das hier ist eine Eidechse, und so sind Emuspuren. Siehst du, sie sind alle unterschiedlich. Du mußt sie alle kennen, wenn du was zu essen fangen willst.«

»Das ist wirklich gut, Granny.«

»Möchtest du, daß ich ein Bild für dich zeichne?«

»Okay.«

»Das sind Männer, siehst du, drei Männer. Sie sind sehr still, sie sind auf der Jagd. Das hier sind Känguruhs, sie horchen, warten. Sie hauen ab, wenn sie mitbekommen, daß wer kommt.« Granny verwischte das Sandbild mit der Hand. »Jetzt bist du dran«, sagte sie. »Zeichne was.« Ich griff eifrig nach dem Stock.

»Das sind Jill und ich. Wir gehen in den Sumpf.« Ich zeichnete einige Bäume und Büsche.

Ich öffnete meine Augen, und das Bild verschwand genauso plötzlich, wie es gekommen war. Hatte ich mich an etwas Wichtiges erinnert? Ich wußte es nicht. Das war das Problem, ich wußte nichts über Aborigines. Ich klammerte mich an einen Strohhalm.

[...]

Eines Abends saßen Jill und ich da und sahen zu, wie Granny schlief. Jill flüsterte: »Das ist irgendwie ungerecht, findest du nicht?«

»Was meinst du?«

»Na, wir kommen gerade erst mit der ganzen Geschichte klar und entdecken, wer wir wirklich sind. Und jetzt stirbt sie. Sie ist unsere Verbindung zur Vergangenheit, und jetzt geht sie von uns.« Ich konnte Jill nicht anschauen. Sie seufzte: »Wenn sie nicht mehr ist, könnten wir uns als alles ausgeben. Griechen, Italiener, Inder... was für ein schlechter Witz, jetzt wollen wir's nicht mehr. Es ist zu wichtig. Das wäre ja, als hätte sie nie existiert. Als ob ihr Leben nichts bedeutet hätte, nicht mal für ihre Familie.«

»Wir verändern uns alle. Ich weiß es; wir sprechen zwar nicht darüber, aber es geschieht wirklich.«

»Wenn das vorbei ist«, sagte Jill, »werde ich mich immer zu meiner Herkunft bekennen.«

Ich fühlte mich Jill in diesem Moment sehr nahe. Wir blieben beide sitzen und schauten schweigend zu, wie Granny friedlich schlief. Das war ein Versprechen. Ein Versprechen unserer Seele an ihre. Wir würden es nie vergessen.

Roberta Sykes,
Rassismus – Viele Gesichter

Eine Frau sagte neulich
   zu mir
Ich las eines Ihrer Gedichte
   über Frauen
Ich fand es sehr gut
Aber darin stand nicht, daß Sie
   SCHWARZ sind

Jetzt treffe ich Sie und
   sehe, daß Sie
   SCHWARZ sind
Ich frage mich
Warum schrieben Sie das Gedicht?

Glauben *sie*
   wir verbringen
     unser ganzes Leben damit
   SCHWARZ zu sein
   für *sie*?

Eaglehawk und Captain, beide Spurenleser gegen ihr
eigenes Volk, sind auf der Suche nach dem sogenannten
outlaw Ellewara. Nackt, bis auf den Gürtel mit Revolver
und Handschellen, vertrauenswürdig, weil als gezähmt
erachtet, bewegen sich die beiden ruhig über die dunkle
Ebene der Wasserstelle entgegen. Sie wissen, daß ihr
Opfer dort ist, seine Angeberei und der Ehemann von
Wandara, seiner Frau, haben seinen Aufenthaltsort verra-
ten. Sie sind aufrecht und groß wie die Speere, die sie
längst für die Pistole ausrangiert haben. Mit ihrem breiten Brustkasten, den langen sehnigen Beinen, sind sie wie
geschaffen für Ausdauer und Geschwindigkeit; mit feurigen Augen, bewegen sie sich intelligent und zuversichtlich durch die Schrecken der Nacht. Sie wissen, daß sie
ihren Mann bekommen werden. Mühelos schweben die
beiden in großen Sätzen über die Ebene; mühelos und
ohne Furcht schlängeln sie sich durch schattigen Baum-
bestand; springen über einen Bach, ohne daß ein Spritzer
oder ein Plätschern am Ufer sie verriete und ihr Opfer
alarmierte, das fast so tödlich ist wie sie; aber sie werden
ihn bekommen!

Die Morgendämmerung bricht herein, als sie den Rand
des dicht verflochtenen Gestrüpps erreichen, mit dem das
Wasserloch umgeben ist. Der Rand wirkt fast wie eine
solide Mauer, eine scheinbar undurchdringliche, dunkle
Wand aus gedrängt wachsenden, kleinen, durch Ranken
miteinander verschlungenen Bäumen; aber es ist die Tiefe
der schwindenden Nacht, die den Eindruck von Ge-
schlossenheit vermittelt. Sie schlängeln sich weiter durch
den verwachsenen Busch. Auf den Tastsinn kommt es an.
Eaglehawk krümmt sich auf seinem Weg voran, gefolgt
von seinem Kumpel Captain. Sträucher und blättrige

Äste streifen leicht ihre Körper. Ihre dunklen und geschmeidigen Körper drehen und schieben sich durch das dichte und verfilzte Unterholz – leise! Nicht ein Zweig bricht und keine Ranke raschelt. Geräuschlos setzen sie die Füße und bewegen sich vorwärts, vorwärts zu ihrer Beute, die ebenso gefährlich und durch und durch »buschweise« ist, wie sie es sind. Durch und durch, aber auch er kann das Geräuschlose nicht hören; er kann nicht sehen, was nur Schatten sind, das Zittern eines Astes, das Schwingen einer Ranke.

In dem grauen Morgenlicht bleiben die Menschenjäger stehen und spähen in die kleine Graslichtung im Innersten des Buschwaldes. Ist dort Ellewara, der allen Weißen den Kampf angesagt hat? Ein zusammengerollter schwarzer Fleck, der ruhig schlafende Körper von Ellewara, dem Krieger; und neben ihm, ein kleinerer Fleck, liegt seine Frau Wandara, sicher an seiner Seite. Neben ihr die beiden Jagdhunde des Mannes, schlafend und aufmerksam.

Im schnell zunehmenden Licht suchen Eaglehawks Augen nach den Waffen des *outlaws*. Ihr Opfer schläft mit dem Kopf auf dem linken Arm. Neben der rechten Hand liegen seine Speere bereit. Eaglehawk nimmt die Handschellen von seinem Gürtel ohne das Klicken von Metall auf Metall oder auch nur Metall auf Haut. Er gleitet vorwärts. Neben ihm schleicht Captain mit gespanntem Revolver. Ein hartes Klick-Klick und Ellewara ist gefangen. Der Gefangene erwacht langsam und verständnislos, fragend, dann plötzlich versteht er. Er reißt den Mund auf und entspannt sich dann mit einem wilden Grinsen. Seine Hunde stehlen sich davon, seine Frau springt auf wie ein erschrecktes Känguruh, erfaßt die Situation mit einem entsetzten Blick und ist fort in den Busch. Die Menschenjäger lassen sie laufen, sie haben ihre Beute.

»Ihr habt mich«, sagt Ellewara, der geprahlt hat, daß er nie zur Strecke gebracht werden könnte. Ist es nur gespielte Tapferkeit des Kriegers, die ihn die Gefangennahme so leicht nehmen läßt, oder ist es etwas anderes?

Denn Ellewara hat die Macht, Menschen umzustimmen. Jetzt kichert er. Sein schwarzbärtiges, markantes Gesicht verzieht sich zu einer überraschend guten Stimmung, die die anderen dazu veranlaßt, zurückzugrinsen. Schon können die drei Männer das Band einer gewissen Kameradschaft fühlen.

»Ich habe dich«, erwidert Eaglehawk, hört auf zu grinsen und macht ein finsteres Gesicht. Es kommt ihm vor, als sei er der Gefangene und nicht der stolze Mann vor ihm.

Um seine Freiheit, seine Autorität zu demonstrieren, hebt er die Speere des Kriegers auf, balanciert sie in Wurfstellung und probiert aus, wie sie sich anfühlen. Er weiß was eine gute Waffe ist, und diese Speere sind wie Ellewaras rechte Hand. Eaglehawk tritt auf jeden einzelnen der Kriegsspeere, und das plötzliche Knacken ist hart und barsch wie das Brechen eines Armes. Die Stöcke liegen nutzlos auf dem Boden.

Für einen Polizisten hat er das Richtige getan, aber Ellewara sieht ergrimmt zu. »Schade«, brummt er, »es waren gute Speere.«

Schweigend schauen die drei Männer auf die zerbrochenen Schäfte. Sie wenden sich mit Bedauern ab. Es ist ein kühler, sonniger Morgen, ideal für die Jagd, für ihre Art der Jagd — nach Nahrung. Sie treten auf die Ebene heraus und beginnen den zwanzig Meilen langen Marsch in die Gefangenschaft.

Die grelle Sonne steigt höher und läßt das Land rot erscheinen. Auf der weiten, verwitterten Ebene wirkt die kleine Gruppe verloren. Nackt und alleine, jeder für sich, hängen sie jeder ihren Gedanken nach. Nur das Gerede des geschwätzigen Ellewara überbrückt den Raum zwischen den Männern und ruft aus den kühlen, inneren Tiefen ein gemeinsames Gedankenfeuer hervor. Sie wissen alle drei, daß dieses Land vergewaltigt wurde; jedem von ihnen ist klar, daß zwei abgesondert und gezähmt wurden, und mit seinen Worten versucht der

Freie, ihre Temperatur wieder auf diejenige der Erde zu bringen.

Ellewaras tiefliegende Augen strahlen von Gesicht zu Gesicht. Er redet mit Freunden. Dieser Mann ist vom Oskar Range zum Lennard River, von den Barrier zu den King Leopold Ranges gereist – er behandelt jedes Stammesterritorium als sein eigenes und ist überall zu Hause außer im Gefängnis des weißen Mannes. Und wohin er auch geht, ertönen seine Worte und erregen Resonanz und Sympathie. Männer sehen in ihm einen etwas unbesonnenen Bruder und fühlen sich von ihm angezogen. Er reist durch feindliches Land, ohne sich die Mühe zu machen, seine Spuren zu verwischen. Jetzt klingt seine Stimme mit einer Schlichtheit über die Ebene, die das innere Feuer schürt.

»Es ist schade«, verkündet er, »daß die Flußuferleute ein Opfer der Weißhäute geworden sind und daß die Flachlandleute denselben Weg eingeschlagen haben. Wißt ihr, wie der weiße Mann euch nennt – gezähmt! Sind wir denn Tiere, sind wir wie seine dummen, fetten Kühe? Nein!« Sein wilder Ruf setzt über die trockene, rote Erde wie ein Kriegsschrei. »Sie bekommen nichts von *whity*, nur Arbeit. Sie versklaven sich wie die Frauen, und helfen ihm nur, unser Land zu stehlen. Er hat uns die großen Wasserlöcher mit den süßen, grasigen Ebenen genommen. Er hat unsere heiligen Bäume gefällt, um unsere geweihten Tanzplätze mit seinen häßlichen Häusern zu verunstalten. Er nimmt das Wasser und das Gras. Er vertreibt die Känguruhs, er ermordet die Enten und Gänse und vergiftet sogar die Fische in unseren Flüssen. Er tötet alles, nicht um zu essen, sondern aus Blutrünstigkeit. Er läßt uns nichts, nicht einmal unsere Frauen – und was machen wir? Versklaven uns und leiden, nicht für uns selbst, sondern für ihn! Unsere Känguruhs und Emus, sogar unsere Echsen und Schlangen verschwinden; unsere Vögel – sogar unser Blut. Er vertreibt uns in die Wüsten und kargen Hügel, damit wir dort sterben, und die Schwachen versklavt er, damit sie seine dreckige Arbeit machen. Das ist wahr. Es ist wahr! Seine Zunge verbreitet Lügen, nicht meine. Es ist wahr, oder etwa nicht?«

Er hört auf zu reden, um sie nachdenken zu lassen. Sie gehen weiter. Die Sonne schwebt auf der heißen Luft dem Mittag entgegen. Nachdenklich gehen Eaglehawk und Captain weiter. Ihre Gesichter werden so hart wie die düsteren Hügel, die sich in felsiger Trostlosigkeit oberhalb der Ebene erheben: ihrer Ebene, ihrer Hügel! Ellewara, der Menschen umstimmen kann, schaut von einem zum anderen, und sagt mit krächzender Stimme: »Feiglinge haben diese Erde den Fremdlingen gegeben. Aber sie gehörte ihnen nicht, sie konnten sie nicht weggeben. Es ist das Land unserer Vorfahren und unserer Kinder. Und am schlimmsten ist, daß der weiße Mann ohne uns sterben würde. Ohne uns wäre er machtlos und könnte nichts ausrichten. Du und du und andere wie ihr helft unseren Feinden, helft ihnen, uns zu zerstören. Es ist wirklich großartig, daß die Polizei uns gegen uns selber einsetzt. O ja, das ist vielleicht gut!«

»Warum?« knurrt Eaglehawk, der Spurenleser, der glücklich mit dem Revolver im Gürtel und der Macht des weißen Mannes in seinen Händen ist. »Und warum?« ruft er aus, während er mit einer Hand seine Macht umklammert.

»Und warum?« lacht der clevere Ellewara. »Und warum? Ohne uns, ohne euch könnte er uns nie finden, könnte uns nie fangen, könnte nie über unser Land gehen und am Leben bleiben. Deshalb!« Er lacht freudlos. Seine feurigen Augen flammen von einem Fänger zum anderen und treffen auf Stirnrunzeln und verschlossene Lippen.

Sie schreiten weiter mit ihrem Gefangenen. Sie sind doch Spurenleser, sie arbeiten für die Polizei gegen Zucker, Mehl und Tee: wie könnten sie da an eine Revolte auch nur denken?

»Aber wir sind Spurenlesser...« stößt Eaglehawk

plötzlich aus, und mit den Augen sucht er bei Captain Bestätigung. »Wir sind Spurenleser, wir reiten mit der Polizei...« Ein Zischen Ellewaras unterbricht ihn: »Wollt ihr euch nicht uns anschließen?«

»Uns anschließen?« Eaglehawk stolpert über die Worte. »Euch anschließen«, wiederholt er, und seine Gefühle fliegen über die Ebene zu den entfernten zerklüfteten Hügeln, die zu reinen Felsstümpfen verwittert sind. »Wenn ich mit euch gehe, werde ich gejagt; sie werden mich jagen.« Er schließt mit einem unentschiedenen Knurren.

»Erschießt sie!« Ellewara verschwendet keine Worte — diesmal nicht! Er spürt die Kraft in dem Polizeijungen, die erwachende Kraft.

Die beiden Spurenleser starren einander an und wenden dann ihren Blick dem Gefangenen zu. »Sie erschießen«, sagt Eaglehawk verächtlich um die Verwirrung in seinem Herzen zu verbergen. Gedanken und Gefühle, denen er nicht ins Auge sehen kann: Eher würde er Ellewara erschießen.

»Erschieß sie«, zischt der Krieger noch einmal. Die Wörter gleiten ihnen entgegen wie Schlangen. Die Gedanken dahinter sind so heiß wie die Sonne.

»Und woher sollen wir die Gewehre bekommen, um die Polizei zu bekämpfen?« fragt Eaglehawk höhnisch. Wie um sich dem Befehl zu entziehen.

»Du hast deinen Revolver«, erwidert der Krieger. Das ist nicht der Moment für Überredungskünste.

»Der gehört der Polizei«, antwortet Eaglehawk und versucht, den Tatsachen auszuweichen. »Kein weißer Polizeikollege würde mir erlauben, eine Polizeiwaffe auf ihn zu richten, um ihn zu erschießen. Du bist dumm, Mann!« »Bin ich das?« grinste der *outlaw*. »Bin ich das?« wiederholt er. »Erschieß ihn, dann kann er nichts mehr sagen. Dann hast du auch seine Waffe. Stimmt's, Captain?« Er schaut auf Captain, diesen schweren Captain, der weit von seiner Heimat ist und nie ein Führer sein kann.

Die drei großen, mächtigen Männer bleiben in der Mitte der roten Ebene stehen. Um sie herum bläst eine heiße Brise über ihre Erde – die ihnen bald für immer genommen sein wird, wenn sie nicht handeln.

»Sie erschießen«, sagt Eaglehawk wie benommen. Ihm wird klar: Schießen ist der Anfang, nicht das Ende! »Und wenn meine Patronen aufgebraucht sind?« zweifelt er, »und die Polizei uns eingeschlossen hat, was dann? Speere sind wie Gewehre ohne Patronen«, höhnt er mit dem Hohn eines Mannes auf der Seite der Gewinner.

»Besorg dir mehr Patronen«, sagt der praktische Ellewara – so stetig wie die Brise. »Kämpf gegen sie und nimm dir ihre Patronen, mehr und mehr, immer mehr!« ruft er aus. Es gibt kein Echo in den Ebenen.

»Ja, aber ist das wirklich so einfach wie du sagst?« fragte Eaglehawk; er sieht den Kampf vor sich, den er lieber vermeiden würde.

»Die Weißen sind doch verloren in unserem Land«, flüstert Ellewara. »Es ist leicht, sie in eine Falle zu locken und sie zu töten. Wir werden ihre häßlichen Häuser überfallen, sie erschießen, sie töten, wann und wo immer sie sich bewegen. Du wirst so viele Patronen haben, wie du brauchst. Mehr und immer mehr!«

Die drei Männer setzen ihren Marsch in die Gefangenschaft fort. Eaglehawk spürt einen Schmerz in seinem Herzen; seine Kriegernarben auf Rücken und Brust fühlen sich straff und gespannt an. Unbewußt läßt seine Hand den Pistolenkolben los und streicht über die Streifen. Er weiß, daß er dorthin geht, wohin die Polizei ihm befiehlt zu gehen; er weiß, daß er kein freier Mann mehr ist.

»Schließt euch uns an«, wiederholt Ellewara beharrlich. »Schließt euch uns an, werdet wieder zu Männern. Die besten Krieger deines Stammes werden dir in die Hügel folgen. Du kennst die Wege des weißen Mannes. Du kennst ihn, und du kannst ihn bei jeder seiner Bewegungen schlagen. Du gehörst zu uns und unserer Erde.

Der weiße Mann ist ein Fremder, und er kennt weder uns noch unser Land. Wie kann er gegen uns siegen, wenn wir zusammenhalten? Wir werden diesen Kerl vertreiben und unser Land befreien.«

Eaglehawk gestikuliert ärgerlich und zeigt sein Mißfallen, indem er die Handschellen des Kriegers überprüft. Die drei schreiten weiter dem mächtigen Haus entgegen, in dem der weiße Boß wartet.

Constable Richardson beobachtet seine Gefangenen, fünf schwarze Männer, über ein Meter achtzig groß, alle mit mächtigen, gewölbten Brustkörben, schweren Schultern, sehnig und extrem ausdauernd. Drei haben schwarze Bärte, die anderen sind glatt rasiert, mit einer Schneide, die aus einem zackigen Quartzsplitter oder einem Feuerstein gemacht ist. Jeder Mann hat mindestens einen der Fremden mit dem Speer getötet und ist ein Held quer durch die Kimberleys. Ein Held für die unterdrückten Schwarzen – für den jungen Constable sind sie wilde, teuflisch schlaue Mörder. Unwillkürlich überläuft ihn ein Schauder, wenn er an ihre Verbrechen denkt. Was, wenn sie sich nun losreißen sollten? Er verdrängt den Gedanken und denkt lieber über seinen Erfolg nach, stellt sich die Rangabzeichen eines Sergeants an seinem Ärmel vor.

Bis jetzt ist alles hervorragend gelaufen, abgesehen von dem Fieber, das an seinen Kräften zehrt. Was, wenn die Gefangenen sich losreißen sollten, so weit entfernt von jeder Hilfe? Er verdrängt den Gedanken. Fast im Alleingang, na ja, mit Hilfe von Eaglehawk und Captain, ist es ihm gelungen, fünf der berüchtigsten eingeborenen *outlaws* zu fangen, die seit Jahren Ärger machten und geschworen hatten, jeden weißen Mann zu töten, der ihnen über den Weg lief. Leere Drohungen jetzt, aber wenn er sie anschaut, schaudert es ihn. Es sind noch dreißig Kilometer über rauhes Land bis zum Gefängnis in Derby, und auf dem Weg kann alles mögliche passieren.

Er beobachtet die fünf scharf. Ihre Augen sind nur Schatten unter den vorstehenden Brauen, und ihr spöttisches Lächeln zeigt ihre glitzernden Zähne. Er zittert und schreibt es dem Fieber zu. Seine Gefangenen sehen viel zu selbstsicher aus, zu entspannt. Was planen sie? Er kann diese wilden Männer nicht verstehen; er kann diese sogenannten Primitiven noch nicht einmal ansatzweise verstehen, die in ihm böse Vorahnungen wecken. Er fummelt seine Pfeife heraus. Sie fällt ihm aus der zitternden Hand. Er schiebt es auf das Fieber und starrt auf die Gruppe von Männern.

Sie sind durch eine lange, schwere Kette aneinander gefesselt, die sich um den Hals eines jeden Gefangenen schlingt. Die Schlinge ist nicht so locker, daß ein Mann den Kopf herauswinden könnte, und nicht so fest, daß sie ihn erwürgen könnte. Jede Schlinge in der Kette ist mit einem Schloß versehen, und der Abstand zwischen jedem Mann ist, wie vorgeschrieben, ein Meter. Gerade genug zum Marschieren. Während der Pausen, so wie jetzt, ist ein Ende der Kette nach bewährter Art an einem Baumstumpf gesichert. Wäre es ein Baumstamm, könnten die verzweifelten Männer ihn anheben und in die Dunkelheit und Freiheit trotten, während der Polizeiconstable und seine Spurenleser schliefen. Wären sie dann außer Hörweite, legten sie das Kettenende, das sie an den Stamm fesselte, auf einen harten Felsen und schlügen darauf ein, bis ein Glied flach wurde und sich teilte. Danach ein flinker Lauf in die schützenden Hügel, um sich hinter die Felsen zu hocken, und jeder Mann würde auf die Kette zwischen ihm und dem nächsten einschlagen, bis sie auseinandergingen. Der junge Constable kennt ihre Tricks, und er ist ängstlich und fieberkrank.

Zum zwanzigsten Mal, obwohl die Sonne gerade erst aufgegangen ist, starrte er die Gruppe an, untersucht jeden Mann und jedes Schloß. Von der Veranda des Gehöfts aus schaut er auf die hockenden, schwarzen Körper herunter, auf Lillewaras glattrasiertes und intelligentes Gesicht, ein Gesicht, das man im Auge behalten muß, ein Mann, den man im Auge behalten muß. Der schwarze Mann spürt den Blick auf sich ruhen, schaut hoch und kichert. Der Constable weicht seinen Augen aus.

Drei Gefangene sind zusammengerollt und scheinen zu schlafen – aber der Constable weiß, daß sie so am besten tätig werden können. Sie haben den Kopf auf dem rechten Arm liegen, und darunter arbeiten ihre agilen Finger an den Schlössern. Es bräuchte nur ein katzenhaftes Mädchen, das sich in der Nacht heranschlängelte und einen Nagel oder ein Stück Draht zwischen sie würfe. Dann würden sie, so wie jetzt, vortäuschen zu schlafen, während ihre geschickten, langen Finger vor sich hinarbeiteten, vor sich hinarbeiteten.

Er darf nicht unvorsichtig werden, und der junge Constable, die Beförderung schon in der Tasche, hat nicht die Absicht, unvorsichtig zu sein. Er steht auf und geht, während er den Revolver in seinem Halfter lockert, von der Veranda herunter, um mit den Gefangenen zu sprechen. In sicherer Entfernung bleibt er stehen und befiehlt ihnen aufzustehen. Der Polizist starrt finster auf Lillewara, Wongawara und Bundwan, in das leere Gesicht von Muckawara und auf die dreiste Frechheit von Luttawara. Er befiehlt jedem Mann, an der Kettenlänge zwischen ihnen zu zerren. Er beobachtet sie aufmerksam. Seine Augen überprüfen jedes Schloß, jedes verschlossene Schloß. Befriedigt wendet er sich ab.

Müde, ängstlich, mit vor Schlafmangel schmerzenden Augen und sich drehendem Fieberkopf wartet Constable Richardson auf die Rückkehr seiner Spurenleser. Er stapft auf der Veranda auf und ab. Dann endlich entdeckt er mit einem Seufzer der Erleichterung in der Ferne drei Gestalten, die sich, wie eine Fata Morgana, die sich auf das Gehöft zubewegen. Er schreit vor Freude auf, als er einen silbernen Schimmer um die Mitte einer der Gestalten ausmacht. Es sind Eaglehawk und Captain mit Ellewara. Endlich wird er nach Perth versetzt werden!

»Gut, verdammt gut, Eaglehawk«, ruft er aus, während er losläuft, um sie zu begrüßen. »Leg den Kerl an die Kette, stell ihn sicher.« Er reibt sich die Hände vor Freude. Er vertraut seinen Spurenlesern. »Nehmt euch was zu essen, soviel wie ihr wollt, ihr habt es euch mehr als verdient. Danach bekommt ihr beide eine doppelte Ration Tabak.«

Castable Richardson steht da und weidet sich an seinem neuesten und wichtigsten Gewinn. Er lächelt noch, als der Polizeispurenleser vortritt und die Pistole aus nächster Entfernung in sein Gesicht feuert. Sein zertrümmertes Gesicht leuchtet rot auf, und sein Körper stürzt zuckend zu Boden. Sandawara läßt die Waffe sinken. Der weiße Mann zu seinen Füßen windet sich in Todeskrämpfen. Das ist kein Ende, sondern erst der Anfang. Sandawara schiebt alle Zweifel beiseite und übernimmt den Befehl.

OODGEROO
Vergangenheit

Laß niemanden sagen, die Vergangenheit sei tot.
Die Vergangenheit ist überall um uns und in uns.
Stammeserinnerungen lassen mich nicht los, und ich weiß,
Daß dieses Jetzt, diese zufällige Gegenwart,
Nicht alles ist in mir, deren langes Werden
Soviel aus der Vergangenheit ist.

Heute abend in meinem Vorort, während ich
In einem Sessel vor der elektrischen Heizung sitze,
Gewärmt vom roten Glühen, versinke ich in einen Traum:
Ich bin fort
An einem Lagerfeuer im Busch, unter
Meinem eigenen Volk, sitze auf dem Boden,
Keine Wände um mich,
Die Sterne über mir,
Die hohen Bäume, die uns umgeben, bewegen sich im
    Wind,
Machen ihre eigene Musik,
Weiche Schreie der Nacht, die zu uns kommen, dort
Wo wir eins sind mit allem Leben der alten Natur,
Bekanntem und unbekanntem,
An Schauplätzen, an die wir gehören, aber die wir nun
    im Stich gelassen haben.
Tiefer Sessel und elektrischer Radiator
Sind seit gestern erst,
Aber Tausende und Abertausende von Lagerfeuern im
    Wald
Sind in meinem Blut.
Laß niemanden sagen, die Vergangenheit sei ganz vor-
    über.
Das Jetzt ist ein so kleiner Teil der Zeit, ein so kleiner Teil
All der Stammesjahre, die mich geformt haben.

Glossar

Awabakal	Volk nördlich des Hawkesbury Rivers, um das heutige Newcastle
baalay	Ausruf: Achtung, paßt auf
balanda	Bezeichnung für Weiße
Bandyup	Name eines Frauengefängnisses
barramundi	Fisch in warmen Flüssen und Küstengewässern
Bidjigal	Stamm der Eora
blackfella	*black fellow,* schwarzer Kerl
boogadies	Schuhe
boong	abfällige Bemerkung für Aborigines, vergleichbar mit »Nigger«
bora-Ring	kreisförmige Fläche, auf der die Initiation junger Männer vollzogen wird
brolga	Riesenkranich
bunyip	fabelhaftes Monster in Sümpfen und Lagunen
choo	Ausruf des Bedauerns, der Fassungslosigkeit
coolamon	Wasser- und Sammelgefäß
corroboree	traditionelle Tanzzeremonie
didgeridoo	Blasinstrument aus ausgehöhltem Ast
Dingo	australischer Windhund
Eora	Volk in der Gegend von Sydney
featherfoot	Person mit magischen Fähigkeiten, oft eingesetzt zum Zwecke der Vergeltung
Freo	Fremantle, Stadt in Westaustralien
gadjeri	weiße Frau

inma	Tanz, Zeremonie für Frauen
Jacky	Name, der männlichen Aborigines häufig gegeben wurde
Kamergal	Stamm der Eora
kookaburra	Rieseneisvogel, bekannt für sein »Lachen«
koori	Eigenbezeichnung der Aborigines, vornehmlich im Osten Australiens
lardi lardi	Lord, Lord
maban	Zauberer, Medizinmann
*min-min-*Lichter	mysteriöse Lichter, Erscheinung böser Geister
moorditj	toll, super
munadj	Polizei
murras	Hände
NACC	National Aboriginal Consultative Committee
*nawuraga-*Melone	kleine Melonenart, die im Feuer zerbirst
nulla nulla	Keule
nulli	Totem, Verbindung zum Spirituellen
Nungar, Nyoongah	Volk im Südwesten Australiens
Nygina	Volk im Nordwesten Westaustraliens
Riverbank	Name eines Jugendgefängnisses
Taipan, brauner	Schlangenart
whitefella, whitefellow	*white fellow*, weißer Kerl
winyarn	trauriger Anblick
wudjella, wadjala	Bezeichnung für Weiße

Autorinnen und Autoren

YVETTE ALGER, geboren 1945 in Westaustralien, arbeitet mit aboriginischen Kindern. Ihre Geschichte ›Die Zeiten ändern sich‹ ist der Anthologie ›Us Fellas‹, hg. von Colleen Glass und Archie Weller, Access Press 1987, entnommen und erscheint hier mit freundlicher Genehmigung des Verlages.

EDDIE BENNELL, geboren in Westaustralien, trug die Geschichten seines Stammes zusammen, die er von seinen Großeltern gehört hatte, um sie für die Jüngeren zu bewahren und sie dem überwältigenden Einfluß der weißen Kultur entgegenzusetzen. Vor einigen Jahren ist er verstorben. Seine ›Aboriginal Legends from the Bibulman Tribe‹, denen wir ›Kudgar‹ entnommen haben, wurden 1981 bei Rigby-Heinemann veröffentlicht.

TRACY BUNDA, keine biographischen Daten bekannt. Die Geschichte von ›Bidjibub‹ ist der Anthologie ›Paperbark‹, hg. von Jack Davis, Stephan Muecke, Mudrooroo und Adam Shoemaker, University of Queensland Press 1990, entnommen.

PATSY COHEN schildert ihr Leben in der hier vorliegenden Geschichte, die dem Buch ›Ingelba and the Five Matriarchs‹, Allen & Unwin 1990, entnommen ist und mit freundlicher Genehmigung des Verlages erscheint. Sie hat es mit Koautorin Margret Somerville, einer weißen Lehrerin, zusammengestellt, um die Geschichte der Aboriginesgemeinde ihrer Heimatstadt festzuhalten, damit ihre Kinder und Enkel ihrer Heimat nicht so entfremdet gegenüberstehen, wie sie es einst tat.

HOBBLES DANAYARRI, keine biographischen Daten bekannt. Seine Rede ›Über Captain Cook‹ ist dem Band ›Hidden Stories from Victoria River Downs, Humbert River and Wave Hill Stations‹, hg. von Deborah Bird Rose, Aboriginal Studies Press 1991, entnommen und erscheint hier mit freundlicher Genehmigung des AIATSIS (Australian Institute of Aboriginal and Torresstrait Islander Studies).

JACK DAVIS, geboren 1917 in Westaustralien, wuchs in Aboriginesiedlungen und Reservaten auf und arbeitete später als Viehzüchter. Seit Ende der sechziger Jahre war Davis in Aboriginesorganisationen tätig und mehrere Jahre Herausgeber von ›Identity‹, einer Zeitschrift von und für Aborigines. Davis hat sechs Stücke geschrieben, drei Gedichtbände und zuletzt seine Autobiographie. Außerdem ist er Mitherausgeber der Anthologie ›Australian Writing Today‹, die die erste Schriftstellerkonferenz über aboriginische Literatur dokumentiert. Sein Werk und seine Person wurden mehrfach ausgezeichnet. Die ›Lobrede auf den Frieden‹ ist seinem ersten Gedichtband ›The First-born and other Poems‹, Angus & Robertson 1970, entnommen und erscheint hier mit freundlicher Genehmigung des Autors. Die Rede stammt aus dem gleichnamigen Theaterstück ›Barungin‹, Currency Press 1989, und erscheint hier mit freundlicher Genehmigung des Verlages. Die Kurzgeschichte ›Zurückzahlen‹ erschien erstmals 1976 in der Zeitschrift ›Identity‹ und erscheint hier mit freundlicher Genehmigung des Autors.

Lionel Fogarty, geboren 1958 in Queensland, wuchs in einem Reservat auf, lief mit sechzehn Jahren von dort weg und schloß sich in Brisbane verschiedenen Selbsthilfeorganisationen von Aborigines an, für die er Artikel schrieb und Reden hielt, unter anderem vor einer Versammlung von amerikanischen Ureinwohnern. Er hat bisher drei Gedichtbände veröffentlicht und eine Anthologie mitherausgegeben. Das Gedicht ›Ökologie‹ ist der Anthologie ›Inside Black Australia‹, hg. von Kevin Gilbert, Penguin Books Australia 1988, entnommen und erscheint hier mit freundlicher Genehmigung des Verlages.

Kevin Gilbert, geboren 1933 in New South Wales, gestorben 1993, wuchs in Reservaten und Stadtrandsiedlungen auf. 1957 wurde er wegen Mordes zu vierzehneinhalb Jahren Haftstrafe verurteilt. Im Gefängnis begann er zu schreiben und zu malen. 1968 wurde mit seinen ›Cherry Pickers‹ das erste Stück eines Aborigine aufgeführt. 1977 veröffentlichte er das erste politische Buch über die Lage der Aborigines aus eigener Sicht. Gilbert hat außerdem mehrere Gedichtbände geschrieben, sowie eine Gedichtanthologie herausgegeben und einen Band mit Gesprächen mit Aborigines. ›Living Black‹, Penguin Books Australia 1977, dem ›Großvater Koori‹ entnommen ist. Die Erzählung erscheint hier mit freundlicher Genehmigung des Verlages. ›Noonis Geschichte vom *bunyip*‹ ist aus ›People are Legends‹, Queensland University Press 1978, und erscheint hier mit freundlicher Genehmigung von Hyland House Publishing.

ARCHIBALD IRVING, geboren ca. 1900 in Westaustralien, gestorben ca. 1980, war Farmer im Südwesten von Westaustralien. Seine Geschichte ›Meearnie‹ ist der Anthologie ›Us Fellas‹, Access Press 1987, entnommen und erscheint hier mit freundlicher Genehmigung des Verlages.

EVA JOHNSON, geboren 1946 im Northern Territory, wurde mit drei Jahren ihrer Mutter fortgenommen und wuchs in einer Mission auf. Nach der Schule schloß sie sich in Adelaide dem ›Black Theatre‹ an und spielte in verschiedenen Produktionen, unter anderem in der Fernsehserie ›Women of the Sun‹ (siehe Hyllus Maris). Sie schrieb und führte Regie für die Theatergruppe. Ihr Stück ›Murras‹ wurde 1987 aufgeführt und in der Sammlung ›Plays from Black Australia‹, von Jack Davis, Eva Johnson, Bob Maza, Richard Walley, Currency Press 1989, veröffentlicht. Die hier abgedruckte 1. Szene des 3. Aktes erscheint mit freundlicher Genehmigung des Verlages. Eva Johnson nahm 1988 an der ersten internationalen Konferenz für Bühnenschriftstellerinnen in Buffalo, USA, teil.

ANASTASIA KELANTUMAMA war Mitglied einer Gruppe junger Aborigines, die während ihrer Lehrausbildung in Darwin, der Hauptstadt des Northern Territory, ›Djugurba: Tales from the Spirit Time‹, Australian National University Press (ANUP) 1974, ein Buch mit den Mythen und Legenden ihrer Stämme, schrieb und zusammenstellte, dem ›Fledermaus und Regenbogen‹ entnommen ist.

ELIZA KENNEDY, geboren in den Stamm der Ngiyambaa in New South Wales, erzählte die Geschichte von den ›Regierungskleidern‹ 1975 Freunden und Verwandten in ihrer Stammessprache. Die deutsche Übersetzung erfolgte aus dem Englischen. Der Text ist der Sammlung ›This Is What Happened: Historical Narratives by Aborigines‹, hg. von Luise Hercus und Peter Sutton, AIATSIS (Australian Institute of Aboriginal and Torresstrait Islander Studies) 1986, entnommen und erscheint hier mit freundlicher Genehmigung des Verlages.

Ruby Langford, geboren 1934 in New South Wales, hatte das Glück, die High-School besuchen zu können, obwohl das für ihre Familie mit großen Schwierigkeiten verbunden war. Später hat sie, meist alleine, neun Kinder großgezogen, teils im Busch, teils in Sydney. Ihr Leben hat sie 1988 in ihrer Autobiographie ›Ruby, Don't Take Your Love to Town‹ geschildert. Langford ist aktiv in Aboriginesorganisationen. ›Großvater Sam Anderson‹ ist der Anthologie ›Australian Writing Now‹, hg. von Manfred Jurgensen und Robert Adamson, Phoenix Publications, Brisbane 1988, entnommen und erscheint hier mit freundlicher Genehmigung des Verlages.

Lallie Lennon, geboren in Südaustralien, arbeitete nach dem frühen Tod ihres europäischen Vaters als Kind auf einer großen Farm. 1956–57 waren sie und ihre Familie den britischen Atombombentests bei Maralinga ausgesetzt, worüber sie in ›Der Staub von Maralinga‹ berichtet, das der Anthologie ›Fighters and Singers: The Lives of Some Australian Aboriginal Women‹, hg. von Isobel White, Diane Barwick und Betty Meehan, Pascoe Publishing 1985, entnommen ist. Ihr Bericht erscheint hier mit freundlicher Genehmigung des Verlages. Die betroffenen Aborigines kämpfen noch immer um Entschädigung für ihre beeinträchtigte Gesundheit und ihr auf unabsehbare Zeit verseuchtes Land. Lennon ist Großmutter und arbeitet im Gesundheitsdienst für Aborigines.

Hyllus Maris, geboren in den Yorta Yorta-Stamm in Victoria, früh verstorben 1986, wuchs in einer staatlichen Mission auf, studierte Soziologie und gründete die erste Schule für Aborigines in Victoria. Sie schrieb mit Koautorin Sonia Borg, einer freiberuflichen Drehbuchautorin österreichischer Herkunft, ›Women of the Sun‹ (Drehbuch 1982 und Roman 1985), dem die Episode ›Towradgi‹ entnommen ist. Sie erscheint hier mit freundlicher Genehmigung von Penguin Books Australia. Die Fernsehserie gewann unter anderem einen Preis von den Vereinten Nationen und wurde in mehreren Ländern gezeigt. Maris schrieb außerdem Gedichte und Kurzgeschichten.

Rex Marshall, geboren 1943 in den Stamm der Thungutti/Gumbaingeri in New South Wales, wuchs in einem Reservat auf. Viele Bewohner des Reservats arbeiteten in einer Asbestfabrik, und Marshall erlebte die gesundheitlichen Auswirkungen dieser Arbeit. 1972 nahm er an der Aktion der Zeltbotschaft in Canberra teil und hat seitdem in vielen Aboriginesorganisationen, besonders im Bereich der Erziehung, in leitender Position gearbeitet. Daneben schreibt er Gedichte. ›Buddgelin Bey‹ ist der Anthologie ›Inside Black Australia‹, hg. von Kevin Gilbert, Penguin Books Australia 1988, entnommen und erscheint hier mit freundlicher Genehmigung des Verlages.

ROBERT MERRITT, geboren 1945 in New South Wales als eines von neun Kindern, wuchs in einer Mission auf. Trotz einer guten Schulbildung konnte er keine angemessene Arbeit finden, ihm wurden nur Handlangertätigkeiten angeboten. Er schrieb den ›Kuchenmann‹, Currency Press 1978, aus dem wir den Monolog im 1. Akt übernommen haben, 1974 als eines der ersten Stücke von Aborigines. Es wurde in mehreren Theatern aufgeführt und auch im Fernsehen gezeigt. Der Monolog erscheint mit freundlicher Genehmigung des Verlages.

JACK MIRRITJI, geboren ca. 1930 in den Stamm der Jinang im Northern Territory, gestorben vor einigen Jahren, wuchs traditionell auf. Sein erstes Zusammentreffen mit der europäischen Kultur schildert er in der Episode seiner ›Reise nach Darwin‹, die seiner autobiographischen Sammlung ›My People's Life‹, Milingimbi Literature Centre 1978, entnommen ist. Der Text erscheint hier mit freundlicher Genehmigung von Albert Gunupun.

SALLY MORGAN, geboren 1951 in Westaustralien, studierte Psychologie, bevor sie sich auf die Suche nach ihrem kulturellen Erbe machte, das ihre Mutter und Großmutter ihr, um sie vor Diskriminierung zu schützen, vorenthalten hatten. ›Ich hörte den Vogel rufen‹ (Fremantle Arts Centre Press 1987; deutsch Orlanda Frauenverlag 1991), dem wir einige Auszüge entnommen haben, beschreibt ihre Suche und wurde zu einem wichtigen und vielgelesenen Buch in Australien. Die hier abgedruckten Auszüge erscheinen mit freundlicher Genehmigung des Orlanda Frauenverlages. Morgan schrieb außerdem die Biographie eines Verwandten, ein Buch mit Kindergeschichten sowie ein Theaterstück und ist eine erfolgreiche Malerin, deren Bilder in der australischen Nationalgalerie vertreten sind.

ROBERT MOSES, geboren ca. 1928 in den Stamm der Djaru in Westaustralien, wuchs auf einer großen Farm auf und arbeitete als Viehhüter. Von seinem Vater und anderen Verwandten hörte er von den ersten Kontakten seines Stammes mit den Weißen. Moses erzählt in seiner Sprache; die deutsche Übersetzung erfolgte aus dem Englischen. ›Der erste weiße Mann kommt zum Nicholson River‹ ist der Sammlung ›This Is What Happened: Historical Narratives by Aborigines‹, hg. von Luise Hercus und Peter Sutton, AIATSIS (Australian Institute of Aboriginal and Torresstrait Islander Studies) 1986, entnommen und erscheint hier mit freundlicher Genehmigung des Verlages.

MUDROOROO, geboren 1938 als Colin Johnson in Westaustralien, wuchs auf dem Land auf und begann sich schon als Jugendlicher fürs Schreiben zu interessieren. Er ging Ende der fünfziger Jahre nach Melbourne und studierte am Abend neben der Arbeit. 1965 schrieb er als erster Aborigine einen Roman, reiste danach lange durch Asien und war drei Jahre buddhistischer Mönch. Nach seiner Rückkehr veröffentlichte er fünf weitere Romane. Ferner schrieb er Gedichtbände, Kurzgeschichten und Sachbücher. Mudrooroo ist Empfänger zahlreicher Preise und Förderstipendien und hat aboriginische Literatur an verschiedenen australischen Universitäten gelehrt. Für den Auszug aus seinem Roman ›Long live Sandawara‹, Allen & Unwin 1979, jetzt Hyland House Publishing, konnten wir erst in letzter Minute eine Abdruckgenehmigung erhalten. Deshalb schert der Text aus der chronologischen Ordnung der Anthologie aus.

JIMMY MURRAY, geboren ca. 1890 in den Stamm der Girramay in Queensland, gestorben Ende der sechziger Jahre, galt, obwohl er viele Jahre von seinem Stamm getrennt lebte, in denen er für die Polizei arbeitete, als deren führender *songman*. ›Ein Lager, vom Tod verpestet‹ steht im Jangalastil, der ein intensives Gefühl oder ein bedeutsames Ereignis beschreiben kann, und ist der Anthologie ›The Honey-ant Men's Love Song and Other Aboriginal Song Poems‹, hg. von Robert M. W. Dixon und Martin Duwell, University of Queensland Press 1990, entnommen und erscheint hier mit freundlicher Genehmigung des Verlages.

JOE NANGAN, geboren in den Stamm der Nygina in Westaustralien, ist einer der letzten Vollaborigines seines Stammes. Er ist ein *maban*, ein Zauberer, und erzählte seine Geschichten in dem Band ›Joe Nangan's Dreaming‹, Thomas Nelson Australia 1976, dem ›Die Jungen, die das Gesetz brachen‹ entnommen ist.

OODGEROO vom Stamm der Noonuccal, geboren 1920 als Kath Walker in Queensland, gestorben 1993, ging verschiedenen Jobs in Haus, Büro und Armee nach, bevor sie sich in Aboriginesorganisationen engagierte und zu schreiben begann. 1964 veröffentlichte sie den ersten von mehreren Gedichtbänden und gilt seither als Vorreiterin der aboriginischen Literatur. Später schrieb sie Geschichten für Kinder und Erwachsene. Ihren Werdegang schildert sie in ›Was gibt es da zu feiern?‹, das wir der Anthologie ›Australian Writing Now‹, hg. von Manfred Jurgensen und Robert Adamson, Phoenix Publications, Brisbane 1988, entnommen haben und das hier mit freundlicher Genehmigung des Verlages erscheint. ›Vergangenheit‹ ist ihrem zweiten Lyrikband ›The Dawn Is at Hand‹, Jacaranda Wiley 1966, 1990, entnommen und erscheint hier mit freundlicher Genehmigung des Verlages. ›Die Linkshänderin‹ und ›Der Beginn des Lebens‹ sind einem Band über ihre Heimatinsel, ›Stradbroke Dreamtime‹, Angus & Robertson 1972, entnommen und erscheinen hier mit freundlicher Genehmigung von Harper Collins.

CHARMAINE PAPERTALK-GREEN, geboren 1963 in Westaustralien als eines von zehn Kindern, Mutter aus dem Wadjari- und Vater aus dem Bardimaia-Stamm, wuchs in einer Kleinstadt im Weizenanbaugebiet auf, in der die schwarzen Kinder in der Schule von den weißen getrennt sitzen mußten. Später studierte sie in Canberra. Ihre Gedichte sind als Teil einer Anthologie, ›Australian Women Poets‹, Melbourne 1986, erschienen. ›Will weiß sein‹ ist der Anthologie ›Inside Black Australia‹, hg. von Kevin Gilbert, Penguin Books Australia 1988, entnommen und erscheint hier mit freundlicher Genehmigung des Verlages.

BOB RANDALL hat verschiedene Geschichten in Zeitschriften veröffentlicht und ist außerdem ein Songschreiber. ›Minjilung. Der mit der Sonne kam‹ ist der Zeitschrift ›Identity‹ aus dem Jahre 1973 entnommen und erscheint hier mit freundlicher Genehmigung des Autors.

PADDY ROE, geboren ca. 1912 in den Stamm der Nygina in Westaustralien, wuchs auf einer großen Farm auf. Er arbeitete als Viehhüter und Windmühlenmechaniker in den Kimberleys. Roe ist aufgrund seiner tiefen Kenntnis des traditionellen Lebens sehr anerkannt bei seinem Volk. 1992 vertrat er es in der amerikanischen Fernsehdokumentation ›Millenium‹ über die Weisheit überlebender Stammesgesellschaften. Die Geschichte ›Lardi lardi‹ ist dem Buch ›Gularabulu‹, Fremantle Arts Centre Press 1983, entnommen und erscheint hier mit freundlicher Genehmigung des Verlages. Koautor der beiden Bücher Roes über seine Heimat ist Stephan Muecke, Experte für traditionelle Aboriginesliteratur.

BILL ROSSER, geboren 1927 in Queensland, wuchs in einer Kleinstadt auf und litt unter vielfältigen Diskriminierungen, ohne sie zu verstehen. Erst mit seinem Beitritt zur Royal Air Force 1943 fühlte er sich akzeptiert; akzeptiert genug, »für König und Vaterland zu sterben«. Nach dem Krieg arbeitete er für verschiedene Aboriginesorganisationen und begann dann, über die Lage seines Volkes zu schreiben, zunächst einen Bericht über ein Straflager, ›Palm Island‹, 1978. ›Bruce Bismark‹ ist dem Band ›Dreamtime Nightmares‹, Penguin Books Australia 1985, entnommen, in dem er Gespräche mit Aborigines im ländlichen Queensland aufzeichnet.

ROBERTA SYKES, geboren 1943 in Queensland, verließ früh die Schule, aber bildete sich neben ihrer Arbeit in Aborigines-Organisationen stets weiter, bis zu ihrer Promotion in Harvard 1984. Sie hat umfangreich zu politischen Themen geschrieben, die Autobiographie einer bekannten Aborigine (Mumshirl) mitverfaßt und einen Gedichtband veröffentlicht. Rassismus — viele Gesichter ist der Dokumentation eines Vortrags von Sykes in der Veranstaltungsreihe »Writers in Action«, Currency Press 1990, herausgegeben von Gerry Turcotte, entnommen und erscheint hier mit freundlicher Genehmigung der Autorin.

DAVID UNAIPON, geboren 1872 in den Stamm der Ngarrindjeri in Südaustralien, gestorben 1967, lebte zunächst in einer Mission und war einer der ersten Aborigines, der in den Genuß einer europäischen Bildung kam. Er sah es als sein Anliegen, die Legenden seines Volkes festzuhalten und auch einer weißen Leserschaft zu vermitteln. Seine 1929 erschienenen ›Native Legends‹ sind das erste von einem Aborigine veröffentlichte Buch. Unaipon arbeitete außerdem als Erfinder, Organist und Prediger. ›Die Liebesgeschichte zweier Schwestern‹ wurde einer Ausgabe der Zeitschrift ›Dawn‹ von 1959 entnommen.

DAISY UTEMORRAH, geboren 1922 in Westaustralien, gestorben 1993, verlor früh den Vater in einem Stammeskrieg und zog dann mit ihrer Mutter, wie es Brauch war, zum Bruder des Vaters. Sie ging zur Missionsschule und wuchs in einer Mischung aus christlicher und traditioneller Kultur auf. So heiratete sie den nach Stammesgesetz ausgewählten Mann, aber in einer kirchlichen Trauungszeremonie. Sie begann aus Angst um die Kultur ihres Volkes Gedichte und Geschichten zu schreiben. Gemeinsam mit ihrem zweiten Mann unterrichtete sie Aborigineskinder. ›Keine Uhr, kein Kalender‹ haben wir der Sammlung ›Visions of Mowanjum‹, Rigby-Heinemann 1980, entnommen, die von sechs Mitgliedern der gleichnamigen Gemeinde geschrieben wurde, die sich im Nordwesten von Westaustralien aus drei Stämmen zusammengeschlossen hat, und der Text erscheint hier mit freundlicher Genehmigung der Erben.

GLENYSE WARD, geboren 1949 in Westaustralien, wuchs in einem Kinderheim auf und ging dann als Hausangestellte in eine reiche, weiße Familie. In ihrem ersten Buch ›Wandering Girl‹ beschreibt sie diese Arbeits- und Lebenssituation. Ihr zweites Buch ›Unna You Fullas‹, Magabala Books 1991, dem wir ›Weint doch nicht, Kinders!‹ entnommen haben, erzählt Bemerkenswertes und Alltägliches aus ihrer Kindheit im Heim und erscheint hier mit freundlicher Genehmigung des Verlages. Ward ist verheiratet und hat zwei Kinder.

ARCHIE WELLER, geboren 1957 in Westaustralien, wuchs in Perth auf. Die städtischen Lebensumstände von Aborigines beschreibt er in seinem ersten Roman ›The Day of the Dog‹ von 1981, der große Anerkennung fand. Gleiches gilt für seine Sammlung ›Going Home‹, Allen & Unwin 1986, der ›Fisch mit Pommes‹ und ›Herbie‹ entnommen sind. Die beiden Erzählungen erscheinen hier mit freundlicher Genehmigung des Verlages. Weller hat außerdem eine Anthologie mitherausgegeben, ist Koautor des Drehbuchs zu ›The Day of the Dog‹ und arbeitet zur Zeit an einem Science-fiction-Roman. Wellers Arbeiten wurden mehrfach ausgezeichnet und in andere Sprachen übersetzt.

Joy Williams, geboren 1942 in New South Wales, wurde im selben Jahr ihrer Mutter fortgenommen und wuchs in einem Kinderheim auf. Auch ihre erste Tochter wurde ihr 1964 genommen, sie versucht noch immer, sie wiederzufinden. Sie arbeitet unter anderem für ›Link-up‹, eine Organisation, die die Familienzusammenführung der »gestohlenen Generation« von Aborigines betreibt. Nach 42 Jahren gelang es ihr, ihre Familie in einer Mission aufzuspüren. Ihr Gedicht ›Schatten‹ ist der Anthologie ›Inside Black Australia‹, hg. von Kevin Gilbert, Penguin Books Australia 1988, entnommen und erscheint hier mit freundlicher Genehmigung des Verlages.

Eric Willmot, geboren 1936 in Queensland, verbrachte seine Jugend als Viehhüter. Im Alter von zwanzig Jahren war er aufgrund eines Unfalls gezwungen, ein Jahr im Krankenhaus zu verbringen. Er nutzte die Zeit für seine Weiterbildung und erhielt anschließend ein Universitätsstipendium. 1985 wurde er Professor der Erziehungswissenschaften und später Leiter der Schulbehörde in Canberra. Willmot hat ausgiebig das Leben des Kriegers Pemulwuy erforscht, über den er seinen 1987 bei Transworld Publishers verlegten ersten Roman schrieb, dem wir einen Auszug des dritten Kapitels entnommen haben. Er erscheint hier mit freundlicher Genehmigung des Verlages. 1991 veröffentlichte er einen weiteren Roman ›Below the Line‹.